云南文库

百人百部

当代云南社会科学百人百部优秀学术著作丛书

制度变迁与人口发展

——兼论当代中国人口发展的制度约束

吕昭河/著

云南大学出版社
云南人民出版社

作者小传

吕昭河，男，汉族，1956年4月出生，祖籍云南宣威，现为云南大学发展研究院人口资源与环境经济研究所专职研究人员。1983年本科毕业于云南大学经济系政治经济学专业，同年留云南大学经济系任教，1998年获南开大学经济学博士学位，专修方向为人口经济学；1996年破格评为副教授，1999年破格评为教授，2001年评聘为云南大学博士生导师。先后在中国少数民族经济、政治经济学和人口资源环境经济学三个专业指导博士研究生；系教育部高校骨干教师培养计划项目支持人，人口资源环境经济学省级重点学科建设项目主持人，理论经济学一级学科省级重点建设项目第二主持人，云南大学理论经济学一级学科博士点和博士后流动站申报与建设的学术带头人之一；中国人口学会人口迁移与城市化专业委员会委员，云南人口学会常务理事，云南省政协人口资源环境委员会特聘委员，澳大利亚国立大学高级访问学者。

吕昭河教授致力于人口经济学的研究，在民族人口、边疆人口，以及人口与社会发展等等领域进行学术研究；长于制度人口理论，制度与人口的关系，中国人口发展的制度约束与激励问题，人口外部性与内在化路径；人口资源环境经济学的前沿与热点，基础理论探索与实证等方面的研究。

吕昭河教授在国家级刊物《民族研究》、《中国人口科学》和CSSCI刊物上发表论文数十篇，在中国社会科学出版社出版《人口资源环境与可持续发展》等专著三部，获云南省社会科学优秀论文一等奖两项（一项独立，一项排位第二）、二等奖三项（一项独立，两项排位第一）；2006年获云南省有突出贡献的哲学社会科学专家称号。

图书在版编目（CIP）数据

制度变迁与人口发展:兼论当代中国人口发展的制度约束 / 吕昭河著. —— 昆明：云南大学出版社，2011
（当代云南社会科学百人百部优秀学术著作丛书）
ISBN 978-7-5482-0498-5

Ⅰ. ①制… Ⅱ. ①吕… Ⅲ. ①人口—制度约束—研究—中国Ⅳ. ①C924.24

中国版本图书馆CIP数据核字（2011）第124851号

责任编辑： 石 可
美术编辑： 刘 雨 王睿韬
责任印制： 张爱成

书 名	**制度变迁与人口发展** ——兼论当代中国人口发展的制度约束
作 者	吕昭河 著
出 版	云南大学出版社 云南人民出版社
发 行	云南大学出版社 云南人民出版社
社 址	昆明市翠湖北路 2 号云南大学英华园内（650091） 昆明市环城西路 609 号（650034）
电 话	0871-5031071 5033244 0871-4113185
网 址	http//www.ynup.com www.ynpph.com.cn
E-mail	market@ynup.com rmszbs@public.km.yn.cn
开 本	787mm × 1092mm 1/16
印 张	13
字 数	205 千
版 次	2011 年 7 月第 1 版第 1 次印刷
印 刷	昆明卓林包装印刷有限公司
书 号	ISBN 978-7-5482-0498-5
定 价	36.00 元

《云南文库》编辑说明

《云南文库》是云南省哲学社会科学“十二五”规划的重大项目。编辑出版《云南文库》是落实云南省委、省政府建设民族文化强省的重要举措，是繁荣发展云南哲学社会科学的重要途径，是树立云南文化形象、提升云南文化软实力的基础性工程。

中国学术文化的发展不仅有共性，还有很强的地域性。一国有一国之学术，一方有一方之学术。学术研究是社会发展的动力，是社会智慧的结晶，是文化建设的重要构成部分。云南虽地处边疆，仍不乏丰厚的学术研究传统。尤其明清以来，云南与中原的文化交流日臻密切，省外名宿大儒进入云南的代不乏人，而云南的文人学士也多有游宦中原者。在中原文化的熏陶下，云南的文化学术遂结出累累硕果，文化名人辈出，如杨慎、李贽、李元阳、师范、王崧、方玉润、许印芳等，其总体集中性的代表成果是《滇系》和《云南备征志》。至清末，云南学子开始走出国门到海外留学，成为云南与世界沟通的桥梁，也成为改造社会和推进云南文化学术发展的中坚。但由于交通不便，信息闭塞，云南的学术成果并未为内地所认知。更有甚者，清乾隆年间，四库全书馆在全国征集历代遗书，云南巡抚李右江得到云南先贤的著述，但害怕其中有什么不恰当的内容，竟私藏起来不上报，使得《四库全书》仅从它处收录了3种云南人著述，成为云南文化史上的一大缺憾。辛亥革命后，云南学人痛感地方文化学术之不彰，在地方政府的支持下，赵藩、陈荣昌、袁嘉谷、由云龙、周钟岳、李根源、方树梅、秦光玉等一批当时最负盛名的云南学者倾力收集整理云南文献，于1914年至1923年编成刻印《云南丛书》初编，共152种1064卷，及不分卷者47册；1923年至1940年编成刻印《云南丛书》二编，共69种133卷。另编定31种待刻，后由于抗日战争爆发，整个《云南丛书》的编辑刻印工作中止。历时26年编刻的《云南丛书》把保存下来的历代云南重要地方文献网罗殆尽，是云南有史以来地方文化的一次最系统的总结，对云南的文化建设发挥了不可估量的作用。

学术创新的根基是学术积淀和传承。从编辑刻印《云南丛书》之时算起至今，其间经历了抗日战争、新民主主义革命、社会主义革命和建设、改革开放的新的历史时期。在这近一百年的历史中，云南的学者为抗击日本侵略者和新中国的解放事业，为社会主义新文化的建设贡献了自己的聪明才智，也为云南地方经济、社会、文化的发展创造了一大批研究成果，并形成了自己的风格和特色。今天，文化建设又站在一个新的历史起点上。整理和出版云南学术史和文化史上的优秀成果，是继承优秀的地方历史文化遗产，建设有中国特色的社会主义新文化和民族文化强省的基础性工作。只有站在前人的肩上，我们才看得更远，走得更实。这也是我们编辑出版《云南文库》的初衷。

比之编刻《云南丛书》的时代，云南的经济政治社会文化已经发生了翻天覆地的变化，云南不再是一个封闭落后的边疆省份，而是成为了我国面向南亚、东南亚开放的桥头堡，其战略地位日益突出。云南的文化创造力也大大发展了，学者力量的壮大、学术成果的丰富早已不可同日而语。今天的《云南文库》不可能像当年《云南丛书》一样收录所有的文献资料，只可能是好中选优、优中选精，尽可能地把最能体现云南学术文化水平和云南学术特色的成果收录进来，以达到整理、总结、展示、交流和传承文化，弘扬学术，促进今日云南文化学术的建设与繁荣之目的。功在当代，利在千秋。

《云南文库》分为三个系列。

一是《云南文库·学术大家文丛》，收录云南学术大家的作品。

二是《云南文库·学术名家文丛》，收录中华人民共和国建立以前出生的云南学术名家的作品。

三是《云南文库·当代云南社会科学百人百部优秀学术著作丛书》，收录中华人民共和国建立以后出生的一代学者的优秀作品。

我们将使《云南文库》成为一个开放的体系，随着云南民族文化强省建设的推进而不断丰富它的内涵，不断发挥其在社会主义精神文明建设和云南文化建设中的积极作用。

《云南文库》编辑委员会

2011 年 6 月

目录

第一章 导 论

第一节 本书研究的内容、结构和理论创新

一、研究的基本内容

本书的研究是从制度变迁与人口发展的基本关系入手和展开的。

人口发展是指在特定的社会条件下制度变迁所导致的人口发展类型由低到高的变化过程。各个时代都有与之相适应的人口发展类型。现代社会的人口状况可以被表述为现代人口发展类型，因为人口是现代社会发展的内生因素，现代社会这个定义本身已经界定了人口所应具备的现代性质。迄今为止，人口现代化是人类社会中人口发展所取得的最高成果。人口现代化并非是一种抽象的目标，而是一种具有时代意义和价值内涵的实际的社会存在；人口现代化也不是一种静态的人口发展状况，它在现实中的内容和特点只代表一种相对的时代性和价值关系，随着时代的发展，它将产生相应的变化。

人口发展类型的变化是人口行为变化的结果。但人口行为的变化并非是随意的、无序的，它必然是，而且只能是规范人口行为的规则发生变化的结果。制度是规范人口行为的规则，因此，制度变迁必然是人口行为变化的先导和内在推动力。人口发展是人类自主追求的目标，其动力来自于特定制度产生的人口发展激励。同人类的文明起源一样，人口制度变迁是接受环境挑战和应战的结果。新的生存机遇、利益和发展机会导致人口行为方式的变化，原有的人口制度均衡被打破，人口制度的功能和作用在新的制度关系中被更充分地释放出来，并由此获得在新的社会秩序下的增加了的社会效益。一种预期上更高的制度效率是制度创新主体产生制度供给的动力，因此，不同的

社会权利的分配将对制度创新主体产生不同的激励，这一差别导致了人口行为变化的激励机制的根本不同。现实的人口发展的不同类型和不同的发展水平，正是人口行为激励机制差别的直接结果。因此，在一种时代背景下，人口制度选择的原则应该是最大限度地激发个人人口行为的创造力和主动性。被高度激活的个人在社会中的创造力和主动性才是现代人口发展的最根本的动力，因此个人在人口制度创新供给上具有不可替代的刚性。对人口发展目标，政府强制引入的制度变迁只应被限制在特定的范围，它的功能和作用主要是为个人的人口行为提供保护和最大限度的利益激励而不是更多。在现代社会，人口现代化过程最强的利益激励是市场经济制度，自由竞争市场环境依赖于民主政治的保障，这两方面构成了实现人口现代化的最基本的制度基础。

二、研究的基本方法

在方法上，本书试图以制度变迁理论来构架现代人口发展的动因、关系的分析模型，并把制度变迁与人口发展的相互关系放在具有特定历史含义的人类现代化进程的背景中加以研究。研究方法的理论假设基于：现代化进程的推进必然导致制度变迁，制度变迁必然导致符合社会需要的新型社会关系的产生，并由此实现人口行为的现代化，人口行为现代化的积累则构成具有现代意义的人口发展。

制度在社会现实中的重要性，特别是制度创新、制度变迁在社会发生重大转变中的作用，都足以证明制度变迁理论对现代人口发展应具有合理的解释力。在人类实践中，“任何社会，决不会不与以前的社会和文化再生产制度或控制制度作初步的决裂便发生变化”[①]。因此，对制度变迁和人口发展关系的考察属于历史实证法，关于制度变迁和人口发展的理论解释和价值判断的依据，都来自于人类历史的经验基础。正因为如此，制度变迁和人口发展的理论与概念，关系和作用，性质及特征都必须界定在特定的历史范围。16 世纪以来，人类社会现代化进程中所发生的全面社会变迁，既是制度变迁诱致

① 阿兰·图雷纳：《现代化与文化特殊性》，载《国际社会科学》，1990 年第 7 卷，第 1 期。

人口发展的历史逻辑的起点，又是我们分析和研究两者相互关系的基本依据。

现代化进程是人类必然的社会发展过程，每一个国家和民族都不能例外。置身于现代化进程中的任何国家和民族，都必然要发生传统人口发展类型向现代人口发展类型的转变。正如马克思在《资本论》第一版序言中所说的："工业较发达国家向工业不发达的国家所显示的，只是后来者未来的景象。"同样，发达国家人口现代化的历史发展道路及所取得的成就，也指明了发展中国家今天和将来的人口发展道路和目标。因此，人口现代化的具体内容及已取得的经验对于每一个国家和民族的现代人口发展都具有普遍意义。

根据上述思想，本书在解释了现代化、制度变迁、技术创新和人口发展的基本概念、理论及相互关系后，提出并建立了"双中介"因素的制度分析模型，利用制度分析的方法着重探讨了制度变迁与人口发展的相互关系。制度中介因素的分析是全文的重点。本书还对现代化进程及现代化进程中的制度需求，制度变迁产生的原因，制度创新主体对制度的供给，人口法令、人口行为规则的引入和变化，人口创新技术在人口发展的数量、素质和结构三个方面提供的人口行为转变的技术基础，获得发展的人口关系又成为新的社会发展的新质要素等等关系的作用和传导机理作了系统的分析。

本书并不满足在一种简单的制度变迁模型中解释现代人口的发展，而是进一步地深入分析国家和个人两种制度创新对人口行为所产生的利益激励机制的本质差别，主要以哈耶克的社会秩序的基本原理为理论依据，构架现代人口发展中集体主义和个人主义①之间相互关联的制度激励机制的基础。利用上述制度分析的方法，本书对我国当代人口发展和制度的关系进行了实证分析，从人口行为的制度创新的供给关系上，对比分析了集体主义与个人主义实践中各自的功能、作用和产生的实际后果，为认识当代中国人口发展与制度的关系提供了新的分析方法和视角。

① 本书引述的个人主义的概念不是杜威抨击的已经萎缩为"金钱尺度和手段"的、损人利己的旧的个人主义，而是哈耶克所强调的真正的个人主义。真正个人主义下的个人，他是受法律和行为规范约束的自由人；他不是一种孤立的存在，而是热心合作、肯定家庭和小团体共同努力价值的人士；他服从强制，但希望限制它；他坚信他的决策比他人强加的"精密计划"更为现实。

三、理论创新

本书在下述五个方面具有理论上的创新意义:

第一，运用制度经济学的原理和方法进行人口行为和人口发展关系的研究。在我国的人口学研究中，制度因素的研究只是散见于人口变动的非经济因素中，系统地把人口发展关系纳入制度分析框架中，并以制度变迁、制度创新的动态变化来研究人口行为的长期变动的原因尚未见到。

第二，首次提出了人口发展的“双中介”模型，创造性地改进了生育率决定的中介理论，提出了“制度中介”因素，弥补了传统人口理论及方法上的制度分析的缺陷，并把中介理论中决定生育率变动的直接因素定义为“技术中介”，为理解其在人口发展中的作用和功能提供了新的角度。

第三，在前人提出的人口现代化的概念和观点的基础上，系统地分析了人口现代化的内容、特征及价值意义，阐述了人类历史上不同的人口发展类型的分期及其基本的特征。

第四，书中探讨了国家与个人制度创新供给上对人口行为的不同的利益激励机制，认为这是导致不同的人口发展道路和发展水平差异的根本原因，提出了人口行为制度供给上的配置、功能划分和范围界定问题，以哈耶克社会秩序理论中的个人主义原理为理论依据，对制度创新机制下的个人利益激励机制的历史地位和作用进行了系统的分析，提出了国家人口制度创新的目标和所应具备的激励机制。这些人口分析方法和理论的提出与运用都具有创新意义。

第五，运用上述理论和方法对中国人口发展的实证分析和研究也具有新颖性。

第二节　研究的背景和选题的意义

一、人类历史进程中人口的自然关系及其意义

人的关系、人的行为是一切社会科学理论和研究的基点。丹尼尔·贝尔

认为，对人类历史的分析，马克思是从人性的双重概念入手的，他解释道："首先，有自然人或者普通意义上的人（generic man），他的本质，或种类本性，是生物性的：需要食物、衣服、住房、生殖——即进行生活必需品的生产和再生产。其次是历史人（historic man），他的性质是随机而变的。通过技术，人掌握了自然。在实现这种本领的过程中，在日益增长的自我意识中，人又获得了新的需要、新的愿望和新的能力。"① 人类首先必然地以其自然种群的生物性与自然界发生关系。马克思和恩格斯指出："自然界起初是作为一种完全异己的、有无限威力的和不可征服的力量与人们对立的，人们同它的关系完全与动物同它的关系一样，人们就像牲畜一样服从它的权力。"② 人类的存在具有自然的属性，但人的本质属性是其社会性，是人与人之间所发生的社会关系。

因此，人不是由自然限定的，而是由人的社会关系发展程度的历史来限定的，历史则是认识人类发展能力和程度递进水平的记录。人类从传统社会到现代社会转变的现代化进程，经历了西方原发地（马克思认为这是西欧的"历史必然性"③）到边缘异质文化区广泛扩散的不同发展阶段，在这一过程中人类社会获得的发展是前所未有的。在人类现代化的过程中，人的能力，包括人认识自然、认识社会的能力以及人的自我认识和改造的能力都得到了极大的提高。在这一历史发展阶段中，人类所创造的物质成果具有最耀眼的外在形式。正如丹尼尔·贝尔所言："在社会结构（技术—经济）中，存在着一种直线变化和积累的原则。它反映在生产、技术效率和功能理性的观念上——而这些规则在资源利用中，在社会特定价值体系中引导着我们。在人越来越不依赖自然这一层意义上，他已拥有建设他所向往的那种社会的手段。"④ 在人类现代社会的今天，人与自然的关系中人所具有的控制自然的能力已经发展到了一个登峰造极的地步。当然，这并不是人类物质和技术发展的顶点，

① ［美］丹尼尔·贝尔：《资本主义文化矛盾》，生活·读书·新知三联书店1989年版，第217页。

② 《马克思恩格斯全集》（第三卷），人民出版社1972年版，第33页。

③ 马克思说："我明确地把这一运动的'历史必然性'限于西欧各国"，并非"一切民族，不管他们所处的历史环境如何，都注定要走这条道路"。参见《马克思恩格斯全集》（第十九卷），人民出版社，1972年，第430、130页。

④ ［美］丹尼尔·贝尔：《资本主义文化矛盾》，生活·读书·新知三联书店1989年版，第218页。

并不是人类在更深层次上认识自然，改造自然，利用自然力实现人类发展的终极目标的理想状态。人类与自然的关系仍将继续向前发展，朝着一个相互关系更协调，更适宜人类生存和发展目标的方向变化。人类社会的现代化进程是一个持续的没有终结的过程，在这一过程中，人类与自然的关系中手段的发展、技术和经济的进步、物质财富的创造仍将遵循“一种直线的变化和积累的原则”继续发展。引用德国著名经济学家李斯特的一段话来表达人类现代社会科技发展的无限前景是非常恰当的，他说：“谁能对今后在发现、发明和改进方面设定限度呢?”[①] 丹尼尔·贝尔在描述资本主义社会兴起后人类在物质和技术发展上所获得的能力和前景时说到：随着“宗教冲击力”的耗散和“经济冲动力”的增强，“资本主义因其旺盛生命力获得了自己的特性——这就是它的无限发展性。在技术强有力的推动下，没有一种数学上的渐进线来限定它的指数发展。毫无局限。无比神圣。变化就是常规”[②]。人类在物质和技术上获得的“无限发展性”改变了人与自然的关系在传统社会中的一些基本特点。在现代化进程中，经济变化的实质正如托尼（R. H. Tawney）所说，是“人对环境的驯服”[③]。

然而，人类在社会现代化进程中获得发展的实质并不仅是，甚至不主要是“生产、技术效率和功能理性”这些工具或手段上所取得的成果。现代化社会的最重要的发展实质是，人类自身在现代化进程中实现了前所未有的质的改进。现代化社会中，人类物质发展的全部成果，手段的能力和技术的水平都给人类自身的发展目标提供了全新的内容。人类现代发展的全部成就可以高度概括为人类首次获得了全面发展的机遇，并且在一个非常高的程度上实现了这一目标。从本质上讲，这才是人类发展的终极目标。人口指标作为社会发展的指标体系之一，尚不能完整地反映现代社会发展的全部事实，但作为社会现代化进程中的一个重要部分，它体现了人类发展成就的最核心内容，其价值指向人类发展的终极目标。本书力图论证的一个主题是：人口发展不能仅被作为统计指标来认识或只具统计意义，人口发展是人类刻意追求

① 转引自谭崇台《西方经济发展思想史》，武汉大学出版社 1993 年版，第 162 页。
② ［美］丹尼尔·贝尔：《资本主义文化矛盾》，生活·读书·新知三联书店 1989 版，第 30 页。
③ ［美］泰格，列维：《法律与资本主义的兴起》，学林出版社 1996 年版，第 175 页。

的、有内在价值和意义的目标。

我确信人口发展是人类历史进程中的必然社会过程。无论人类社会的任何时期，对社会发展成就的性质的判断和实质意义的认识都不能不在相应的人口发展中寻找其价值体现。人口发展的需要是社会发展方向的价值坐标，人口发展的性质和发展的程度，直接体现了人类实现终极目标需要满足的状况。

对于人口及人口发展的历史意义，恩格斯在《家庭、私有制和国家的起源》中表达得十分清楚，“根据唯物主义观点，历史中的决定因素，归根结底是直接生活的生产和再生产。但是生产本身又有两种。一方面是生活资料即食物、衣服、住房以及为此所必需的工具的生产；另一方面是人类自身的生产，即种的蕃衍”。[①] 在此，恩格斯着重强调两种生产对历史发展的作用性，并未全面阐述物质生产与人口生产相互间作为手段与目标的关系问题。但在马克思、恩格斯的其他著作中，他们对资本主义制度、对资本剥削的最严厉的抨击就是，在资本主义制度下，与卫道士所标榜的完全相反，资本对利润和金钱的追逐从形式到结果都是对人性发展的泯灭。人性在商品“拜物教”和货币“拜物教”中异化，完全背离了人类发展目标。由此，他们设想并为之奋斗的共产主义理想的社会是一个从“必然王国”到“自由王国”、人性获得彻底解放的大同世界。

因此，人口发展是人类社会进步程度的真实刻度，它表明作为终极价值目标的人类自身发展需求的满足程度。人类一切社会活动的价值意义，都应该在相应的人口发展中获得它的具体内容。对于特定历史时期人口发展的原因、性质及各种关系的解释的前提都来自于真实世界的历史背景。人口发展理论必须构架的具有高度历史透视力的解释模型中，具有深厚历史基础和经验事实的现代化实践不可或缺。本文所考察的人口发展是人类现代化时期的历史现象，它要求我们的理论必须符合现代化过程和过程中各种关系的历史逻辑。人口现象的复杂性，以及解决人口问题的急迫性都极大地促进了人口

① 恩格斯：《家庭、私有制和国家的起源》，载《马克思恩格斯选集》（第四卷），人民出版社1972年版，第2页。

理论的发展。人口理论发展成为涉及众多学术领域，包容多种边缘学科和分支的独立的理论学科。人口学科重实证的方法和实践应用性，使人口理论始终具有浓厚的时代感和历史感。很多时候，这种时代感和历史感是非常沉重的（从马尔萨斯的人口悲观论开始就一直背负着这一沉重的历史命运），人类在人口问题的实践和发展的前景中，摆脱不了对自身命运的担忧和疑惑。在现实生活中，人口发展最直接地体现了对人类命运终极关怀的现实意义。人口理论不仅是我们认识人口现象和规律，解决人口问题的有效工具，而且也应该是揭示人类社会发展规律的基本理论工具。人类在对发展问题的不断思索和对发展道路的反复实践中获得了一条逐渐清晰的发展思路，这就是人口发展是社会可持续发展的中心。在包含社会、经济、人口、资源和环境的人类发展系统中，人口居于中心地位。人口中心论的意义，从社会发展系统中各子系统的功能和作用上理解，在于人口系统向所有其他系统输出物质能量（人力资源），同时也输出价值信息，规定和引导系统的运行方向和目标，即满足人类发展需要。

二、人类历史进程中人口的社会关系及其意义

在新发展理论的推动下，人口理论需要进一步的发展。不仅由于我们有待于解释不断出现的新生人口问题，还因为我们对现代化进程中的人口现象和人口发展规律并未了解透彻，现代人口发展从发展动力到运行机制并未得到系统的解释。现有的人口理论对现代社会变迁与人口发展关系的探讨，没有形成清晰的、连贯始终的因果关系和历史逻辑线索。我认为，这一人口理论的缺憾在于我们的人口理论缺乏制度分析手段，对实际发生重要作用的制度因素缺乏足够的思维敏感性，故此在建构人口分析模型时，我们对人类社会活动关系的理解具有一定的片面性。我们更多地看重人与自然关系中人的物质成就，主要从经济技术发展的角度探索现代人口发展的动因，并以此来获得对人口行为的变化与发展的理解，往往忽视人与人的社会关系，而这一关系恰恰是理解人与自然的关系以及人的自我发展关系的关节点。过去的人口理论只注重了现代化时期人在新的物质技术条件下实现了自我发展，忽视了在其中人与人的社会关系。人与自然的关系，以及人在其中获得的能力和

实现的发展，本质上体现的是人与人的社会关系，是人与人的社会关系的变化和创新赋予了人类新的自然创造能力。人与人的社会关系是由与时代相适应的社会规范连接的，这种制约人的行为规范就是本文所指的制度。制度必然与人类社会中的人际关系紧密相关，而且应最充分、最完整地体现在人际关系中。“一种不同于人际联系与交往结构的制度，只是某一过去社会的化石而已。”① 现实的、有效的制度关系应当与实际社会中的人际关系及交往结构保持一致。

人与自然的关系，集中体现了人类物质财富的丰裕程度和技术水平所达到的高度。从传统社会到现代社会的转变过程中，人类社会在物质、技术上实现的发展是任何历史时期都无法比拟的。所谓现代化的开放性和无限性也是指人类社会的技术和物质发展所体现的“直线”增长和“积累”。早在19世纪中叶，面对早期资本主义的物质发展成就，马克思和恩格斯就给予了高度的赞誉，他们在《共产党宣言》中这样写道：“资产阶级在它的不到一百年的阶级统治中所创造的生产力，比过去一切世代创造的全部生产力还要多、还要大。”② 现代化（其主要经济特征为工业化）是人类基于特定的社会环境下，为增进经济效率和技术进步而作出的一种崭新的历史选择。它带来人与自然关系的深刻的变化，即人类从消极地服从自然发展到更高一层的积极地改造和征服自然。

人的自我发展有多种认识层面。在现代社会中，人的自我发展的意识、能力以及发展的空间都获得了前所未有的提高。在社会生活的各个领域都在实践着自我发展的目标。杜威认为，在现代民主政体中，民主“是同相互关联的个体相关，在此相互关联之中，每个人都同他人密切相联，并在某种程度上使各自的生活更具独特性”。在现实社会生活中，个体不是以外在的和机械的方式存在，而是以质量上的特质和独一无二的个性证实着自我的存在，个体“蕴涵着一种形而上的不可通约的数学观，即每一存在都自我作证并为自身利益考虑”，个性的自由与解放、个人主义（individualism）、天赋权利以

① ［美］杜威：《新旧个人主义》，上海社会科学院出版社1997年版，第89页。
② 《马克思恩格斯选集》（第一卷），人民出版社1972年版，第256页。

及具有严格的个人特征与价值观的道德，都是现代民主主义不可或缺的基础。在经济学上，“经济人”假设是自古典经济学以来正统经济理论的共设前提。“经济人”在自利动机驱使下，理性地追求自身利益的最大化。早期的经济个人主义“寻求从法律的束缚下释放人的需要以及满足这些需要的努力”①。现代社会个性的扩张是对发端于现代化进程中的人口变化的最好的也是最基本意义上的解释。当社会充满为每一个人提供的获利机会，而且每一个人都有足够的知识和能力去追逐利益和机会，去摆脱具有共同价值基础的传统人口行为的束缚时，传统社会以群体价值为导向，具有高度社会约束性的人口行为的特征，就被能较充分地体现个人价值和利益追求，并受合法权利保障的现代人口行为所代替。所以，人口发展是基于现代化背景下人类对自身利益认识和追求，以及满足需求的手段和控制能力显著提高的结果。

人与人社会关系的实质是制度关系。人类的任何行为，无论是人与自然的物质交换关系，还是个人利益的自我设定、自我满足都是限定在特定的制度关系之中的。离开了制度约束的个人，就等于剥离了人的社会性，成为完全孤立的自然个体。一种制度设置，告诉人们可以做什么，不可以做什么；它既约束人们可能的违规行为和不合法手段，限制人们可能活动的空间，防止人们超越制度的边界，又保护人们的自由权利和对成就的追求，扩展人们活动的范围和提供机会。人类的一切社会活动只有在相应的制度环境下，才具有良好秩序的保证。因此，制约人口活动及人口发展的制度，决不是只起约束作用的“紧箍咒”。现代化的实践结果证实，现代社会的制度环境提供了人口活动更宽泛的空间，更多的机会和更强的利益刺激。人口发展的多方面需求和满足需求的努力，既受制度的刺激，又得到制度相应的保护。

人类向自然索取生存与发展的手段，在制度环境中获得生存与发展的秩序、效率和行为结果的可预测性，个人则在自我目标设定下追逐利益与机会。个人是人类社会行为的逻辑起点，但“不受团体组织……约束在一起的个人只是些怪物”②，个人不能在制度关系上保持真空状态。现实制度不能用以维

① ［美］杜威：《新旧个人主义》，上海社会科学院出版社1997年版，第12、22页。
② 同上书，第87页。

护物质主义的价值体系，因为只有符合人性和道德目的的技术手段才是合理的。这也正是旧个人主义与新个人主义区别的要点，“只有通过控制性地利用业已掌握自然界物质力量的科学与技术之全部资源，我们才能获得一种新个人主义”①。这里，杜威非常清楚地表达了这样一个意思，人类的个人行为的发展（由旧个人主义到新个人主义）不在于他所掌握的物质能力，而在于人类对自身行为的控制力，而对于这一点，只能在人类社会制度关系中寻找。没有制度约束和限制的人类物质能力，肯定不可能有效地实现人类社会发展的目标，而且完全可能背离人类的终极目标。

三、历史中的人口：要素及稀缺性变化

人力资源是社会生产中的投入要素，人力资源的多少，人力资源内含的经济价值的大小都直接影响特定人口发展道路的基本走向。要素稀缺性变化在相应的制度环境中的长期趋势必然导致一种特定的人口发展模式。

康芒斯认为，在古典经济学发展的初期，与洛克和魁奈的经济学起源相反，大卫·休谟把经济学的原则建立在“稀少”性上，而社会“公道”和“私有制”都起因于相对稀少性。在休谟的稀少性经济理论中，稀少性原则及冲突的结果既表现为自私自利，又表现为自我牺牲。因此，稀少性是诸如“诚实不欺、公平交易、平等竞争、合理地使用经济能力、机会均等……”等现代经济美德的基础。如果没有稀少性，人类一切为有效分配社会资源、保证平等、自由竞争的社会制度和社会秩序都是多余的，毫无必要的②。康芒斯放弃了沿用亚当·斯密和约翰·洛克关于自然丰裕和神的恩惠的假设，而使“稀少性”成为经济学和法学上的一种普遍原则③，并由此构架了他的制度经济学理论。马尔萨斯以自然“天生的稀少”取代斯密的“天赐丰裕”，从必然的人口过剩中引导出人类性格的“道德起源”。马尔萨斯是以人口的变化来量度自然资源的稀少性的，所以，“稀少性”原则也就是马尔萨斯的人口原则。稀缺性资源的分配及选择是经济学研究对象中一个广泛沿用的概念。经

① ［美］杜威：《新旧个人主义》，上海社会科学院出版社1997年版，第93页。
② ［美］康芒斯：《制度经济学》，商务印书馆1962年版，第170－173页。
③ 同上书，第173－174页。

济学是研究“稀缺资源如何在各种可供选择的目标之间进行分配”①。因此，人口作为生产要素的稀少性是进行人口行为经济分析的必要前提。人口、劳动力资源是以其资源稀缺性进入经济分析框架中的，人口要素的稀缺性和稀缺程度是相对于其他资源的稀缺或丰裕程度而言的。生产要素的相对价格的变化，是诱致性制度创新的一个重要动力（另一个是经营规模的变化）②。诺思关于经济史的制度变迁分析理论为我们理解人类社会经济发展的长期过程提供了新的方法和视角，他把人类历史中人口与资源之间的压力视为经济史的核心问题，人口与资源压力导致生产要素相对价格的变动，并由此产生新的制度变迁的要求，在新的制度创新和制度变迁的背景下，形成人类行为和行为决定因素的长期变动的历史过程。诺思根据人类历史中由于人口与资源的变化而推动的社会变迁的性质，把人类历史中经济发展划分为两大经济革命。两次经济革命（原始狩猎采集到农业种植业，农业到工业）都得益于人口增长产生的对社会变迁的推力。只是，第二次经济革命“使当人口增长时自然资源的收益递减未构成威胁和变成事实”③。

资源要素的稀缺性是指在经济增长中与人的需求相比较的资源要素的相对稀缺性。人口增长及人口需求变化、资源基数及相对于技术条件的变化导致生产要素相对价格发生变化。要使这种变化成为社会发展的长久稳定的基础，就必须，也必然要相应地调整经济结构、变更产权关系、创新制度以使日益稀缺的资源得到有效的利用。在整个人类社会发展的历史中，生产要素的相对价格经常处于变动之中，它对人类社会发展的长久影响主要是：在经济上，自然资源、人力资源的稀缺性增加，人类一直朝着形成排他性、竞争性所有制和可转让性权利的方向而努力，并由此导致人类历史不同阶段经济制度的转变；在政治上，国家取代其他社会组织成为界定产权和实施产权的单位；在个人发展上，基于人性自由、个人价值、公平竞争的人文精神逐渐

① ［美］加里·S. 贝克尔：《人类行为的经济分析》，上海三联书店、上海人民出版社 1995 年版，第 5 页。

② ［美］L. E. 戴维斯、［美］D. C. 诺思：《制度变迁的理论：概念与原因》，载于 R. 科斯等《财产权利与制度变迁》，上海三联书店、上海人民出版社 1994 年版，第 266 页。

③ ［美］D. C. 诺思：《经济史中的结构与变迁》，上海三联书店、上海人民出版社 1994 年版，第 16 页。

得到了社会的承认和相应的保护，人的经济价值由此而不断得到提高。

构建人口发展理论框架的重要经验基础是：现代化的发展必将导致人类生存和发展方式及前途的新的社会变迁，这种社会变迁的经济效应是通过生产要素相对重要性变动而引起的社会利益关系的变化形成的。在现代社会，新的利益源和发展机会对人口行为的变化产生了不同凡响的影响，这就是它极大地提高了人的经济价值，而"人的经济价值提高产生了对制度的新的需求"①。对应于人的相对价格提高的变化，制度变迁为抬高了"身价"的人口提供了满足新的利益需要的机会和效率、激励和秩序。人口发展（数量、质量、结构变动）正是人们在新的制度条件的激励下，在寻求更高效率和经济价值的有序竞争中实现的。没有制度变迁提供的激励因素和机会，没有一定制度环境产生的有秩序竞争条件和规范，没有制度对人们努力和收益的有效保护，并提供稳定的可预测的行为结果，现代人口发展就不可能实现。因此，不以上述制度因素的多方面作用来做解释工具，就不可能正确理解现代人口发展的动因、性质和特征。更为重要的是，我们并不仅仅把制度变迁理论当做一种只具理论意义的分析工具，而是力图通过这一分析线索再现现代化进程中一些关键的、不可忽略的历史情景。在其中，我们会获得有利于人口发展政策制定和实施的新的启示。

第三节　人口理论和实践的探索

任何一个社会科学学科都可以分为理论科学和政策科学。布罗姆利在阐述经济学的理论科学和政策科学的区别时认为，经济学的理论科学的目的是要建立准确地"塑造人类的相互关系"的理论，经济学的政策科学是"去发现个人和集体的要求（或需求），以使他们能更好地实现他们的目标"②。我认为，这里所表达的经济学科的理论科学与政策科学的目的和关系是具有普

① ［美］T. W. 舒尔茨：《制度与人的经济价值的不断提高》，载于 R. 科斯等《财产权利与制度变迁》，上海三联书店、上海人民出版社 1994 年版，第 251 页。

② ［美］D. W. 布罗姆利：《经济利益与经济制度——公共政策的理论基础》，上海三联书店、上海人民出版社 1996 年版，第 277 页。

遍适用性的。任何社会学科，理论科学与政策科学都应具有价值目标上的内在一致性。

人口学的理论科学旨在探索人口行为的各种关系，指出其关系的性质和运行的规律。人口学的政策科学的实践意义是发现和满足人类人口行为的客观需求，使人类能最有效地实现人口发展目标。因此，人口学的理论科学和政策科学在价值目标上是一致的。理论思维的逻辑也应该从这两个认识角度串联各种关系，以获得比较清晰的从理论到实践的线索。

一、人口实践的探索

世界第一人口大国人口现象的复杂性，及由此引发的一系列人口和社会问题，都使得人口问题的解决成为中国社会发展实践中应给予优先考虑的战略措施。人口发展滞后于社会整体发展水平和发展需求，人口因素成为整个国家和社会发展的瓶颈因素，人口问题加重了解决我们所面临的其他主要社会问题诸如资源、环境、经济和社会等多种问题的难度。很自然地，人口状况及变化就不能不成为我们认识中国现代历史及现实各种社会关系的钥匙；人口问题的解决就不能不成为解决多种社会主要问题的先决条件。人口问题的重要性及人口理论的实践意义在此表露无遗，这也是二十余年来中国人口发展政策和战略措施的思想和认识基础。同时，这一认识人口现象和解决人口问题的思路已经转变为具有高度实践效率的政策体系和实际操作系统。作为基本国策之一，实行计划生育、控制人口数量和提高人口素质的人口发展战略具有法律效力；在实践中，实行计划生育，控制人口数量的政策具有一套有效运转的行政组织系统。很显然，人口问题的重要性上至国家决策者，下至基层群众都已经被约束在有较高认识一致性的同一政策框架内，人口发展对我国社会发展的作用在认识和实践上都是十分明了的。但是，认识人口问题的思路和解决人口问题的实践只到这一步是不够的。因为，这一步仅仅是在人口问题上充当了“外科医生的角色”，治病而未根除产生病痛的原因。我们清楚地知道人口问题的重要性，并且着手试图解决人口问题，但如果我们不深究人口问题产生的深层原因，并从这一层次认识和解决人口问题，那就只能浮在表层穷于应急和对付不断产生出来的新的人口问题。基于这一认识，本文的目的是力图揭示现代人口问题产生的原因和促进人口发展的社会条件。这一思维的线索只能在现代化进程的制度变迁中去寻找。

受政治、经济政策决策失误的影响，我国的人口发展未能与现代化建设目标协调一致。延误的人口现代化进程对我国社会发展产生了长远和巨大的消极作用。由于人口惯性的作用，人口问题的消极影响仍然将持续到21世纪中叶及以后。长期以来，迫于经济压力，人口政策和实践集中于控制人口数量增长的目标上，付出的努力和取得的成效都在客观上掩盖和淡化了人口素质和结构问题。在认识上，人口发展问题曾被简单化为人口数量问题。在实践中，人口素质及结构问题没有得到应有的重视，借助于政策的效力提高人口素质，改善人口结构，实现人口系统内数量、素质、结构的良性互动关系的社会投入不够，政策执行不力，目标刚性不足。

新中国成立以来，计划经济下，几乎一切社会发展目标都是以自上而下的统一计划和政策措施来贯彻实施的。人口发展的目标同样只能在高度统一的计划体制下实现，为社会强制性政策所左右。久而久之，形成一种思维上的惰性，人们只求以政策赐予发展的条件和动力。这种思维惰性和实践经验的误导，使我们难以去深究束缚我国人口发展的深层社会原因。更因为对制度概念、制度内涵在理解上的偏误，使人们更难以在制度因素中探究产生人口问题的原因，寻找激励人口发展的动力。

正由于在人口发展关系的一些基本问题上，人们仍然未摆脱计划体制下传统思想的窠臼，所以，对我国现代人口发展的实践关系和诸多问题，仍然未给予正确的解答。

最难解的实践困惑是怎样处理社会制度与人口发展的关系问题。社会主义革命的成功，使得我国的人口发展的实践非常轻易地找到了立足的社会制度的根基，并由此开始了以社会主义社会为根本制度背景的人口发展实践。按照马克思主义原理，社会主义社会物质生产的有计划按比例发展的规律要求和决定了人口生产也必须而且有可能有计划按比例发展。因而，社会的人口发展目标都理应列入政府的指令性计划之中，成为社会发展目标的计划体系中的一个有机的组成部分。从我国实践经验中获得的判断，对执行了数十年（50年代初到70年代末），事无巨细都包罗在庞大的中央计划体系中的经济运行效率来说，很难简单地一概否定其成果。但最令人不解的是，关系到国民经济发展目标顺利实现的人口发展的几个主要方面如人口增长、生育控制及人口城市化等被排斥在计划之外，备受冷落。对由此而造成的人口及多方面的社会问题的事后议论，几乎一致认为是上层决策失误，延误了实现计划生育的最好时机，否则，随着人口高速增长问题的解决，我国的社会发展或许远比目前的状况好得多……的确，社会主义制度下，权力高度集中及广泛的群众社会动员基础的政治经济环境，使我国在非常短的时间内，以非常高的效率实现了由人口高增长到人口低增长的转变，我国的经济和社会的发展由此受益匪浅。但这不能证明是社会制度优越性的表现，更不能证明是计划体制的必然。因为，按照正统理论的解释，在社会主义制度下，人口生产有计划按比例发展是客观规律，它不能在过程和结果上都体现为以行政干预、人为控制为基本手段的易变性短期行为。

我国计划生育政策实施的卓越成效，是与具有高度运转效能的行政管理系统，社会资源及分配管制体制以及具有历史传统的国民性格和群众基础密切相关的。人口行为对我国政治、经济制度的转变（由半封建半殖民地社会转变到社会主义社会）的回应是迟钝的，至少是滞后的。社会主义社会的建立，并没有带来如期而至的人口转变，传统生育模式一如既往；对经济体制的变化（50 年代初的家庭个体经济，尔后先后经历了合作社、人民公社和家庭联产承包责任制的变化）回应的生育行为的性质是一致的。概括地说，人口有计划发展的社会制度决定论，在我国过去的社会实践中找不到令人置信的经验基础。

人口发展与经济增长有非常密切的关系。实践证明，人口问题在很大程度上实际就是经济发展问题。但并非经济增长了，人口问题就自然而然地解决了。人口问题上的经济决定论在实践中产生的困惑，主要是由于没有真正理解经济增长的含义，并把西方国家的历史经验简单地套用在我国的人口发展的实践中。西方国家的人口发展过程是随着社会经济发展程度的逐步提高而自然产生的，人口发展与经济增长阶段是一个相对应的长周期、连续性和渐进性的过程，其中必然包括经济结构和社会结构的变动。所以，人口发展所对应的不是单纯的物质的增长关系，而是社会结构在性质上的根本转变。

欧洲内源型现代化国家人口发展的进程对应的现代化分为两个时期，即原初现代化（primordial modernization）时期和现代化时期①。原初现代化时期，随着原初工业化的发展，“使人口增长与经济扩张之间进入了一种相互促进的关系。旧的负反馈系统中②，关键性的人口变量不再有效，并成为新的系统的一部分”③。在新的人口—经济系统中，土地对人口增长的约束被冲破了，人口增长的动力来自工业生产和商业市场的竞争。尽管人口再生产类型的转变只显露初期特征（人口在出生率提升、死亡率下降中缓慢增长），但人口的经济结构和社会结构已发生持续性的现代转变。以最能体现工业化程度的城市化水平为例，从 1500 年到 1800 年，英国的城市化水平由 3.2% 增加到 20.3%，荷兰由 15.8% 增加到 28.8%④。最具有现代意义的人口发展发生于工业革命后的现代化时期，人口转变由高位平衡经历了一段人口高增长期（由人口死亡与出生的下降速率的差距和出生率下降时间滞后引起）后，达到了低位平衡，在完全工业化阶段人口现代转变完成。在人口学的主要理论观点中，占主流的观点是把经济因素（主要指工业化进程）作为人口革命发生的原因，如伊斯特林在其《生育率革命》中阐述的观点⑤。但把人口转变理论仅仅简单地构架在抽象了社会结构变化的单纯经济因素（如收入水平、国民生产总值等）的理解上，是不可能对人口革命发生的根本原因有正确理解的。人口发展与经济增长关系之间弱相关或非相关关系的实证唾手可得，如中东国家

① 原初现代化时期指 15 世纪后期到 18 世纪中期，西欧社会在经济上实现了早期工业化、商业化和城市化；政治上实现了中央集权化；思想文化上实现了宗教世俗化及文化启蒙的整个社会变迁过程。现代化时期包括三个阶段：第一阶段，1780－1860 年，在第一次工业革命推动下，发端于英国的工业化向西欧扩散。工业化的推动力是“双元革命”，指英国的经济大革命和法国、美国的政治大革命。第二个时期是从 19 世纪下半叶到 20 世纪中叶，欧洲中央区已经在相当高的程度上实现了工业化和现代化。第三个时期从二战后到现在，已完成工业化和现代化的国家以全新的科技革命成果向全球推动现代化。参见罗荣渠《现代化新论》，北京大学出版社 1993 年版，第 126－142 页。

② 人口—经济系统内部的负反馈机制是，随着人口的增加，加重了对资源、生产和消费的压力，由于人均收入和生活水平下降，导致周期性人口经济危机，从而减缓人口增长。旧的人口—经济负反馈系统此处指西欧封建社会中人口与经济之间的“低水平平衡陷阱”，又称“马尔萨斯陷阱”。

③ P. Kriedte，H. Medick，J. Schlumbohm. Industrialization before Industrialitation，Rural Industry in Genesis of Capitalism，Cambridge，1981，p. 77.

④ J. D. Vries. European Urbanization 1500－1800，London，1984，p. 39.

⑤ R. A. Easterlin，E. M. Crimmins. The Fertility Revolution：A Supple-demand Anal. ysis Chicago，The University of Chicago Press，1985.

的人均收入已经达到发达国家的高水平，但其人口现代化的水平却非常低，远未达到与其经济相应的发展程度，两者相去甚远。经济增长是现代化发展的原生动力，但经济增长如果不能内化为经济发展中结构变动的动力，那么，这种经济增长对社会发展的推动作用无疑是非常有限的①。在现代社会中，人口的状况和人口的结构是社会发展中非常重要的内容，没有人口的现代转变，就不可能有真正意义上的社会发展和社会进步。因此，经济增长所能推动的社会发展程度越小，对人口发展的促进作用也就越小；同样，经济增长与人口发展的正相关关系越弱，就越表明经济增长所蕴涵的符合人类发展本义的终极价值意义越少。现代发展观表明，经济发展实践中，一种经济目标或者经济增长的状况，可以不反映社会发展的需要，甚至背离人类发展的根本目的，这就是我们通常所说的“有增长无发展”的社会现象。因此，如果经济增长符合社会发展的目标，那它与人口发展就必然是密切相关的，两者就会表现为一种发展程度上的对应关系；如果经济增长偏离社会发展的目标，那么经济增长与人口发展的发展关联度就会很小，在实践中就将呈现人口发展滞后的情况。所以，在实践中，我们如果只以某一经济增长率来认识和判断人口发展的状况，或者只以某一经济增长目标的实施来推动人口发展，往往只能事倍功半，达不到预期目的。

从我国的实践中，我们可以获得一些有益的启示。1950—1980 年，我国经济的年平均增长率为 6%，高于其他发展中国家的经济增长率，但是妇女生育率、人口经济结构和人口社会结构、城市化水平等多项人口学指标都未发生相应的、实质性的转变。经济的增长在职业分层、人口转变、定居格局、社会组织及个人流动、个性发展等诸方面都没有形成现代的、有效率的社会整合的基础。上述社会变迁的内容，或是衡量人口发展的直接指标，或与人口发展直接相关。因此，要对一种经济实践的人口变化效应作出合理的判断，就必须深入到社会变迁的内部结构之中去寻找与人口行为相关的各种联系。

① 经济增长指一个国家或地区在一定时期内的产出增长。经济发展指随着产出的增长而出现的经济结构的变动与进步。社会发展指伴随着社会作用水平的提高，社会系统结构发生变动和进步的过程。这种社会结构的变迁包括组织结构、制度组织结构的变迁，其中人口组织和制度是非常关键的社会结构指标。参见汪和建《现代经济社会学》，南京大学出版社 1993 年版，第 257－260 页。

所以，对一种经济增长的分析，如果不在其结构内部的变动关系中及外在的社会影响范围内进行相关性研究，就不能正确地界定它在人口发展中作用的范围和估计其作用的大小。

“经济决定论”在我国实践中没有得到实证经验的有力支持的另一个主要原因是，我国的经济增长、经济发展、社会发展及人口发展之间的协调关系受政策的误导而发生扭曲。在我国的国民经济发展计划中，发展政策往往只求经济的高增长，而不考虑与之相应的经济发展和社会发展的基本要求。在这一方面，中国现代化实践的经验教训是尤为值得汲取的。中国的经济增长和经济发展与社会发展的不匹配的状况曾经达到一个非常严重的程度。例如，我国经济现代化的水平与城市化水平、与人口的产业和职业结构、与人口的地域流动和社会流动都未体现正常的互动关系，社会发展的很多方面都严重受阻。因此，经济增长未必带来相应的人口发展。这里，我们至少可以分辨人口与经济关系的两种情形：一是经济增长仍然局限于经济结构的同质状态，没有产生足够的新质来启动人口变化，因而，人口没有同向的回应；二是在扭曲的经济增长下，人口回应同向的扭曲，或偏离正常的轨道，或发展严重滞后。

我国现代化实践中人口与经济关系的复杂性，以及各种理论尚未完全发展成熟的情况，使得很多实践上的疑惑未得到正确解答，其中一个具有实践应用意义的论题就是，究竟是什么社会因素阻碍了人口发展。显然，这不能在只体现单纯物质和技术的关系中寻找。来自实践的启发告诉我们，只有深入制度因素内部才能获得满意的答案。

二、理论的探索

任何理论都是应实践的需要而生的，它或解释社会现象，或反映客观事实，以抽象的思维逻辑给世人提供判断真伪、明辨是非的认识工具。因此，理论与事实应当在逻辑结构上具有一致性。我们处于现代化的历史进程中，我们所研究的人口问题是现代化进程中的客观现象。但完整地体现现代化进程中人口发展过程（从起点到各阶段变化至今的完整性）的历史情景只存在于西方范例之中，人口发展理论也主要集中于对内源型现代化国家历史事实的解释。

对现代化进程中人口现象的系统探索，马尔萨斯是第一人。他以“自然的吝啬性质”立论，创立了人口过剩学说①。尽管时过境迁，但人口理论乃至人口实践仍然摆脱不了马尔萨斯主义的影响。“马尔萨斯陷阱”在理论上仍然具有一定的合理性，在实践上，一些发展中国家仍然不得不要面对这一事实。类似马尔萨斯时代的很多人口问题仍然困扰着发展中国家。人口理论仍然可以从马尔萨斯的人口学说中汲取营养，正如当初“马尔萨斯的理论都是一个不停地推动我们前进的、绝对必要的转折点”② 一样，其理论的合理内核仍然给予我们新的启发。

在20世纪，西方国家完成了其人口类型的现代转变，并在一个相当高的程度上实现了人口发展。对这一经历了数百年的人口发展过程及其在过程中呈现出的复杂的社会关系和现象，在理论上迫切需要作出合理的解释。更因为发展中国家人口问题的突发性和普遍性，使得人口发展的实践更需要人口理论的指导。为满足客观要求，人口理论在20世纪得到了迅速的发展，并形成四个有显著区别的理论发展时期③。当代西方人口理论的近百年的发展，在对人口现象的理论解释力，人口理论体系的系统化和人口理论的应用性等方面都有了突破性进展。“但总体而言，西方人口理论的理论研究仍远落后于其应用研究，当前尚无重大的突破性的理论创新。”④

我们必须把握的人口理论创新的关节点至少有两个方面：一是西方人口发展的范式仍然需要新的理论框架对其整个过程的起源、性质及互动关系给予逻辑严谨的解释；二是人口理论要足以应用于当前各发展中国家复杂的人口现象和人口发展的实践，并对其人口发展、未发展及怎样发展给予新的理

---

① 康芒斯认为，从斯密到马尔萨斯的学说，发生了对“自然”的根本哲学的深刻变化，即从自然的天赐丰裕转变为自然的吝啬和人口过剩。前者在自然的丰裕中获得自由、平等、竞争的理想主义；后者则带着“阴忧的色彩”宣扬“人类性的道德进化”，以抑制“肉体”的扰乱力。参见康芒斯《制度经济学》，商务印书馆1962年版，第289－296页。

② 《马克思恩格斯全集》（第一卷），人民出版社1972年版，第620－621页。

③ 参见李竞能、吴国存《当代西方人口学说》，山西人民出版社1993年版，第6－25页。作者把本世纪人口理论的发展分为：前驱时期（20世纪上半叶）、复兴时期（40年代中叶到50年代末）、扩展时期（50年代末叶到70年代末叶）和多元化、深化时期（70年代末叶以后）。

④ 同上书，第25页。

论解释。前者是基于人口发展的历史线索的理论概括，理论创新需要历史的验证；后者立足于理论应用于人口实践的有效性，人口理论的创新及突破必须由实践应用的效果来回答。我对人口发展理论的思考及理论创新思想之源，主要来自于人口转变理论和生育率决定的中介理论极富启发性的分析及方法，同时也出自于对这两种理论显而易见的不足所引发的进一步思考。

人口转变理论为我们了解当代人口发展的过程提供了非常清晰的历史线索。从发端于原初现代化时期的人口增长变化，到20世纪人口现代转变的最终完成，人口转变理论对其转变的各个阶段的特征、内容都进行了系统的完整的实证分析。概括地说，人口转变理论主要是以西方国家现代化进程中的历史经验和实际资料为实证基础，以现代化的不同历史阶段为人口转变的历史分期，把经济因素作为引起人口转变的决定性因素的人口学说。最早提出人口转变理论的兰德里（A. Landry，1874—1956年）以“经济发展相适应的人口发展阶段或社会秩序”对人口转变进行分期，特别强调经济发展对人口发展的影响[①]。人口转变理论把人口转变与经济发展放置在统一的历史过程中进行考察，认为现代经济发展是人口转变的动力，社会的现代化水平、城市化和工业化水平是人口转变阶段的判断的参照物，是人口转变的前提、基础或直接影响因素。人口转变理论的实证依据主要取之于西方人口发展范式的历史验证，也取材于现实中不同国家特别是发展中国家的人口实践。人口转变理论被应用于解释现实中各国人口发展程度各异、现象迂回的事实，认为发达国家与欠发达国家人口转变所处的状况，仅仅是表明他们各自所处的历史发展阶段的不同。这一理论分析的逻辑结论是，今天发达国家人口现代转变的历史轨迹，就是今后发展中国家人口发展的必然道路。

人口转变理论在人口转变的因素分析上是经济决定论，它没能对非经济因素在人口转变中的作用进行系统分析，并由此降低了对复杂的人口现代转变过程的解释力。尽管如此，人口转变理论中包含的零散的非经济因素分析，仍然给予我们非常富有启发性的提示。例如，伊斯特林在其生育率与现代化

① 李竞能、吴国存：《当代西方人口学说》，山西人民出版社1993年版，第436页。

的模式中，把生育率的决定因素分为直接决定因素（proximate determinants）①和基本决定因素（basic determinants）。认为基本决定因素包括现代化变量（modernization variable，指城市化和教育等）和文化因素（culture factors，指伦理和宗教等）②。当然，对非经济因素的分析从未分散其特别关注经济因素的注意力。人口转变论者几乎一致地认为，非经济因素对人口转变的正向影响，同样也是现代化发展的结果。人口转变理论受到的批评主要在两个方面，即其独特的历史经验的局限性和理论实际应用有效性的不足。更深层次的理论缺陷及由此导致实际应用上失真的原因是：人口转变理论抽象了“社会经济制度及其影响”和超越了“社会制度”③。把制度既定为理论预设前提的人口转变理论，事实上否定了西方国家现代化历史过程中制度因素对人口发展的重要作用，其理论主要注重了物质关系（经济和技术发展水平）的作用，忽视了随现代化进程而发生巨大变化的制度层面（人的行为规则）的关系和影响。这种缺陷使人口转变理论在解释发展中国家的人口现象和解决其人口问题时，缺乏实际的应用性。原因很简单，导致发展中国家人口现象和人口问题与西方范式差异的本质，更主要的是深深掩藏在社会内部的制度关系。缺乏制度分析手段，就丧失了人口理论中最具普遍意义的前提。不仅人口转变理论如此，众多的其他人口理论的不足也主要在于此。古典的及现代的生育率理论都是以社会经济来直接解释生育率的变化。由于这种分析方法在解释引起生育率变动的人口学因素与人类社会行为之间的关系时缺乏一种必然的逻辑一致性的关联，因此，往往被视为生育率变动上的粗浅的、生硬的“经济决定论”。生育率的决定因素包含在复杂的社会关系和技术性、生物性关系之中。由于各种因素及关系对生育率变动的作用及功能是不同的，因此，在各种社会因素和关系之间构成了相互连接、逐级传导影响力的网络。“中介

---

① “生育率的直接决定因素指那些直接与是否生育、生育孩子时间及胎次间隔密切相关的生物学因素和行为因素。由于直接决定因素介于社会、经济、文化、宗教等因素（自变量）与生育率（因变量）之间，因此又称生育的中间变量。”参见谭琳、李建民《现代人口学辞典》，天津大学出版社1994年版，第116页。

② R. A. Easterlin. E. M. Crimmins. The Fertility Reotution: A Supple - demand Analysis. Chicago, The University of Chicago Press, 1985, pp. 12 - 14.

③ 李竞能、吴国存：《当代西方人口学说》，山西人民出版社1993年版，第449页。

理论”成功地把一些直接决定生育率的人口学和生物学变量分离出来，并获得了普遍的接受。戴维斯（K. Davis）和布莱克（J. Blake）认为，社会经济因素对生育率的影响是间接的，必须通过“中介变量”[①] 才能发挥作用。因此，中介因素是生育率决定的直接因素。由此，在生育率变动的解释上，形成了社会经济背景、中间变量与生育率之间相互关系的新的路径。社会经济背景的变化，要足以引起中间变量的相应变化和反应才能有效地牵动生育率的变化。影响生育率变化的程度甚至变化的方向，都要视社会经济因素的影响力在传导中能量的损失和方向的偏转程度的大小而定。从中介理论的中间变量的设置来判断，中间变量的作用及功能是属于技术性的。它应该而且只能是导致人口行为变化的一种技术性因素。

中介变量在邦嘎兹（Bongarts）的模型中已经得到了进一步的提炼。他认为，影响总和生育率的最重要的变量是：一般结婚率（proportions currently married），避孕应用、避孕效果、人工流产（induced abortion），产后不孕（post-partum infecundability）。此模型把中介变量理论改造为“生育率控制方程”[②]。为弥补邦嘎兹生育率模型缺乏反映性关系指标的不足，盖斯隆德提出了理论妊娠率（atheoretical pregnancy rate）方程。这一方程在反映妇女规则的性关系与一般生育率的作用上具有新的解释力[③]。中介变量理论尽管具有定量化、精确化以及可应用于具体政策和实践的可操作性特点，但在模型的选择上具有非常高的不确定性。例如，中介变量的选择不仅存在着可选择集数量繁多，而且具有随时间、社会环境的变化而变化的易变性特点。葛瑞·里顿·福克斯（Greer Litton Fox）认为，20 世纪 60 年代以后的 20 年中生育率的普遍降低，是中介变量系统内变量间不断转换、替代并依序对生育率发挥

---

① 戴维斯和布莱克的“中介变量”包括：（1）男女开始同居（包括初婚）的年龄；（2）永久性独身；（3）不同居的时间；（4）自愿的不同房；（5）非自愿的不同房；（6）性交频率；（7）无生育能力；（8）避孕；（9）绝育；（10）非自愿的胎儿死亡；（11）人工流产。参见李竞能、吴国存《当代西方人口学说》，山西人民出版社 1993 年版，第 90－91 页。

② 邦嘎兹生育中介变量模型为：$TFR = Cm \times Ce \times Ca \times Ci \times TF$，式中的 TFR 为总和生育率，Cm 为已婚妇女比例指数，Ce 为避孕指数，Ca 为人流指数，Ci 为产后哺乳期不孕指数，TF 为妇女生育力。同上书，第 92 页。

③ 盖斯隆德模型为：$F = P(1 - Rasr)(1 - Rcp)(1 - Rfm)$，其中 P 为理论妊娠或怀孕率，Rasr 为无性关系率，Rcp 为应用避孕率，Rfm 为胎儿死亡率，F 为一般生育率。同上书，第 93 页。

作用的结果[1]。

中介变量理论的分析前提是必须选择适当的中介变量集，并由此对要解释的生育率变化作出相应的评价。变量集的选择范围应当是具有人口学和生物学意义的因素，由此界定人类生育力与特定社会条件下所能实现的生育率的差别，以及这种差别所反映出来的人类生育行为的性质。生育力与生育率的差距是客观存在的，人类理论上的生育力与实际上的生育率的差异，体现了人类克服自然的、社会的阻力所实现的人口增长目标的能力的发展程度。从人类生育行为所经历的历史阶段及克服自然、社会阻力的生育能力的发展程度而言，生育率决定的中介因素具有两个作用力完全相反的导向。在传统社会，以高生育动机为行为导向，人类生育行为的努力目标是克服最大可能实现多育目的的自然和社会障碍。很显然，传统社会中存在生育控制措施，如堕胎、溺婴、禁欲等，但生育行为的价值取向是以自然生育力为目标的，生育意愿指向实现最大生育潜力，生育控制措施主要体现一种被动的行为方式。在现代社会，人类的生育观念发生了根本的转变，在低生育的行为动机导向下，人类主动地追求控制自然生育能力，摆脱生物本能以实现低生育目标，其价值取向是最大可能地克服人类生育本能，把人类生物生理的繁殖能力有效地控制在可接受的社会范围之内。因此，两种价值取向在性质上南辕北辙、完全相反。生育率决定的中介因素在所反映的社会文化内涵上可能出现的性质完全不同或意义相去甚远的事实，这使我们不能不对生育率决定的中介因素所具有的真实意义进行认真的价值判别和筛选。例如，初婚年龄、性生活频率是界定有效生育能力的主要指标，但这些指标既可以出自于传统的高生育动机，又可能仅仅表现为现代婚姻和性生活的一种志趣和新潮；有效的婚姻年数或性生活频度的增加，既可能带来生育数量的增加，也可能与生育观和生育行为完全无关或弱相关。

因此，在中介因素的性质和意义是可变的，以及在不同的社会条件下其作用和功能会发生转变的情况下，就不可能以一种高度抽象的模式表达其作用关系。中介因素是由反映人类生育力实现的技术性因素构成的，在性质上，

① 李竞能、吴国存：《当代西方人口学说》，山西人民出版社1993年版，第94页。

已经抽象了其特定的价值内涵和社会性。因此，生育率决定的中介因素是“技术性中介”。对中介因素在生育率决定中的作用和意义必须进行价值意义的判断。中介因素对生育力变动的作用和影响的分析必须建立在具有特定价值意义的基础之上，并以此对其作用机制进行充分的说明。显然，中介理论设置简单的社会经济背景难以提供准确的价值判断。中介理论的系统关系中缺乏一个关键的系统配置，这就是“制度中介”。我认为，在生育率决定因素中，社会经济背景与生育率直接决定因素（我称为技术中介因素）之间是由制度中介因素来连接的，所以可以把这种配置了制度中介的新的中介理论称为双中介理论（如果得到认可的话）。显而易见，这一新的理论至少在两个方面改进了传统的中介理论：一是弥补了传统中介理论的制度因素的缺憾，使原来设置模糊的社会经济背景与生硬的技术因素之间楔入了相互连接的制度关系和因素，使人类的生育行为的变动有规可循；二是延长了生育率决定因素的关系链，使系统内的作用关系更具层次感。

上述两个方面的改进的思想源是在制度变迁理论的启发下获得的，制度学派的理论提供了观察人类行为的新的视角和思维的逻辑，使我们能够摆脱既定制度预设理论假设的先验条件，回到真实的制度环境中，寻找人口行为复杂关系的真谛。人类行为从活动范围到活动内容都不是漫无边际、无拘无束的。一种特定的制度设置确定了人类行为的最大活动边际。制度变迁在新的社会意义上形成了新的制度边界（它或扩张或缩小人类活动的范围），从而导致新的人类活动空间的变化，受新的制度条件的刺激和约束，人类的行为方式也发生相应的改变，人口行为无论是生育、迁移、自然变动还是社会变动都概莫能外。

第四节　理论模型及解释

一、基本方法及假设

在方法论上，我力求使本研究符合两个基本的科学命题：第一，它们是符合形式逻辑的形式的（如逻辑和数学）；第二，它们是真实的，或同经验保持一致的。前者为分析的命题，应具有形式逻辑的一致性，后者为综合的命题，应具有历史经验的客观真实性①。

无论是分析还是综合的方法，任何社会科学都必须把自己研究的基点确立在某一人类行为的假定之上。无论经济学、社会学和人口学都是如此。在社会科学研究中，很多理论上的分野都出自于在建构人类行为分析框架时内容设置和分析路径上的差别。

1. 行动理论：正统经济学方法的局限

在正统经济学中，多数的经济增长模型都将制度设置为“自然状态”，制度是外生的，不会发生变化，或者把制度视为能够自动地适应动态经济增长的变量，或者视制度变迁为给定的条件，作为外生变量，它与政治和法律相关，而与经济增长无涉，即使对经济有影响，也不在分析框架之内②。

正统经济学立论的基本前提是，在人类的经济活动中，每一个经济活动的行为主体都是一个理性地追求最大化利益的经济人。经济人最大化行为假定的理论模型是给出一个先验的预设结果，来回答行动者需要怎样行动才能够实现效益最大化，而不是根据经验资料来实际认识人类究竟是怎样行动的，而且为什么要这样行动。赫伯特·西蒙批评规范理论在实证经验上的局限性时说，“规范的微观经济学显然不需要人类行动理论，因为他们想知道的是人类应该怎样行动，而不是人类实际上是在怎样行动”③。在规范经济学中，“经济学家的任务是以经济效率和帕累托最优的名义指出应该做什么，这种观点支配了知识传统”。这种实践的态度违背了经济学的“理论科学”是为了“更准确地塑造人类的相互作用”，而经济学的“政策科学”是为了“发现需要”和“实现现实中人的目标”这一“科学最终合理性”，因为，“科学最终合理性只有从它与人类现实一致性的程度获得”④。从立论的原则来说，规范

① ［美］D. W. 布罗姆利：《经济利益与经济制度——公共政策的理论基础》，上海三联书店、上海人民出版社1996年版，第276页。

② ［美］R. 科斯等：《财产权利与制度变迁》，上海三联书店、上海人民出版社1994年版，第255页。

③ 汪和建：《现代经济社会学》，南京大学出版社1993年版，第97页。

④ ［美］D. W. 布罗姆利：《经济利益与经济制度——公共政策的理论基础》，上海三联书店、上海人民出版社1996年版，第277页。

经济学力图尽可能地简化影响人类行为的因素。相反，社会学等学科使用多种解释变量考察复杂的人类行为，利用参照群体理论来解释和验证经验性材料。

2. 行动理论：社会学的贡献

在社会学家的理论中，人类行为并不是在一种一成不变、单向、线性目标指向下的行动。人类行为的动机既可追求效用最大化，也可指向风险最小化；行为方式既可能是理性或有限理性的，也可能是非理性的。在人类的经济行动中，影响行为的因素有经济的，也有社会的、心理的、文化的。因此，对人类行为各种关系的解释，不是把处于可变性状态的复杂因素抽象为既定条件，而是在众多参照群体中寻找关系及原因。规范经济学中，经济行动者在高度抽象的解释模型中，成为思维单一、目标固定、完全受最大化动机摆布的生物学“刺激与自动反应”的行为者。人类行动的各种关系及内容在社会学家那里得到了系统的论述。社会行为是一种人类的表现，即决定应该做什么、不应该做什么的人的内心和外部态度。如果人们把自己的举止和态度与某种意义结合起来，那么这种态度就成了一个行为。按照行为者赋予他的行为的意义，如果这个行为与其他人的态度有关，那么这个行为就具有了社会性①。因此，社会行为必须与他人态度和行为有一种互动关系，由行为相互关联起来的社会性就构成了一种社会关系。马克斯·韦伯曾严格地区别了“行动”（action）与“行为”（behavior）的含义。他认为，行动是与某种主观意义或动机相联系的人的行为，人的行动是限定在社会关系中的，所以，人的行动自然是社会行动。韦伯把社会行动的概念界定为有某种主观意义并指向他人或以其他人为目标的人的行动。社会行动概念包含了两个与规范经济学行动理论意义完全不同的要素：一是行动者赋予行动的主观意义，二是具有某种涉及他人的行动②。前者在规范经济学中可理解为偏好，但它已消失在偏好不变的既定条件中了。不可否认，人追求自身利益最大化的动机具有主观意义，但由于它根深蒂固地既定在行动主体的行为中，成为一种被动接受的“刺激与自动反应”的本能，从而丧失或至少减弱了其主观意义。因为，

① ［法］雷蒙·阿隆：《社会学主要思潮》，上海译文出版社 1988 年版，第 582 页。
② 汪和建：《现代经济社会学》，南京大学出版社 1993 年版，第 99 页。

社会行动不能以孤独的自我、自我利益为行动方向。社会行动是在社会关系中，以与他人产生联系的互动方式来实现行动目标的。

为了从逻辑上把握资本主义的理性化过程，韦伯对社会行动的理性与非理性性质进行了分类。如果说帕累托对行为的分析是从区分逻辑与非逻辑行为入手，那么，韦伯就是从四种行为类型的区分为出发点的，即有目的的理性行为、有价值的理性行为、习惯行为和感情行为。在韦伯的理论中，与其时代（理性化的现代社会）特征合拍的行为方式主要是有目的的理性行为范围的扩大和强度的提高。因此，韦伯关心的主要焦点是有目的的理性行为在现代社会怎样或在多大程度上逐步替代其他类型的行为方式。理性（合理性）行动包括目的合理性行动和价值合理性行动。目的合理性行动指以理性计算和预测后果为条件实现目的的行动。价值合理性行动指基于理性价值目标，不计条件和后果的行动。非理性行动包括情感行动和传统行动。情感行动是行动者情感激发、依感觉决定的行动。传统行动则是由长期形成的习惯决定的行动。这两种行动不经过智力的计算和思考，所以是非理性行动。

区别理性行动与非理性行动在本文方法论上的意义是，正如韦伯指出的“资本主义精神的发展完全可以理解为理性主义整体发展的一部分，而且可以从理性主义对于生活的基本问题的根本立场中演绎出来”。在“理性主义……构成的完整世界”中，职业劳动中的理性主义是“资本主义文化中最有特征的因素之一”①。很显然，韦伯是在理性主义中探索资本主义发展的动力起源和现代社会发展的精神本质的。因此，社会行动上的理性主义与非理性主义的历史意义在于它是性质相反的两个历史时代的分野。本书所界定的人口发展构成的历史时代的归属决定了它只能由理性主义构成的现代社会生活中演绎出来。

帕森斯则是以“单位行动”概念来分析人类行为的。他强调从行动者、行动的目的、情景条件、行动的规范和情景取向来认识社会行动的过程。他认为，行动是个人为了实现某种目的而发动的动作②。帕森斯的“单位行动”

① ［德］马克斯·韦伯：《新教伦理与资本主义精神》，生活·读书·新知三联书店1993年版，第97页。

② 汪和建：《现代经济社会学》，南京大学出版社1993年版，第108－109页。

的过程（见图1－2）的基本关系是：处于一定情景中的行动者为实现目的，必须合理选择相应的手段和工具，克服通向目标过程中的困难和障碍。整个过程中的目标的设置、手段和工具的选择及克服困难的努力都是在特定情景中的规范和准则下操作，即受制度环境的约束。

本书对人口行为的分析就是构架在上述社会行动理论和社会行动分析框架之上的。它们构成了本研究的方法论的基础。

3. 人口发展：基于社会行动理论的解释和假定

人口发展是人的社会行动赋予人口的具有特定历史规定和社会意义的客观结果。因此，对人口发展的历史和社会意义的认识，首先应当建立在相应的社会行动理论的基本条件和假设之上。

假设1：人口发展是人类社会行动在现代时期通过主观追求实现的，即社会行动赋予了基于时代特点的人口行动目标的主观意义。

假设2：人口发展是人类社会行动者之间互动的结果，行动者的人口行动目标是涉及他人，指向他人，通过社会互动来实现的。

假设3：人口发展是现代理性行动发展的必然结果。人口现代转变过程，包括了目的合理性和价值合理性行动的统一，从另一个角度说，人口现代转变是通过人类最大限度地克服和克制非理性行动的约束而实现的。

假设4：社会行动者实现人口行动目标的任何选择（为实现目标的工具、手段，克服困难的方法和途径等选择）都只能限制在相应的情景规范、准则、价值伦理范围内合理地操作，不能超出特定制度允许的边界。制度提供了人口行动应遵循的规范及活动的范围和边界。

二、理论模型：简式及关系

我以一个简化的理论模型来扼要地表达现代化进程、制度关系、技术条件及人口发展相互间的逻辑关系。如图1－1所示：

现代化进程 → 制度中介因素 → 技术中介因素 → 现代人口发展

图1－1　人口发展关系流程图

该流程图中各因素之间是一个相互制动的关系，所以该流程是可逆的，相互之间的作用关系远比这一简式要复杂。但我认定，图1－1所表示的关系是具有主导作用和决定意义的，所以我的研究旨在探讨上述因素之间具有主导意义的这一层关系，而忽略或抽象了其他相互影响的关系。我立论的依据是：现代化进程全面启动了人类社会由传统社会到现代社会的变迁，制度变迁是在现代社会变迁中最富有创新意义的内容，它打破了原有僵化制度设置格局中的社会利益的关系，制度变迁带来的新的利益诱致了约束人口行为的技术中介因素的变化，从而导致人口行为的变化，并最终铺垫了人口现代化发展之路。概括地说，人口在作为基本决定因素的现代化进程的推动下，通过制度和技术两种中介因素的逐级传递，最终获得发展。

图1－1展示的关系是否合理要经过实证经验和思辨逻辑的双重检验。实证经验检验的依据来自已经取得高度现代化成果的西方范式的历史经验。实践证明，一个国家或地区的现代化水平与人口发展程度是密切相关的。前者作为动力，后者作为结果的历史逻辑关系完整地体现了人类社会行动过程手段与目标的统一性。被西方经验所证实的关键环节是制度变迁不可或缺。西方国家在现代化进程中建立了一整套高效稳定的现代制度体系。例如，大众广泛参与的政治民主制度、自由竞争的市场经济制度、社会契约制度及科层制①等等。现代制度体系赋予了技术创新新的价值意义以满足社会的需要，并由此使人口发展成为真实的可能。这方面最具有说服力的例证莫过于现代避孕节育技术的推广使用和效果。现代生育控制技术对传统的具有道德风险的禁欲、堕胎、溺婴手段的替代，使人们在安然的家庭生活中提高了控制生育的能力，并由此有效地避免了为降低生育率所面临的伦理道德风险和不确定性。但是，使用某种能显著影响人口行为的技术手段与否，技术手段本身不具备价值判断能力。单纯地考察技术手段对人口发展的作用，就必然陷入技

① 科层制（Bureaucracy）亦称官僚制，指权力依职能和职位分工和分层，以规则为管理主体的管理方式和组织体系。科层制是现代社会生产力飞速发展、社会分工越来越细、组织规模不断扩大的产物。科层制有如下特点：有正式规章；有明确分工；权力分层；按正式规则方式发生公务关系；任职资格要通过考试和任命。韦伯认为，任何组织都是以某种权力为基础的，合理—合法的权力是官僚制的基础；它为管理活动、管理人员和领导者行使权力提供正式的规则。现代社会组织的管理就意味着按照正式规则对组织进行控制。参见中国大百科全书编辑委员会《中国大百科全书（社会学）》，中国大百科全书出版社1991年版，第81页。

术决定论的陷阱。因此，必须把诱致技术创新的动力源前推到现代化背景下的制度因素中，在制度关系中寻找人的行为变化的动力和目标。发达国家以其独特的历史实践完整地实现了人口现代发展的过程，使现代化进程、制度变迁、技术创新和人口发展成为连贯始终、和谐统一的自然过程。与此相对照，急于解决人口问题的发展中国家面临的最大难题是，必须在既无现代化基础，又无相应的现代制度环境的条件下，在连贯一致的传统社会的系统关系中强行楔入一种体现超前价值观念的创新技术，期望以此实现人口目标。作为一种应急性技术手段，不能完全否认这一“历史跳跃”的有效性（中国人口转变的成功可作充分的证明），但这毕竟不是自然的、具有长久效应的途径。我国解决人口问题的成功经验的关键在于：控制生育政策只有在高效的制度安排中（政策的强制输入并在高度科层化的行政管理系统中加以贯彻），创新技术才能有效地植入社会系统中，引导人口行为的转变。国家是强制性制度变迁的提供者，强制性制度变迁实现的基本途径是由政府命令和法律引入，国家干预可以弥补制度供给不足①。因此，国家干预给发展中国家提供了一种超常的手段，它可以弥补因现代化发展滞后而带来的制度设置缺口，强制性制度变迁的恰当的应用可以获得显著的成果。与其消极等待，不如主动进取，这就是被中国经验所证实了的事实。

强制性制度变迁的成功实践不是在证明人口发展的系统关系可以随意被打乱或扭曲，它所能证明的事物的逻辑关系正好相反。制度的强制性嵌入体现了一种外生关系，它不能取代循序渐进的“自然”规则和关系。言外之意，强制性制度变迁并不能替代现代化的客观进程，不能替代现代化进程中的诱致性制度变迁和技术创新而长久地左右人口行为。人口发展需要稳定地立足于现代化的基础之上，从制度创新和技术创新中获取养分的支持和利益的刺激。

对图 1－1 的人口发展模型的形式逻辑的检验可以在帕森斯的行动过程分析框架中得到一种理论上的实证。帕森斯认为，在行动者指向目的的行动过

① 林毅夫：《关于制度变迁的经济学理论：诱致性变迁与强制性变迁》，载于 R. 科斯等《财产权利与制度变迁》，上海三联书店，上海人民出版社 1994 年版，第 409 页。

程中，基于特定情景中的行动者首先要选择实现目的的工具和手段，其行动必须符合社会规范，并在有效地克服了阻碍条件后才能达到预期目标①。其分析框架如图1－2所示。

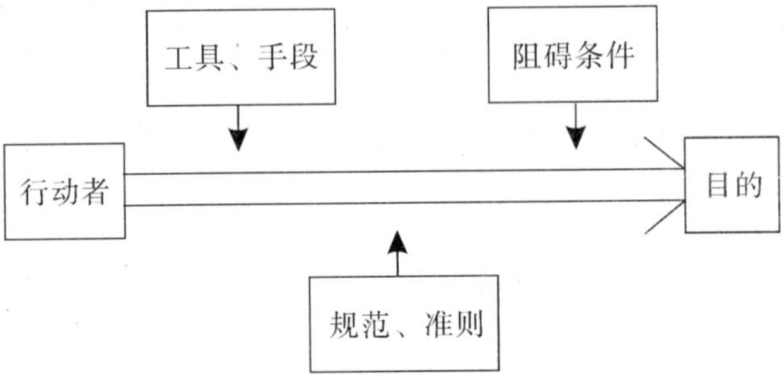

图1－2　帕森斯行动过程分析框架

这一行动过程分析框架的意义具有普遍性，可以用于解释其他社会行动。对本书人口行为的分析目的同样也是有效的。对行动者分析框架作相应的置换就可以得到人口行动过程的图解。行动者可以替换为任何一级的社会行动单位（个体、集体或国家）；工具、手段指行动者可以利用的任何社会条件和方式，如现代化或传统社会的生产方式等等，在本书考察对象的特定历史范围，我把它理解为现代化进程；规范、准则反映的是确定无疑的制度关系；在社会条件及制度关系都一致指向行动目标时，阻碍条件可以看做为技术供给满足社会需求的程度，即技术中介因素；在本书的研究范围内，目的指人口发展。由此，帕森斯的行动过程分析框架完全可以沿用做现代化进程中人口发展关系的解释。如图1－3所示。

实际上，行动者实现目标的过程中的阻碍因素会发生在行动过程的任何一级的关系上。它既可以指行动者为实现目标而运用的手段和工具的不足，也可以指为实现目标的制度设置的不配套，当然也同样可以指技术条件的不成熟。因此，改进的帕森斯行动过程分析框架，阻碍条件不是固定的，手段、工具，规范、准则不是可以忽略的既定条件。而规范和准则在行动过程中的作用，是我进行人口发展分析的核心部分。

---

①　汪和建：《现代经济社会学》，南京大学出版社1993年版，第108－111页。

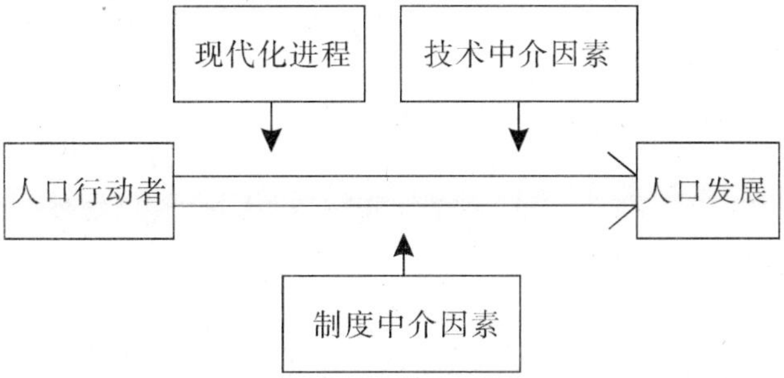

图 1－3　人口发展过程分析框架

图 1－1 与图 1－3 唯一的区别在于，图 1－3 增加了行动者作为人口发展关系的逻辑起点。人口发展是某一特定的社会行动的目标。行动主体可为具体的个人、团体或国家。由于帕森斯的行动过程分析框架具有解释人类各种行为的通用性，或者说是人类行为的通则，所以，与此相一致的人口发展的逻辑关系的合理性在帕森斯的行动过程分析框架中得到了完全的验证。只是要着意强调的是，在我的分析中，只有当要明确指出行为主体在框架中的作用时，行动者才在分析框架中适时出现，当未给予明确提示时，行为主体只是暗含在其中。

第二章　基本的理论进展及内容

第一节　现代化：概念、理论及特征

一、现代化概念

现代化（modernization）指“从16世纪至今人类社会发生的种种深刻的质变和量变”①，它标明了人类历史上“封建的中世纪的终结和资本主义纪元的开端”②。现代化是人类历史中一个至今仍然在继续着的社会变化过程。现代化既然是一个历史过程，它就必须具有时间限定性，在其起源上有一个历史分期的端点。而既然是一种新旧社会的交替，它就必然存在表示新的时代特性的质的内涵，即价值限定性。作为时间限定性，现代化指自中世纪封建社会结束以来一直延续到今天的时间过程。对于现代化发源地的西方国家，现代化是一个具有连贯性的历史过程。现代化因素在传统社会中内生和孕育，封建社会的结束与资本主义的兴起在时间上重叠、交错在一起，现代化的起点因判断标准的不一致而各不相同。一些重大的现代化因素的起源，如宗教改革、文艺复兴、产业革命等在时间上并不一致。因此人们只能基于某一因素来确定现代化在历史上的起点。现代化历史进程，大致指16世纪以来至现今的历史时期，但这一时间尺度只有针对西欧国家（英国最具典型意义）才在时空上具有统一性。在价值尺度上，现代化泛指“区别于中世纪的新时代精神与特征”，这就是现代化概念所蕴涵的价值意义。与中世纪的精神状态显

---

① ［印］A.R. 德赛：《重新评价“现代化”概念》，载塞缪尔·亨廷顿等《现代化理论与历史经验的再探讨》，上海译文出版社1993年版，第26页。

② 《马克思恩格斯选集》（第一卷），人民出版社1972年版，第249页。

著区别的新时代精神指自主型现代化国家的“资本主义精神”，马克斯·韦伯认为，资本主义精神是一种与中世纪伦理道德观念完全相反的新的心理态度、价值观和生活方式。资本主义精神是一个“历史概念”，它具有独一无二的个体特征。资本主义精神的理性内核的根本是：“人的意志被赚钱的动机所左右，把获利作为人生的最终目的”，人们把“尽可能多地挣钱与严格避免任凭本能冲动享受生活结合在一起”。韦伯眼中的资本主义精神，从个人幸福和功利角度看，是对“自然主义的颠倒”，具有与中世纪自然主义生活伦理相反的“绝对非理性”，即人的生活目标与手段的倒置。资本主义生活方式下的个人行为的价值取向是：“在生活中，一个人是为了他的事业才生存，而不是为了他的生存才经营事业。”这种与中世纪自然主义完全颠倒的人生观，把人的事业赋予了终极价值意义，作为人类追求的终极目标，而人生的存在仅仅是实现这一终极目标的手段。很显然，资本主义精神的这一理性内核，在前资本主义社会不具普遍意义[①]。桑巴特也表示过相同的观点，他认为资本主义的实质不能从其经济的或生理的任何一方面求得理解，而只能在激励了一个时代的精神的总体中去寻找[②]。

马克思以劳动价值论的观点分析剩余价值，从中揭露雇佣劳动这一资本主义生产关系的实质。但是，马克思揭露的资本主义剥削本质在熊彼特的创新理论中却是“企业家才能”的必然结果。在哈耶克看来，把现代社会用资本主义来指称本身就是误导，现代文明“……由以发生并赖以生存的东西精确地说只能够被描述为人类合作的扩展秩序……”[③] 因此，现代化概念及本质关系可以在哈耶克关于社会秩序的理论中得到一个新的、富有创造性的解释，这就是：前现代社会的人类合作秩序“整体演进”为人类合作的扩展秩序。而人类合作的扩展秩序所遵循的规则系统是进化而非设计的结果，社会进化是一个竞争和试错的过程。在前现代社会，对生存和发展机会的选择服从于集权的管制，在人类合作的扩展秩序下，它就是自由平等的公民权利。

---

① ［德］马克斯·韦伯：《新教伦理与资本主义精神》，生活·读书·新知三联书店 1993 年版，第 32－53 页。

② 汪丁丁：《经济发展与制度创新》，上海人民出版社 1995 年版，第 107 页。

③ 同上书，第 108 页。

以上仅仅枚举了几种主要的关于资本主义的概念、实质及主要关系的观点，各种观点很多，至今没有哪一个观点获得理论上的广泛认同。这一点也证明了现代化是一个复杂的、涉及社会各个层面的社会变迁过程，不能用一个单方面的事实来概括。可以肯定的是，已经卷入其中的任何国家和民族都不可能再退回到它与现代化相遇前的状态①。

所以，要给出一个精确的现代化定义对我来说是较为困难的。但是，为了便于理解我在本书中所必须明示的理论逻辑的思路，我对现代化的理解是：现代化是由体现现代人文精神的社会关系在社会各个领域和层面充分扩展的整个过程。现代化指整个资本主义文明所包含的全部内容，而它的核心是自由、平等竞争的权利和秩序。

“现代化是一个继续的没有限度的过程”②，现代化在时间上还将继续延续下去，而现代化的继续发展将不断地扩展和更新其内涵，从而赋予现代化概念新的社会意义。

二、现代化理论

现代化进程是涉及人类社会中全部层面和领域的社会巨变。由于理解和观察这一社会巨变的视角和方法不同，导致了对现代化的多种观点和理论。罗荣渠曾从四个方面归纳了现代化理论的分歧③：

第一种理论认为，现代化指欠发达国家通过运用现代技术，在社会发展的主要指标上赶上世界先进水平的历史进程。很显然，这种现代化理论是指在现代社会中，发展中国家在社会发展战略上把已经实现现代化的发达国家作为“参照物”，使自己国家在一些主要指标（特别是经济和技术指标）上实现快速的发展，从而推动国家的现代化进程。这种现代化理论把人类社会的历史分割为两个部分，已经在相当程度上实现现代化的发达国家的现代化历史已成为过去，在实践上和在理论上都不再给予关注，而未实现和正在启动现代化的发展中国家的现代化理论和实践才是社会关注的重点。在国际关

① ［美］吉尔伯特·罗兹曼：《中国的现代化》，江苏人民出版社 1995 年版，第 5 页。
② Encyclo Paedia Britainnica. Inc，Britanrica. vol. 24，1993，p. 280.
③ 罗荣渠：《现代化新论》，北京大学出版社 1993 年版，第 8 – 17 页。

系格局中，发达国家已经成为现代化的前历史，发展中国家才是现代化的现实。这种现代化理论非常强烈地表达了由于资本主义的兴起而导致国际关系格局中各国经济社会发展不平衡的环境下，发展中国家实现现代化的强烈愿望。

第二种理论认为，现代化就是工业化，现代化进程中的一切社会的发展与变迁都是工业化的结果，发达国家的现代化历史提供了欠发达国家通过工业化实现现代化目标的范本。因此，通过工业化实现现代化目标是欠发达国家实现社会发展，争取国际地位的根本战略措施。工业化既是现代社会变迁的动力，又是其基本特征。

第三种理论认为，现代化指在科学技术革命推动下的社会变迁过程。这一理论认为，一个社会发达与否在于其社会的科学技术现代化的发展程度。正是借助于现代科学技术发展的推动力，工业化、现代化才得以发生和在发达国家实现，也正是由于科学技术发展的落后，发展中国家才不能有效地改造自然、控制环境，才不能突破旧的社会制度和关系的束缚，从而导致工业化和现代化难以起步或难以快速发展。这种现代化理论的主要特点是不着眼于工业化的纯粹经济性，而是强调社会制度和社会关系在现代科学技术的推动下的全面变革，认为社会结构从传统结构向现代结构的过渡就是现代化的过程。

第四种理论特别关注从传统社会到现代社会的国民心智的变化及结果。这一理论认为，现代化更主要的是人们的心理态度、价值观念和生活方式的现代转变过程。国民心智的现代转变作为一种文明的形式，是资本主义产生、发展的基本动力，即现代化合理行动的逻辑来自于与中世纪文化及精神状态完全不同的观念伦理。关于资本主义精神发展的重要性，马克斯·韦伯更直接明了地表达为，“现代资本主义扩张的动力首先并不是用于资本主义活动的资本额的来源问题，更重要的是资本主义精神的发展问题”①。

以上四种理论并不是现代化理论的全部观点，但它代表了现代化理论中

① ［德］马克斯·韦伯：《新教伦理与资本主义精神》，生活·读书·新知三联书店1993年版，第49页。

最重要、影响面最广的几种思想，这些理论中概括了现代化实践中的几个重要层面，即物质层面（经济发展）、知识层面（科学技术水平）、制度层面（法律、行为规范及习俗等）、精神层面（伦理价值观念及心理态度等）。比如，亨廷顿认为，现代化可以从不同的认识层面去理解，从心理层面讲，现代化涉及价值观念、态度和期望方面的根本转变；从智能的层面讲，现代化指人类对自身环境知识的扩展；从人口的层面讲，现代化表明人口存在方式、社会结构、流动性的转变和提高；从社会角度讲，现代化高度地发育了与家庭和基础组织相联系的、具有特殊功能的、自主创立的中介组织；在经济上，现代化体现为职业多元化、资本替代劳动、市场经济、非农化等等；政治关系上，现代化指权威的合理化、结构的分离和政治参与的扩大三个方面[①]。我想，如此多的层面和领域也并未全部概括现代化的内容和含义，也许那样做也是徒劳无益的。可以高度归纳的现代化含义是：现代化是一个有机的社会整体，各个领域和层面的变化都相互关联。仍然借亨廷顿的话说，现代化是一个多层面的进程，它涉及人类思想和行为所有领域的变革。

人既是一切社会活动和变化的动力，又是一切社会活动和发展的终极目标，因此任何层面的现代化，最终都必须归结为人的现代化，即从传统人到现代人的转变。阿列克斯·英格尔斯认为，现代化包括社会现代化、制度现代化和个人现代化，社会发展的最终要求是人在素质方面的转变，即从传统主义到个人现代化的转变。如果没有从心理上、思想和行为方式上实现由传统人到现代人的转变，使之具有现代人格、现代品质，就不可能成功地从一个落后的国家跨入自身拥有持续发展能力的现代化国家的行列[②]。因此，人的发展，既是现代化的动力，又是现代化的终极目标。

阿列克斯·英格尔斯把现代人的品质和特征归纳为12个方面，涵盖了个人生活领域的方方面面，并且认为无论是在资本主义社会还是在社会主义社会，它们的有效作用都是同等重要的。他特别强调个人综合现代化具有普遍

① ［美］塞缪尔·亨廷顿：《变化社会中的政治秩序》，生活·读书·新知三联书店1989年版，第30－37页。

② ［美］阿列克斯·英格尔斯：《人的现代化：心理、思想、态度、行为》，四川人民出版社1985年版，第58、93、273－274页。

意义，而无须在其后面贴上所属国家的标签。在论述个人现代性与国家经济现代化的关系时，他提出个人现代性不是国家经济现代化“后”的产物或副产品，它不仅能在现代化机构不甚普遍的经济落后的国家里产生发展，而且往往就是这些经济落后的国家走向经济现代化的先决条件之一①。

很显然，这里向我们提出了一个非常有意义的问题，这就是：可以发生于经济现代化之前的个人现代化的动力和激励机制是什么？实际上，我们在本节对现代化概念和含义的阐述中已经勾勒了一条清晰的历史线索，西欧的历史告诉我们，先于产业革命之前的文艺复兴、宗教革命、思想启蒙等等精神和制度上的准备是一个艰难而漫长的过程。个人在其中实现的现代转变，诸如马克思强调的个人本位的城市市民文化，韦伯笔下的资本主义精神，哈耶克倡导的道德传统，都为经济现代化提供了必要的前提。伯劳代尔归纳的历史的三种变化即物质的、精神的和制度的变化，后两种在物质的现代化发生之前就已经作为现代因素深入个人的生活方式中。归纳起来，阿列克斯·英格尔斯构架的个人现代化的过程是在人与其周围环境之间主动选择的过程，离开了个人现代化，社会现代化就会成为有名无实的躯壳，个人心理、态度、价值观和思想的改变是“现代化机构和制度产生实质性后果和作用的最基本的先决条件之一”，同样也是“实现国家现代化的先决条件”②。因此，个人思想和行为的现代化必然是社会现代化的动力，其转变将赋予社会现代化真正的意义和生命。

三、现代化的特征

现代化进程是一个社会发生急剧变化的历史过程，是传统社会向现代社会转变的过程，它包括农业社会向工业社会的转变，农村社会向城市社会的转变，世俗社会向法理社会的转变等内容。现代化进程中，社会中的一切领域和一切关系都将发生相应的转变。尽管已经实现和正在进行现代化的国家的具体社会条件和历史背景不尽相同，但现代化具有一些内在的特质，而这

---

① ［美］阿列克斯·英格尔斯：《人的现代化：心理、思想、态度、行为》，四川人民出版社1985年版，第58、93、273－274页。

② 同上书，第260－280页。

些特质具有普遍意义和共同性，任何国家的现代化都不例外，现代化的基本特征包括经济特征和社会特征两个方面。

在经济上，现代化的特征是：发达的市场经济、生产组织的合理化、工业化、都市化、科层化、专业化与分工合作等等。现代化的社会特征是：社会分层上以契约关系代替社会地位和社会身份、社会强度分殊化、个人主义和自由化社会、竞争的多元主义、平等化社会等。

现代社会的特征是多方面的，无论是经济特征还是社会特征都体现出现代理性精神，符合现代人类社会理性发展的需要。因此，现代社会中的经济特征和社会特征具有内在的统一的价值基础，两者之间是相互影响和相互依赖的。例如，市场经济既是现代经济的标志，又是现代社会中最基本的社会关系的精神和伦理的依托。在现代化进程中，发达的市场经济将取代自然经济，并由此构建现代经济结构、组织及平等竞争等现代经济理性基础。

实践证明，市场是促进专业化和社会交换的有效组织，它通过价格机制高效地配置资源，减少资源的稀缺性和实现供求平衡。作为一种公平的、有效的竞争机制，它鼓励个人寻找机会和通过交易去增加他们生产和消费的可能性。市场经济客观上应发育具有相应特征的个人平等自由的政治环境，在现代社会，国民应当具有最广泛意义上的个性发展机会，市场经济和民主政治是实现人的现代发展的两个基本的支撑点，缺一不可。现代人口发展也必然地发育在此温床上。

人们总是处于某种社会关系中，用以连接人们关系的纽带在不同的历史条件下各有区别。在传统社会，人与人之间的相互联系主要依赖血缘纽带和地缘关系结成的网络。人们的社会关系往往是扩大了的家庭和家族关系。家庭关系中的血缘和亲情原则也就成为社会关系的原则，情感就作为社会交往中的信度和准则。如在我国封建社会时期就是以“君君、臣臣、父父、子子”的类似家庭的关系来维护社会秩序的。

现代社会，业缘成为人与人之间相互交往的基本原则。人们以正式的契约关系替代情感关系作为双方信守的承诺。契约关系和契约精神在现代社会中广泛深入人们各种生活领域，是现代社会人与人之间相互交往和联系的基本纽带。在现代经济生活中，市场交易的发生和市场秩序的维持都以契约方式进行。可以说，没有契约关系和契约精神，就不可能发育现代经济。市场经济是一个高度复杂的聚合系统，而能够作为现代经济关系聚合基础的共同价值观和约束力只能依赖现代契约关系的契约精神。因此，建立在自由市场经济基础上的现代社会是一个高度契约化的社会。契约关系和契约精神作为具有普遍意义的社会关系和国民精神，不仅仅是现代社会的一个本质特征，而且也是现代社会发展的动力。在现代社会中，契约关系和契约精神的培育依赖于契约主体（在法治社会中，每一个人都是法人或具有法人的权利）独立的自由意志的形成。

在现代社会中，契约关系和契约精神也广泛地深入到人口行为中。例如，现代社会的婚姻家庭关系、抚养和继承关系、职业和劳动关系都是以契约关系来发生和维持的。现代人口行为的本质特征就是以此为基础的。所以，现代契约关系和契约精神是社会现代化发展程度的标志之一，也是人口现代化发展程度的标志之一。

马克斯·韦伯非常强调从生产组织的性质来识别社会所处的发展阶段。他认为，“所谓前资本主义的，是指这样一种状况：在一个企业中，合乎理性地使用资本和按照资本主义方式合乎理性地组织劳动尚未成为决定经济活动的主导力量”①。前资本主义社会“未曾有过在固定纪律约束下的理性劳动组织”。韦伯认为，“事务与家庭的分离”使资本主义企业的劳动地点与居住地点完全分离，而“合乎理性的簿记方式”实现了财产权在法律上的分离，这些都是企业自组织结构的必要前提。现代理性劳动观念的价值基础在于，劳动不仅是禁欲的途径和抵御不洁生活诱惑特别有效的手段，而且更重要的是它“把劳动本身作为人生的目的”②。现代理性劳动组织和劳动观念不仅是现代经济生活的基础，而且其影响更扩展到人们的日常生活，并构造了完全不同于传统生活方式的现代生活，包括家庭职能、居住方式、职业和劳动方式及劳动力流动等等诸多人口行为的变化。

现代化是涉及整个社会一切领域的变迁过程，因而，在每一个社会生活

① ［德］马克斯·韦伯：《新教伦理与资本主义精神》，生活·读书·新知三联书店 1993 年版，第 41 页。

② 同上书，第 11 – 12 页。

领域都将发生相应的、从传统性到现代性的变化。涉及每一个社会生活领域的变化都必然地体现为人的现代转变，因此，与现代化的特点相对应的人口特征是人口现代化。

第二节　制度变迁的概念、理论

一、制度的概念

T. W. 舒尔茨将制度（institution）[①] 定义为“一种行为规则，这些规则涉及社会、政治及经济行为”[②]。V. W. 拉坦认为，作为一套行为规则的制度是被用于支配特定的行为模式与相互关系，并认为制度包括组织的含义[③]。制度是支配人类行为和形成社会关系的一套制度。D. 诺思认为，制度是“个人之间反复相互作用的规律”[④]。制度的核心内容是行为、组织与程序的价值稳定性。塞缪尔·亨廷顿认为，“制度就是稳定的、受珍重和周期性发生的行为模式”[⑤]。约翰·康芒斯在其《制度经济学》一书中，对制度的概念作过形象的比喻，他说，“制度似乎可以比做一座建筑物，一种法律和规章的结构，正像房屋里的居住人那样，个人在这结构里面活动……”康芒斯是在一种“普遍的原则”中寻找适用于人类一切行为的制度意义。他认为，制度就是“集体行动控制个人行动”。从伦理和法律的角度理解，“一切集体行动建立权利、义务，没有权利和没有义务的社会关系”[⑥]。

---

① 本书的制度概念是基于“institution”的词义所表达的制度概念，与“system”的制度概念虽然在制度上词义有一定的交叉，但“institution”多强调关系，而“system”则强调系统。

② ［美］R. 科斯等：《财产权利与制度变迁》，上海三联书店、上海人民出版社 1994 年版，第 253 页。

③ 拉坦的制度概念，包括组织行为、组织与环境的相互关系、在组织环境中支配行为与相互关系的规则。参见同上书，第 329 页。

④ ［美］D. C. 诺思：《经济史中的结构与变迁》，上海三联书店、上海人民出版社 1994 年版，第 231 页。

⑤ ［美］塞缪尔·亨廷顿：《变化中的政治秩序》，生活·读书·新知三联书店 1989 年版，第 12 页。

⑥ ［美］康芒斯：《制度经济学》，商务印书馆 1962 年版，第 86－88 页。

从个人行为的角度，集体行为对个人行为不仅仅像通常理解的那样是一种约束或控制，即告诉人们能做什么，不能做什么；制度的深层次的意义也不仅在于集体行动是“一种对个人行动的解放，使其免受强迫、威胁、歧视、或者不公平的竞争……”更重要的是，“集体行动还不仅是对个体行动的抑制和解放……”它还是“个体的意志的扩张，扩张到远远超过他自己微弱的行为所做到的范围”。因此，制度含义延伸为“集体行为抑制、解放和扩张个体行动”①。确切地说，康芒斯的制度概念着重强调制度的功能和作用。但是，我们从中可以得到富有理论价值的启示，康芒斯的制度概念有助于我们理解制度的本质关系。

任何社会环境下的人类活动，都将限制在特定的行为准则之内。当然，在不同的社会条件下，人类行为准则的价值基础是不同的。

例如，在原始社会，由于原始生产力和思维、智力发展程度的低下，使人类对自身生存的社会环境的认识非常肤浅，人们的行为只能屈从于超自然的力量，以原始图腾、禁忌来约束人们的行为；在现代社会，社会生产力的高度发展，人类对其生存和发展的社会环境的认识的提高，使人类行为的准则建立在了高度理性化的现代法律制度之上。社会活动的秩序和可预测性是人类行为的基本条件，因此，无论任何社会，制度必须满足这一需求。

社会行为的无序和不可预测性必将导致人们行为的失范。在原始社会中，人们屈从于超自然的力量，于此获得维持生存的秩序和报偿；在现代社会，以现代法律、准则、伦理规范为基础的制度关系，在人类高度理性化发展水平之下，提供了人们社会活动基本秩序和可预测的行为后果。“我们把制度定义为，反复重复的人类关系的法律的、管理的和习惯的安排。”② 概括地说，人类行为的规范和准则（制度）不论基于什么社会环境和条件，它都给人类的活动和相互交往提供秩序和可预测性。可以用非常简单的例子来说明制度的这一基本功能：在现代交通规则中严格规定了每一种交通工具的行驶规则，当事者于其中获得安全和效率。交通规则为人们提供了一个稳定的交通秩序，

---

① ［美］康芒斯：《制度经济学》，商务印书馆 1962 年版，第 91 – 92 页。

② Svetozar. Pejovich. Economic Anatysis of Institutions and Systems, Kluwer Academic Publishers Dordrecht, 1995, p. 30.

在这一秩序下，人们对每一行驶者的行为方式及自己的行为的后果都有较为充分的可预测性。

制度对日常生活中的人的行为具有相反的作用，即制度在限制人的某一行为的同时，也在放纵或鼓励另一相悖的行为。仍以前例来说明，交通规则限制车辆左行（或右行），相应地，车辆就获得了右行（或左行）的全部自由权利。因此，人们在规则以内具有充分的扩展机会和权利，而且只能在制度中我们才能实现我们所期望的人的全面发展。从这一角度出发，我们才能真正理解康芒斯制度含义的三个方面，即制度对人的行为的抑制、解放和扩展性。仅仅把制度理解为对人的行为的约束是不够的，它会导致对制度含义和本质关系认识的片面性。

综合以上观点，我认为，制度指规范个人行为的规则和准则。只是这里所谓的“规范”，不仅指通常所说的单纯的对个人行为的“约束”或“限制”，而且更重要的是指对个人行为的“解放、扩张”。从这一层意义理解制度概念，一个好的制度或制度体系应该最充分地体现社会中个体的主动性和创造性，有利于个性的全面发展。

二、制度变迁的概念及理论

制度变迁指在一种社会环境中，支配人类行为和相互关系的规则的变化。例如，马克思所论述的社会生产关系不断变化的过程就是一种制度变迁过程。制度变迁、制度创新和制度发展常常被混用，这些概念的使用者没有对它们进行严格区分。我认为，在概念上，制度变迁可以涵盖制度创新和制度发展，因此可以用制度变迁统一加以替代。制度变迁指新旧制度的转换或交易过程。从制度变迁的目标模式上理解，制度变迁是一种社会效益更高的制度对低效制度的替代过程；从制度交易的角度理解，布罗姆利认为，“制度变迁就是有关界定个人选择集的关系的变化”，“在对新的经济条件作出反应的过程中发生的这些意在确立新的制度安排的活动，我们称之为制度交易”，而制度交易“导致制度的偏好会增加特殊集团的利益，从而表现出，作为要求，它会反对现行的制度结构。这种企图改变现存的制度安排，由此提出新的、与此不同的行为准则或所有制结构……这种行为准则和所有制结构的表现形式就是市场及其商品交易的法律基础”①。据此，制度变迁应当反映一个基本的事实，或者说有一个基本的目标模式，即在特定的经济条件下，社会中的利益集团（可以是个人、集团或国家）有一种改变现有行为规则和所有制结构的迫切需求，而制度变迁的结果必然是在新的市场原则下产生新的利益关系。

制度经济学的制度变迁模型都是在与经济条件密切相关的分析中建立的，这也大致是本文制度变迁理论所界定的范围。当然，本文的研究方法及理论基础还涉及社会学、人口学及其他社会学科，制度变迁的理论分析也将超出制度经济学的范围。

三种广为接受的制度变迁理论都是以收入流的变化来解释制度变迁的。社会收入流的变化推动了制度变迁，而一旦发生制度变迁，将相应地产生新的机会（或挑战），并且经济会趋于新的平衡，制度均衡状态将维持到下一个外生变化出现，并引起社会自身的制度性反应。制度变迁的产权模型的理论依据是，“市场能有效率地运行的唯一条件是：追求财富最大化的个人主体是自由的，能对激励作出反应，并能以他们个人的自我利益管理有价值的财产”②。布罗姆利反对把制度变迁看做是没有历史连续性的孤立的社会现象，他在评价制度变迁的产权理论时，对德姆塞茨等人“将一种特定的制度结构（完全私有的财产制度）提高成为唯一有效率的制度形式”的观点作了批评，达尔曼对把经济制度变迁归结为“过去的经济制度是‘无效率的’，这是这种制度消亡的终极原因”的观点提出疑问，认为，“不仅今天的生产技术，而且现代的制度均代表着从过去继承下来的思想和传统的发展”③。所以，任何制度变迁都包含着一个特定社会难以割舍的历史和传统因素。有一点应当明确的是，作为一个历史进程中的制度变迁，尽管不能说新制度所替代的制度都是“无效率的”，但肯定是“低效率的”，不然就无法理解人类社会在制度变迁中得到的发展。一个旧的制度的维持，必然存在维持现状所需的最低限度的效率，而它被替代，必然是在制度效率的利益比较中处于劣势的。旧的制

① ［美］丹尼尔·W. 布罗姆利：《经济利益与经济制度——公共政策的理论基础》，上海三联书店1996年版，第131－132页。

② 同上书，第17－18页。

③ 同上书，第18页。

度条件下，社会产生了一种“低效率制度均衡陷阱”。

拉坦—速水诱致性制度变迁理论是建立在制度创新需求和供给的新古典分析模型基础上的。拉坦认为，“对制度变迁需求的转变是由要素与产品的相对价格的变化以及与经济增长相关联的技术变迁所引致的；对制度变迁供给的转变是由科学知识及法律、商业、社会服务和计划领域的进步所引致的”①。从制度需求角度，制度变迁是对物质的技术变化的一种回应，即制度变迁需求的激励来自资源条件的变化和技术变迁引起的经济利益失衡；从制度供给的角度，制度变迁供给的变化是由于社会科学及专业知识的进步，导致由制度效率收益所形成的新收入流成本的降低。如果制度变迁的收益大于成本，就会产生新的制度。因此，制度变迁是对资源禀赋变化和技术变迁产生的新的利益源的捕捉，是一种社会逐利行为，它基于社会科学和知识进步。

诺思以经济史实证分析来构建他的制度变迁模型。在其《经济史中的结构与变迁》一书中，他视“结构”为制度框架，“变迁”为制度创立、变更及随着时间而被打破的方式。把以此定义的制度变迁理论引入经济分析，制度变迁就是一种新的经济秩序的合作与竞争关系的建立，制度变迁把人类的社会活动引入新的利益选择集。在制度变迁的经济分析中，诺思以凯恩斯主义的宏观经济学方法作为分析工具，以新古典理论的价值判断和道德伦理作为哲学基础进行经济史的制度变迁分析。他认为，制度变迁的原则是，制度变迁的成本与收益之比较，在预期收益大于预期成本的情况下，行为主体为追求最大化收益而推行制度变迁。并且认为，对经济增长起关键作用的不是技术性因素，而是制度性因素。正如他在解释西方国家发展的原因时所说的，“有效率的经济组织正是西方兴起的原因所在”②。不对行为主体的制度创新活动给以最低限度的报偿或好处，社会就不可能实现持续经济增长。在解释西欧国家产业革命的起因时，诺思极富创见地指出，是一系列制度变迁为产业革命铺平了道路，突发性产业革命实质上是渐进性制度变迁的结果。

---

① ［美］R. 科斯等：《财产权利与制度变迁》，上海三联书店、上海人民出版社 1994 年版，第 328 页。

② ［美］D. C. 诺思：《经济史中的结构与变迁》，上海三联书店、上海人民出版社 1994 年版，第 1 页。

上述几种制度变迁模型在基本的立论依据上都具有相似性，“它们试图通过出现增加收入所得的机会或总体经济效率的提高来解释制度环境（也就是经济）的变迁”[①]，它们都以自由的、开放的市场运行和市场效率作为制度变迁分析的基础，以澄清市场效率的不完全性和强调超市场范围的国家在制度变迁中的作用。布罗姆利在其制度交易模型中分辨了两种制度变迁：第一种制度变迁显然是为了增加净国民收入，动机和结果都是为了提高生产效率，这一变化是由相对稀缺性（价格）的变化驱动的；第二种是改变收入分配的制度环境的变化，收入的变化通过诱致性价格效应最终导致资源配置的变化，这一制度变迁是以社会福利函数的变化为依据的。

上述我们所引述的制度变迁的观点，都把制度因素放在非常重要的位置上，认为制度因素是社会发展和经济变化的先导因素。但并不能说这一看法已经得到了社会的认同。事实上，在社会科学研究领域，一直存在着两种对立的观点，一种是制度决定论，主张制度变迁是经济发展的动态原因，制度变迁决定技术变迁；另一种是技术决定论，认为技术是经济进步与增长的动态因素，技术变迁决定制度变迁。但我认为制度变迁无论在反映社会的重大变化时，还是体现入细入微、涓涓溪流般的社会渐变时都起非常关键的作用。正如诺思和托马斯所持的观点，制度变迁比技术变迁更优先且更根本。他们认为“西方经济增长的主要原因归结于在人口对稀缺资源赋予的压力增加时，那些支配产权的规则的制度发生了变迁”。即制度变迁是对劳动力土地价格率变化的回应。波拉伊也认为是制度变迁而不是技术变迁是经济发展的动力[②]。正如马克思在“市民社会”中寻找现代化的先决条件一样，早在现代技术发生变化之前，制度的变化已经开始了。

小阿尔弗雷德·钱德勒论证了五十、六十年代英国的管理革命，更多的是“由市场机会扩张所诱致的制度变迁的产物，由结构性创新（制度创新）所导致的制度效率的收益，又创造了一种传导技术创新的环境”[③]。实证上得

① ［美］丹尼尔·W. 布罗姆利：《经济利益与经济制度——公共政策的理论基础》，上海三联书店1996年版，第40页。

② ［美］R. 科斯等：《财产权利与制度变迁》，第332页。

③ 同上。

到的制度变迁在经济发展上的先导作用的证明，还未能全部解决一个逻辑问题，即制度创新的动力问题。生产要素相对价格变动所产生的新的经济机会和新的经济压力显然可以是制度创新的一个主要动力，而且正如布罗姆利所说，新经济机会本身就是转变中的各种制度所决定的①，制度变迁是社会为将创新活动的收益内在化所作出的努力。

解释制度变迁的原因和制度变迁的结果以及观察的角度和分析的方法或许还有多种，但是引致经济持续增长的制度变迁应具有一个本质的特征，即制度变迁是受新的利益驱动而发生的，制度变迁的结果应该提供新的利益捕捉机会和相应的激励机制。作为经济行为主体的"个体或集体在特定结果中存在着利益。那些利益可以有许多表现形式，但集体行为的本质是个体试图使他们的利益转化为对新的有利形势的需求，并最终转化为国家承认的所有权。利益转化为所有权这一过程正是集体行动和制度变迁的本质"②。因此，理解制度变迁的本质含义有两个不可或缺的要素：个体利益和所有权保护。

的确，市场不是万能的，市场效率不考虑强制，但制度是带有强制性的，在一种制度变迁的形式上，制度变迁是国家和社会对个人的强制。个人的利益需求必须转化为国家承认的所有权和社会默许的权利才可能合法地谋取利益，并且把自己的行为稳定在可预期的结果上。因此，从本质上说，国家强制导入的制度关系不应当是与个人利益相悖的新的利益关系，而是在新的行为准则下保护个人利益，使之能得到更充分的发展。

第三节 人口行为与人口发展：概念、理论及内容

一、人口行为的概念

人口行为是人口作为社会活动主体在社会中的存在方式。因此，对人口

① ［美］丹尼尔·W. 布罗姆利：《经济利益与经济制度——公共政策的理论基础》，上海三联书店1996年版，第14页。

② 同上书，第283页。

行为的解释必须从基本的人口概念开始。人口定义[①]表明，人口“是一个具有很多规定和关系的丰富的总体”[②]。人口不是一个抽象的、空泛的概念，必须通过具体的关系及行为来赋予其实际的内容。例如，对于阶级社会中人口社会属性的本质关系，马克思主义是从人口在特定的社会生产方式下的阶级属性来认识的。在资本主义社会中，马克思通过资本剥削、雇佣劳动等资本主义的基本关系来认识和界定人口社会属性的内涵。人口是活的生物聚集，但人口的自然属性只是人口存在和发展的自然基础，人口的社会属性才是人口的本质属性。因此，每一个人口群体必然具有与其社会特定环境相适应的人口行为方式，并以此来实现由其环境所限定的人口目标。从这一层意义上理解，人口行为指人口群体实现其特定关系和构成其具体内容的行为方式。

人口行为是社会行为[③]。由于人口是实现其生命活动和构成社会生活的主体，因而人口行为涉及任何社会领域。换句话说，在社会的不同活动领域都有人口行为的特定内容和表现形式。最基本的人口行为的分类是把人口行为按照自然属性和社会属性分开，以人口的自然属性理解的人口行为的意义，指人口在实现其生命活动上所必然遵循的自然的、生物的规律和行为方式，少有变化；而从人口的社会属性角度理解的人口行为的意义，指人口行为存在于社会活动的规律和系统之中，并随着社会环境和历史时代的变动而不断变化。正是在这种变化中，人口行为被深深地打上了时代的烙印，我们往往可以透过人口行为的变化来理解社会发展和人口发展过去和将来的轨迹。

以常用的人口学指标分类来归纳的人口行为，可以大致分为三种类型：一是为实现人口代际延续的人口生命繁衍行为，它由人口的出生和死亡行为方式构成，体现了人口数量的增长变动关系；二是旨在提高人口素质的人口行为，在此定义的范围内的人口行为涉及人口的身体素质、文化素质和思想

① “人口指生活在一定社会生产方式、一定时间、一定地域，实现其生命活动并构成社会生活的主体，具有一定数量和质量的人所组成的社会群体。”参见刘铮《人口学辞典》，人民出版社1986年版，第21页。

② 马克思：《政治经济学批判导言》，载于《马克思恩格斯选集》（第二卷），人民出版社1972年版，第103页。

③ 社会行为（social behavior）指依社会情境为转移的个体行为。它依存于社会心理，是社会心理的外部表现，其基本表现形式包括表情、姿态、言语、语气、活动等等。

道德素质，通常以此来衡量人口的内在品质；三是以社会结构的变化实现人类需要的人口行为，它通过人口的地域流动和社会流动实现与社会环境相协调的人口社会结构类型。

在人口行为中，人们可以从中理解社会中每一个人的社会活动的真实社会意义和社会总的运动方向和特征，并根据人口行为的特定社会价值和意义作出对相关的人口现象和人口过程的性质、特点的价值判断和解释；人口行为的社会意义是在社会互动中实现的；人口行为的目的是为了满足特定的人口需要；受特定的社会制度和社会行为规范的约束和引导，人口行为可以实现相互间协调、共同的人口社会行为的规范。因此，人口行为是一种制度化行为①，它在行为上是可以预测的，受特定的行为规范和准则约束，并扮演着与其所处的社会环境相匹配的社会角色。

以上关于人口行为的概念中的“行为”的含义，采用了韦伯关于“行动”概念②的含义，即人口行为是与某种主观意义或动机相联系的行为方式。按此意义的理解，人口行为是既定在社会关系中的社会行动。人口行为的行动者赋予其人口行为主观意义，并在其人口行为中与社会中的他人相互联系，形成一种社会互动关系，依赖这种社会互动实现人口行为的目标。据此，我认为，人口行为不能被视为是一种被动接受的“刺激与自动反应”的本能，人口行为不是生物意义上的行为者。而且也不是仅仅在统计上反映社会现象和社会过程的客观结果，或者说描述一种社会事实的单纯的人口学指标。人口行为的主观意义指的是作为人口存在的本质属性的社会意义，因此对人口行为的理论认识不能还原为生理学和心理学，对人口行为的认识只有通过分析人口行为者是如何构造他们的社会情境，以及用什么社会价值规范来作为行为原则才能得到科学的正确的解释。理解任何社会行为，都必须把人的动机、情感、价值判断和意义与社会客观需要及结果相联系，对人口行为的认

---

① 制度化行为指：“有规则的团体活动，……制度化行为的特点，表现在行为的可测性：在行为方向上，凡与群体方向相吻合的，则必为团体成员所赞同，反之，就会遇到反对和制约；在行为标准上，它同大的群体的道德规范、行为准则都是一致的；在角色扮演上，它基本上和团体组织中所扮演的角色位置相当；在组织系统上，凡属制度化行为，其组织和活动都有一定的规定和规则。”参见李盛平等《新学科新知识辞典》，中国国际广播出版社 1989 年版，第 505 页。

② 关于韦伯的“行动”概念的含义，参见本文第一章第三节。

识和理解也应如此。

按照帕森斯社会行动理论，行动者是在特定的社会情境中，选择相应的手段，遵循特定的社会规范和准则，克服阻碍因素而实现行动目标的。因此，在此概念下，人口行为过程是人口行动者在特定的目标导向下，利用相应的社会手段和工具，在社会规范的约束下，克服实现目标的障碍而进行的全过程。很显然，人口行为不是杂乱无章、无规可循的。从人类历史发展进程来看，人口行为的目标是指向具有特定历史限定性的人口发展。在人类社会发展的不同历史阶段中，都有与时代相适应的人口发展类型，作为一种人口变化的结果，它反映了与其社会背景或时代特征相一致的人口行动过程。例如，在现代社会，现代经济的发展和社会制度及文化的变迁，导致人口行为的变化，人口行动的目标指向是实现人口现代化。人口现代化作为人口发展在现代社会的具体表现形式及内容，体现了现代社会以工业化为经济特征、以自由平等的个人主义为价值伦理基础的时代要求。这已被发达国家的历史经验所证实，从发展趋势看，人口现代化将是人类具有普遍意义的社会发展目标。

二、人口发展理论及人口现代化

1. 人口发展的理论

根据《中国大百科全书（社会学）》，人口发展指，“随着生产力的发展和社会生产方式的进步，人口数量、质量和结构及与社会经济、环境等诸方面的关系不断由低级向高级运动的过程”[①]。这一人口发展的定义包括了四个方面的含义：人口发展的动力、人口发展的内容、人口与社会环境的作用关系及人口发展的运动过程，即人口发展的根本动力是社会生产力的发展，人口发展的内容包括人口数量、质量和结构的发展与协调关系，人口与社会环境之间是一种相互作用和影响的关系。这一人口发展的定义有一个明显的不足，即它未把规范人口行为的制度关系包括在内，基本上仅仅限于从物质层面或经济层面认识人口发展的内容和特点。因此，从人口发展的制度关系角

① 中国大百科编辑委员会：《中国大百科全书（社会学）》，中国大百科全书出版社1991年版，第232页。

度理解，人口发展的定义可以表述为：随着社会的进步，规范人口行为的制度发生变迁，由此导致人口行为的变化，并实现了人口数量、人口质量和人口社会结构与社会环境关系由低级向高级的变动。人口发展的过程是一个与人类社会发展方向一致、发展水平和程度相当的历史变化过程，在历史过程中不断地完善着自己的发展状态。因此，人口发展不是某一历史时期的特有人口现象，它是伴随人类社会始终的客观过程，在人类社会的每一个发展阶段，都有与其相适应的人口发展类型。为了扼要地表明这一关系，我们可以用一个简表来表示（见表2－1）。

表2－1给我们的提示是，人口发展是人类社会有史以来的一个连续的变化过程。发展至今的人类社会历史，存在三个人口发展阶段。

表2－1　　人口发展历史过程简式

<table>
<tr><th></th><th colspan="2">文明类型</th><th>生产方式</th><th>人口发展类型</th><th>人口发展的特征</th></tr>
<tr><td rowspan="5">人口发展</td><td rowspan="2">工业文明</td><td>发达工业文明</td><td>专业化与现代化的现代工业经济</td><td>现代人口发展类型（人口现代化）</td><td rowspan="2">数量：低位平衡
质量：高质量
结构：多元社会结构</td></tr>
<tr><td>原始工业文明</td><td>工场手工业经济
农业手工业经济</td><td rowspan="3">传统人口发展类型</td></tr>
<tr><td rowspan="2">农业文明</td><td>古典农业文明</td><td rowspan="2">各种农业经济、畜牧经济或混合经济</td><td rowspan="2">数量：高位平衡
质量：低质量
结构：单元社会结构</td></tr>
<tr><td>原始农业文明</td></tr>
<tr><td colspan="2">原始文明</td><td>采集、渔猎经济</td><td>原始人口发展类型</td><td>数量：高位平衡
质量：低质量
结构：群体社会结构</td></tr>
</table>

在原始文明时期，原始人口面对的是恶劣的自然和社会环境，人口发展的目标仅仅能维持原始群体生存的最低人口需求。在人口数量发展上，原始人口长期滞留在原始生产力所能保障的简单再生产的基准上，属于原始静止

型人口再生产类型；在人口质量上，原始人口平均寿命很低，没有文字，思想和行为受原始意识支配。在社会结构上，以群体为单位聚居，原始部落稀少而分散，以此保证各自维持生存的最低空间；以血缘的远近为社会分层的标准和社会关系的纽带；非定居式的人口地域结构，血缘婚姻家庭及亲属制度关系；原始共有经济及简单的自然分工。

人类社会发展到农业文明时期，社会的生产方式由原始的采集渔猎经济过渡到农业畜牧经济，在此基础上形成了传统人口发展类型，其特征是：在人口数量上，人口增长突破了原始静止状态，在一个缓慢的人口增长中（人口出生稍高于人口死亡），人口长期维持高位平衡；在人口质量上，稳定的生活来源和传统文化的发展，使传统人口多方面的素质有较大的提高，特别在一些文明古国（如中国、印度、埃及的古代文明）的农业文明曾经达到相当高的发展水平。但是，农业文明所能提供的人口发展的限度只能局限在“必然王国”的范围之内，表现在人口质量上的特征是，人口身体素质低下，人口的识字率很低，靠经验传授生产技术和技能，以传统价值观为伦理道德和行为的标准；在社会结构上，传统人口以农业产业为主，分散居住，人口流动性很小，以大家庭和复合家庭为基本类型的家庭生活方式。

现代社会实现了人类社会以来最高水平的人口发展，其具体内容就是人口现代化。人口现代化与社会现代化在过程和特征上都具有完全相对应的性质。在过程上，人口现代化伴随着社会现代化的全过程，而且互为条件、相互影响和依赖；在内容上，社会现代化的内容包括了人口现代化的全部内涵，而且，没有人口现代化就没有完全意义上的社会现代化。反之，人口现代化的内容，应当而且必须反映社会现代化的主要内容和基本特征，否则就难以把其归入真正的人口现代化之中。

与现代社会的发展相对应，现代人口发展类型是：人口再生产类型由历史上长时期的高位平衡在经历了一个快速的下降时期后，已经稳定在“低出生率、低死亡率、低增长率”的水平上；人口的质量在它的三个结构指标上都实现了现代转变。具体体现在，人口在现代社会中获得了具有更好的生理能力潜力的身体素质；实用的、高知识结构的人口智力；多元的、高度流动的和开放性的社会结构。

人口发展是人类社会历史进程中的一个连续变化过程。这种连续性不是为了保持人类存在的简单重复，或如通常所说的限制在自然繁殖意义上的人口再生产，只考虑自然繁殖意义的认识观显然曲解了人口发展的本意。人口发展作为具有价值意义的社会目标，从来都被社会实践所珍重。人的发展是人类社会一切活动的终极目标不会产生任何疑义，但人口发展所具有的相同的意义却远远未被世人所认识。人的发展主要体现社会中每一个个体全面发展需求的满足程度，这一发展目标下的内容比人口发展所涵盖的内容要广，人口发展则着力体现人的总体发展特征和内容。但是，人口的总体特征和内容不是社会中个体特质的机械累加的结果。人口发展也不是人类无意产生的结果，它具有独立的价值内涵，人口发展的价值意义和价值指向在不同的社会环境下是不同的。在前现代社会时期，人类社会的人口发展的价值目标主要是实现人口的繁荣昌盛。例如，先哲孔子说，“地有余而民不足，君子耻之”①，他认为统治者的最大任务就是使人口增加。墨子也提出相同的治国之道，“为政于国家者，皆欲国家之富、人民之众、刑政之治”②。人口众多是治国的重要标准。商鞅则主张人地平衡，“民过地，则国功寡而兵力少；地过民，则山泽财物不为用”，即人多地少会导致国弱兵危，人少地多则资源得不到充分利用。为保持人地平衡，必须“民胜其地者，务开；地胜其民者，事徕”③。直到明清时期，朝政采取与民休息政策，使民生息繁衍，促使人口增长。清朝在康熙五十一年（1712 年）宣布“滋生人丁，永不加赋”，后又于雍正元年（1723 年）推行“摊丁入亩”，将秦汉以来的按人头税交纳为主的赋税制度改为按田亩交纳，刺激了人口增长④。在中国传统社会中，人口数量的多寡，增长的快慢都被统治者以某种价值目标作标准，刻意追求。无论是大国众民还是小国寡民，都体现了当政者或思想家对人口关系的好恶和政策倾向。所以，人口发展从来不是无意的结果，而是有意图的社会目标。

---

① 孔子：《礼记·亲记下》，引自张敏如《中国人口思想简史》，中国人民大学出版社 1982 年版，第 15 页。

② 墨子：《墨子·尚贤上》，引自同上书，第 20 页。

③ 商鞅：《商君书·算地》，引自同上书，第 34 页。

④ 参见同上书，第 142 – 144 页。

到现代社会，人口发展作为社会进步重要目标更受到当政者和思想家的关注。亚当·斯密在论证分工与劳动生产率关系时指出，“劳动生产力最大的增进，以及运用劳动时间所表现出的更大的熟练、技巧和判断力，似乎都是分工的结果”。而一定的人口密度是分工的前提，人口密度的发展在现代社会就具有以时代为特征的价值意义。亚当·斯密还认为，人口生产和需求与物质生产和需求一样，都要加以控制和协调，“……像对其他商品的需求必然支配其他商品的生产一样，对人口的需求也必然支配人口的生产，生产过于迟缓，则加以促进；生产过于迅速，则加以抑制”。如果说亚当·斯密主张的调节人口数量的方法主要是采取“看不见的手”的市场原则，那么，对人口质量的提高他主张采取国家强制，对国民的初等教育，国家“……能强制全体人民必须求得这最基本部分的教育”①。

西斯蒙第曾批评统治者和理论家把财富与人口抽象孤立的追求目标，并认为斯密“没有始终保持他所决定的主要宗旨——财富与人口的关系，或者财富与国民享受的关系”②。而李嘉图的理论则只强调“财富就是一切，而人是微不足道的”③。西斯蒙第认为财富是手段，人才是目的。“而政治家的真正难题是使人口与保证人类在一定空间享有最大幸福的财富之间的配合恰如其分，并保持适当的比例。”④ 西斯蒙第提出了一个非常重要的人口发展思想，即保证人口与财富的恰当比例才是社会发展的最终目标，也是统治者和思想家的政治目的。这里的人口与财富的恰当比例的观点，不是一般意义上的人均观，而是旨在分配领域以国家干预实现民众福利的改进，“为了使这种分配更为合理，分配均衡，我们几乎始终呼吁亚当·斯密所摈弃的政府干预”⑤。西斯蒙第在纠正马尔萨斯人口观点时进一步地阐明了他关于人口与制度的关系。他认为，限制人口增长的不是体现自然法则的稀缺土地的边际生产力，而是体现人类意志的法律和社会制度的收入分配，而人口增长与收入的不协

① ［英］亚当·斯密：《国富论》（上卷），商务印书馆1972年版，第5、73－74、342页。
② ［法］西斯蒙第：《政治经济学新原理》，商务印书馆1983年版，第45页。
③ 张敏如：《中国人口思想简史》，中国人民大学出版社1982年版，第457页，脚注。
④ ［法］西斯蒙第：《政治经济学新原理》，商务印书馆1983年版，第16－17页。
⑤ 同上。

调主要源于制度（社会组织）的缺陷[①]。

尽管马尔萨斯认为“是自然法则，而不是人类的行为和制度，使人口的自然增长必然受到了强有力的抑制”[②]。但他仍充分地肯定政府和人类社会制度在引导和尽量“减少给社会道德和幸福造成的损害方面发挥巨大作用”[③]。而且，他认为政府的作用是一种间接的作用，必须通过个人行为才能产生影响。他说，“……必须承认，政府的力量是间接的，而不是直接的，因为要达到的目的主要靠个人的行为，个人行为难以凭借法律产生直接的效果，尽管它可能受到法律的强有力的影响”[④]。马尔萨斯所推崇的抑制人口增长的方法最终归结到国民对自己辛勤的、公正的、受人尊重的努力自由发挥的机会，以及法律对财产的保护[⑤]。他认为只有这样人们才会为自己制订计划。毫无疑问，马尔萨斯的人口理论中也包含了人口发展是人类有目的的结果这一意义深刻的内涵。而且，人口发展是基于个人行为的制度激励机制的结果。

对上述人口发展理论的陈述所要证明的是，人口发展是人类在不断地、刻意地追求下实现的价值目标。人口发展目标的社会意义日显重要的事实，表明了人类人口行为的理性进步。明了了这一点，我们在认识社会人口现象时，就不至于把人口只当做表明某种社会关系的指标，或者反映某种社会问题的可用的资料。可持续发展理论把人口的全面发展置于社会可持续发展系统的中心，从而赋予人口发展以新的价值内涵，过去所强调的作为人类手段意义的人口思想和实践，转变为人类自觉追求的，体现人类社会发展本义和终极价值的目标。

作为人类自主追求的发展目标，人口发展在不同的历史背景下有不同的内容，隶属于现代社会的人口发展的具体目标是人口现代化。

---

① 谭崇台：《西方经济发展思想史》，武汉大学出版社 1993 年版，第 71－73 页。

② ［英］马尔萨斯：《人口原理》，商务印书馆 1992 年版，第 178 页。

③ 同上。

④ 同上书，第 179 页。以此可以推断，马尔萨斯并未想以政府强制的力量直接干涉人口增长变化。显然，他所说的预防抑制和积极抑制，他认为都并非是政府和法律能直接起作用的方法。他甚至担心“谨慎抑制（即预防抑制——引者注）不可能凭借法律来实现而不致严重违反人们生来就有的自由和不致产生更多罪恶的大风险”。但他确信，“公正而开明的政府十分巨大的影响和完善的财产保险在培养人们谨慎的习惯方面任何时候都是毫无疑问的”。同上书，第 181 页。

⑤ 同上书，第 182 页。

三、人口现代化

人口现代化是一个具有特定历史含义、明确的时间和价值限定的社会变化过程。因此，理解人口现代化的性质和特点需要对人类社会现代化进程的历史经验进行整体考察。人口现代化是人类社会现代化进程中伴随始终、并起重要作用的内容，其本质是实践问题。

人口现代化指在人类社会的发展进程中，人口发展的关系和性质从传统性到现代性转变的一个特定的历史过程。作为现代化进程中的一个主要内容，人口现代化具有与社会总体现代化进程相一致的时间和价值尺度。在时间尺度上，人口现代化指自西欧中世纪封建社会结束以来人口持续转变至今的历史时期。由于现代化是一个持续的无终止的发展过程，人口现代化的时间延线也是无边际的；在价值尺度上，人口现代化的全部特征和社会意义因现代化的“无限性”性质而未能全部确定，但发展至今的人口现代化的价值目标是非常清晰的。人口现代化是最能体现或最接近人类社会发展本义和终极价值目标的社会体现。社会发展理论逐步成熟的过程表明，一切人类社会发展的终极价值目标都是为了满足人的需求，偏离这一目标就不能成其为发展。社会发展是一个包括多方面内容诸如经济、社会、人口、资源和环境的复杂系统，而人口的全面发展是社会发展系统的中心内容。理由很简单，人口发展从其关系的性质到系统的功能作用都充分地体现了人类自身发展的程度。在可持续发展理论中，人口全面发展是社会可持续发展系统的中心。可持续发展观否定了追求单一性、即时性生产和消费增长的传统发展观，强调人类在生存条件上和生存方式上选择的多样性，发展的多元性、协调性和可持续性。新的发展观进一步强化了人口发展的中心意义，因为，人口是一切社会财富（物质和精神财富）可持续发展的唯一载体，也是资源和环境可持续利用的价值意义和有效性判断的主体。人口现实和将来的发展需要是可持续发展目标选择的价值依据。

人口现代化的内容主要包括三个方面：人口再生产类型的现代化（人口数量增长和自然结构转变关系）、人口素质的现代化、人口社会结构的现代化。

人口现代化的时代意义首先体现在人口增长关系的转变上。在现代化时期，人类在掌握和理解人口生命自然现象和规律上取得了巨大的进步，并有效地减少了人口死亡，提高了人口的生存质量，导致了人口再生产类型发生了现代转变。内源型现代化国家的成功经验为我们提供了完整的人口再生产类型现代转变的历史线索。发端于西欧原初现代化（primordial modernization）时期的人口自然增长变化，打破了传统社会人口出生率与死亡率的高位平衡状态，导致人口的缓慢增长；工业革命以后，西欧人口增长加速（由人口出生与人口死亡下降速率的差异及人口出生率下降的时滞引起）；在20世纪完全工业化阶段，实现了人口增长的低位平衡。至此，人口再生产类型实现了具有完整意义的现代转变。从目前我们时代所掌握的知识和信息条件来说，人口转变的西方范式已经在主要方面基本具备了满足现时代价值需求的合理性。

人口素质发展的现代化水平的衡量可以用三类指标来测定，即人口的身体素质、科学文化素质和伦理道德素质。

反映人口身体素质的指标有多项，其中具有综合性意义的指标是人口平均预期寿命和婴儿死亡率，它们反映了现代人类社会物质积累和营养摄取所达到的水平，以及医疗卫生发展对人口的生命质量提供良好保障的有效性。因此，婴儿死亡率和人口出生预期寿命所处的状况可以基本反映出人口生理健康素质的现代化发展的程度。

人口科学文化素质的获取依赖于现代教育制度的发展。人类社会由世俗社会到法理社会的转变标志着人类理性化行为能力的显著提高。马克斯·韦伯等社会学家认为，现代化就是人类对自己的自然环境和社会环境的合理化的控制的扩大[1]。人类行为的合理化基于每个社会成员对社会和自然的知识的扩展，并由此能在复杂环境中对自身行为作出理性的判断和选择。毋庸置疑，现代教育制度是现代知识传播的最有效的途径。很自然地，人口的教育水平就成为衡量人口文化素质高低的基础指标。现代化水平越低，国民文化教育普及程度也就越低，体现在素质上的人口现代化水平同样将处于相应的低水

① 罗荣渠：《现代化新论》，北京大学出版社1993年版，第15页。

平。而且更应指明的是，人口的受教育水平是一个涉及社会多方面发展状况的综合性指标。

人口的思想道德素质指现代社会中国民心智及伦理观念的基本状况。从历史角度界定，现代国民的现代社会的精神本质是，追求人性的解放和争取自由平等的民主权利。这一价值目标是铸造现代国民心智的脊柱，它是引导现代社会人类行为和生活目的的价值坐标，并广泛地渗透到现代生活的经济、社会文化和政治领域中。例如，现代社会中，自由竞争的市场经济制度，国民广泛参与的民主政治，社会契约关系和契约精神等现代制度设置都充分地体现了现代精神的本质。因此，社会现代化程度与人口的精神素质现代转变的程度密切相关。没有现代国民心智的成熟化，人口现代化就会因价值坐标的失落而迷失方向。可以说，缺乏符合现代社会伦理价值需求的人口主体就不可能引导社会现代化的正确发展，而且将会偏离人类的终极价值目标。从经济的角度讲，人口素质的精神因素主要通过劳动者在经济活动中的敬业精神，创造性和市场适应能力体现。现代社会个人价值取向是与传统生活伦理相颠倒的人生观，这种“颠倒的人生观”的本质是现代职业道德和敬业精神。

现代化是由农村社会到城市社会，由农业社会到工业社会，由世俗社会到法理社会的转变过程。现代社会是建立在工业生产的高效率、城市的积聚效应和规模效应、新型生活组织和关系对社会成员的激励效应的基础上的。因此，为了追求和实现现代社会的发展目标，必须从传统的人口社会结构中解脱出来。人口社会结构在现代化过程中必将发生人口产业结构由第一产业到第二产业，进而到第三产业的转移；人口就业结构由农业到工业及其他非农职业的转移；人口由农村到城市的转移；在家庭结构上，传统的大家庭、复合家庭向小家庭、核心家庭转变。社会组织结构的变化发生在社会的各个领域，本书所列仅是较为重要的一部分，但它反映了人类的基本生活方式在现代社会中发生的根本性转变。人口社会结构的现代转变体现了人类在现代社会中所依赖的社会物质基础、技术手段、社会组织及关系等现代生活要素的主要内容。因此，人口现代化的实现依赖于人口社会结构现代转变所达到的相应程度。

第三章　制度与人口行为

第一节　人口行为的特征

一、人口行为的有限理性

理性行为指人们试图做他们认为对他们最有利的事[①]，即它是一种经过思考和选择而采取的行为。理性化假设是主流经济学的“硬核”（hard core），它把自己放置在一个无可争议的教条地位[②]。在经济学界，人们往往通过亚当·斯密、汤姆斯·霍布斯及边沁的哲学著作来引证关于人类理性[③]的论述。实际上，先于他们，哲学家就提出人类的行为是基于他们对其行动决策结果的预测，如果人们把他们的决策指向最大满足和幸福，人们就可以获得最佳行动[④]。对理性化有多种解释，但概括地说，理性化的共同基础是：人们追求和具有关于他们行动决定的可能后果的信息，以此，他们在这些可预测结果的基础上权衡他们的决定，并且，他们按照他们的考虑优选哪些决定可以实现最大满足，这些优选物就成为他们的决定和随之行动的唯一决定因素。路斯和莱法从博弈理论的逻辑出发，认为理性是“在两种可供选择的方法中，博弈者将选择能产生较符合自己的偏好的方法，或者用效用函数的术语来说，

① Gerrord, Bill. The Economics of Rationality. New York: Routledge, 1993, p. 14.

② Hodgson, Goffrey M. Economics and Institutions: a Manifesto for a Modern Institutional Economics. UK: Polity Press, Cambridge, 1988, pp. 73 – 74.

③ 理性“一般指概念、判断、推理等思维形式或思维活动”，参见《辞海》，上海辞书出版社1980年版，第1213页，人类理性即指人类的思维活动。

④ Handwerker, W. Penn. Culture and Reproduction Anthropologicat Critigue of Demographic Transition Theory. Westview Press, 1986, p. 31.

他将试图使自己的预期效用最大化”①。

理性主义的分析方法在其他学术领域也得到了广泛应用。在政治活动领域，理性选择论②认为，可以把人类的选择、利益和目标等形式出现的人类价值，作为人类行为中基本的可加分析和观察的变数，同时从规范的角度出发对各种理想型的政治模式进行分析。在人口经济的分析中，关于经济发展与人口出生率的理性经济选择论③也是基于相同的理性假设。贝克尔在对人类行为的经济分析中，认为诸如生育率、子女抚养、劳动参与等家庭决策都需要基于“最大化行为、市场均衡和偏好稳定”这些经济分析的“硬核”之上④。很显然，这一理论分析的基础是最大化假设中的理性实质。无论是在正统经济学中，还是在政治学或人口经济学中，理性主义的分析方法都是以追求最大化收益的经济人假设为理论前提的。

占统治地位的主流经济学关于人类一切行动都受理性计算控制的观点，受到众多学者的批评。凡伯伦反对把人类行为“当作人类生存环境的急迫需求的理性回应”，行为主义者的代表赫伯特·西蒙对理性的新古典概念发起了强有力的批评。拒绝接受理性主义概念的并非只是制度主义学派，新古典经济学家和社会学家帕累托（Vilfredo Pareto）就提出过“非逻辑行为”的观点。莱宾斯坦（Harvey Leibensitein）否认全局经济行为最大化，因为存在着“X－非效率”（X－inefficiency）⑤。西蒙认为，对比新古典模式的最大化任务，受人类知识的不完全和不确定性的影响，人类智力只具有有限的计算能力。西蒙有限理性观点的关键内容是他拒绝全局最大化假设，但保留了有限理性观念。例如，行动者不能收集和采取行动步骤获得为实现全局最大化决策的全部信息，但他们可以在一个较小的可能性范围作出“理性”决定⑥。

---

① ［美］R. 科斯等:《财产权利与制度变迁》,上海三联书店、上海人民出版社 1994 年版,第 404 页。

② 理性选择论指“以人的理性为基本假设，以政治的选择性为基本前提的一种分析理论”，参见李盛平等《新学科新知识辞典》，中国国际广播出版社 1989 年版，第 700 页。

③ 指用纯经济的观点来说明经济发展与人口出生率的关系的人口经济理论。它把小孩当做商品，以最大限度获得孩子带来的纯收益为原则，做出需要多少孩子的决定。参见同上书，第 701 页。

④ ［美］加里·S. 贝克尔:《人类行为的经济分析》,上海三联书店、上海人民出版社 1995 年版,第 8 页。

⑤ Hodgson，Goffrey M. Economics and Institutions：a Manifesto for a Modern Institutional Economics. UK：Polity Press，Cambridge，1988，p. 73－74.

⑥ ［美］加里·S. 贝克尔:《人类行为的经济分析》,上海三联书店、上海人民出版社 1995 年版,第 8 页。

有学者进一步提出“适度理性”（Moderate rationality）的观点[①]。

事实上，对人类理性的关注和争论，既涉及理论假说、公理，也涉及国民的生活范式。韦伯等社会学家认为现代化就是人类对自己的自然环境和社会环境的合理化控制的扩大，是理性主义发展的结果。可以这样认为，理性化的内容和发展程度具有历史规定性，它随人类与环境的关系性质的变化而变化。在整个人类历史的发展过程中，人类对自己的生存环境和发展条件的认识和控制能力在不断地提高。但人类理性远不能达到完善的地步，远不可能实现完全理性的境界。人类理性的发展不可避免地要受到至少三个方面的限制：一是人类在可预测的将来也不可能具备完全理性所需的完全信息条件，信息不充分限制了人类的理性能力；二是人类认识和控制环境的智力是有限的[②]，面对复杂的环境条件人们仍然缺乏充分的理性计算能力；三是面对人类环境的多变性，人们将永无止境地在新的领域和新的问题中认识和探索下去。人类与环境关系的有限理性既指人类与生存的自然环境的关系，也指人类与其生存的社会环境的关系。例如，在人类的经济生活中，人们对其生活中的各种经济关系、经济现象及经济运行规律认识和掌握的能力和知识是有限的。经济环境的复杂性使人们面临一个不确定的世界，经济上的交易活动越多，不确定性越大，理性决策所需的信息越不充分。这一认识可以推及人类社会活动的其他领域。可以认为，信息不充分、人的能力的有限性及环境的多变性[③]使人的任何行为都是基于有限理性下的选择。人们处于一种复杂的交换模式，“这种交换流程（包括资源、要求、支持、收益如收入、地位和机会、控制、实际的公共产品和服务）中选择合适的手段，以达到某种既定的目的”[④]。但是，“合适的手段”是环境不确定性、不完全信息和人的有限能力

---

① Handwerker, W. Penn. Cutture and Reproductwn: Anthropological Critigue of Demographic Transition Theory. Westview Press, 1986, p. 39.

② 新制度经济学认为，人的智力也是一种有限的稀缺性资源，因而人的智力的应用是有限的，它只能提供到有限的人类活动中，以保证其使用的最大有效性。

③ 这里所指的环境的多变性与米德在分析人类经济行为时用的“环境的不确定性”具有同样的词义，米德认为，“环境的不确定性包括非常广泛的一类事件”，在对比市场上的不确定性时，米德说：“关于未来环境的不确定性，却没有任何一个人拥有任何确定的信息。”参见詹姆斯·E. 米德《效率、公平与产权》，北京经济学院出版社1992年版，第236页。

④ ［美］詹姆斯·E. 米德：《效率、公平与产权》，北京经济学院出版社1992年版。

约束条件下的目标函数，手段的选择不能超越由这些约束条件构成的最大可能性边界。

人类的选择可以被归纳为三种模式①：

一种是正统经济学中的"经济人"行为模式，即理性—最大化行为模式。这一选择模式认为，人类理性地选择实现目的的手段，并最终实现最大化利益。理性—最大化行为模式在经济人假说中得到了最充分的表达，它认为在经济活动中，每一个经济主体都是追求最大化利益的经济人。运用到政治理论中的理性选择论（兴起于20世纪70年代）和人口经济理论中的理性经济选择论，都以经济人的理性—最大化行为模式为理论前提。

经济人假说也反证了另一种人类选择的行为模式，即非理性—非最大化行为模式。与理性行为对应的其他行为包括随意行为、传统行为或"不明智行为"都应当属于非理性行为之列。在非理性行为选择下，人类不以追求利益最大化为目标。非理性—非最大化行为模式表明人类在应对复杂的社会环境时，具有多种行为和目标选择的模式。在复杂的社会环境中，时时存在着无法预测到的风险，人们为了规避风险及获得稳定的有保障的行为结果，往往会采取并非以最大化利益为目标的非理性行为，因为最大的利益往往与最大的风险并存。心理试验表明，人类的行为常常偏离理性选择的公设②。

有限理性—次优（满意化）的人类行为选择模式。这一人类选择模式是以西蒙为代表的行为主义的观点，它基于"考虑到活动者信息处理能力限度"，认为人类只能是在"有限理性"下的"寻求满意的人"。以"寻求满意的人"代替"经济人"成为人类选择的行为模式中理性与有限理性的分野。有限理性行为模式认为，任何人类行为在预先是不能完全了解整个行为过程和后果（包括选择集、后果及评价）的，因而理性所达到的程度是有限的。

---

① 除这三种人类选择模式外，还有多种人类行为的选择。如贝克尔在理性行为之外还区分了非理性行为、传统行为、随意行为或"不明智"行为。他认为这些行为都可以纳入统一的经济分析之中。参见加里·S. 贝克尔《人类行为的经济分析》，上海三联书店、上海人民出版社1995年版，第5-19页。

② "在正统经济学中，正是传递性和其他五项假定——可比性、连续性、省略性、主导性和不变性——一道，保证了个人具有理性行为。"但在心理实验中，这些假定未被完全证明。张宇燕：《经济发展与制度选择——对制度的经济分析》，中国人民大学出版社1992年版，第69、99页。

这不仅是个人行为的理性能力问题，它还在于个人行为的实现过程是一个社会互动过程，因此行为选择的主导性并非完全来自自身。另外，行为实验还指出，人们并未充分地使用全部可能得到的信息。通常，人们对新信息的反应仅在他们的常规行为中有小的变化，这与理性预期假设不一致[①]。

把行为理性理解为是一种指定的目标函数，那么，有不同的目标就有不同的理性[②]。因此，在人类的行为模式中，把最大化利益、满意度，以至于非最大化利益作为目标都是可能存在的。但是上述行为目标都不可能与完全信息、完全理性条件相连，而有限的信息和有限的分析能力并不与上述行为目标冲突。因为，每一个行为主体都是基于自己的约束条件（有限信息与能力）来作出他认为是最好的选择。这种选择对于掌握信息更多，个人能力更强的其他人看来也许并不合适，但这并不能影响行为主体对他自己认为的最优目标的判断和选择。经济人假说的理性—利益最大化行为模式失之于基于完全信息、完全市场、超凡的个人能力条件下的完全理性假设，而不是把人的最大化行为认作是一组约束条件下的目标函数。

人口行为显然也不能归属到理性—利益最大化的行为模式中，因为人口行为的环境不存在提供完全信息的条件，个人对人口行为的预期结果的分析和控制能力也是有限的，环境中的多种不确定因素和变动性也是人们很难预知的。因此，人口行为的最大化效益只能是在有限理性约束下的预期目标。例如，在生育行为中，家庭追求最大化生育效益（最小生育成本，最大生育收益），但生育行为的选择不是在有关生育的充分信息、足够驾驭生育事件全程的个人能力等的完全理性条件下作出的。任何家庭只具备有限的理性来预期可能达到的目标。对于每一生育行为所需考虑的生育成本、抚养成本、死亡风险、教育培训费用及收入、地位等等关系的理性程度都是有限的。涉及如此多的关系的生育事件，把它斥之为盲目行为解释不通，但也不会是完全理性的。生育行为以及其他人口行为只能是在有限理性范围内对几种选择方案的优选。

---

① Hodgson, Goffrey M. Economics and Institutions: a Manifesto for a Modern Institutional Economics. UK: Polity Press, Cambridge, 1988, p. 233.

② Gerrord, Bill. The Economics of Rationatity. New York: Routledge, 1993, p. 21.

有学者认为，行为者被认为具有理性是因为假定理性单位更有效率，而同时假定效率因素具有更大的生存空间①。以效率为行为选择的目标具有比某种数量最大化目标更广阔的人类行为选择的涵盖面。有限理性—效用最大化行为模式是人类在复杂社会环境中的行为方式和行为目标。中国古代田忌赛马的典故充分说明了效率最优原则的实践应用，孙膑以效用最大化为目标实现了资源的最优配置，最终的获胜证明，最多、最好的资源条件并不一定得到效率最大化的结果。

但是分析到这一步并未解决人口行为的规范性问题。就是说任何人口行为目标的设立、相应的行动都必须获得社会的承认，社会必须对社会中的每一生育行为及其他人口行为作出符合社会需要的价值判断。社会必须对社会中的人口行为区分出好坏，以使人们在社会认同的规范和标准下行事。社会中的信息资源是稀缺的，个人能力资源也是稀缺的，每一个人口行为主体的效用最大化目标的实现，要求尽量多地占有社会资源，这必将产生一种社会矛盾。谁可以使用这些社会资源？按什么原则和标准使用社会资源？不解决这些规范问题，任何人口行为的目标设置都是没有实践有效性的。亚当·斯密的经济人假说的理论前提是：自利的人理性地追求最大化利益的动机，在有效的社会条件约束下最终会实现社会福利的最大化。这里，社会约束来自一种有效的制度设置。只是，在亚当·斯密那里，实现最大社会福利目标的经济制度是由“看不见的手”支配的自由市场制度。应该着重提示的是：人口行为的规范性不仅指为维持一种社会秩序和稳定的约束力，而且还指建立起鼓励人们努力积极性的制度激励机制。

对人口行为的有限理性进行分析的目的，是要在人口行为目标的选择中引入制度关系。对人类理性行为的研究往往集中在个人（包括家庭、企业等行为主体）的信息、能力条件的探索上，并主要把它视同为一种技术维度，人类行为理性的提高依赖于技术上的创新。事实上，个人信息资源和能力资源也是制度配置的结果，个人利用社会资源的程度，是由他所处的制度条件决定的。因此，有必要把人类行为的理性关系放置到制度分析中去认识。

---

① Gerrord，Bill. The Economics of Rationatity. New York：Routledge，1993，p. 37.

二、人口行为的不确定性

人口行为的不确定性已在上部分提出，但仍有必要在本节进行专门论述，以充分理解不确定性在人口行为中的意义。

不确定性可以被表示为两种情况，即风险和不确定性。前者被用于风险理论中，后者则主要运用于制度分析理论中；前者表示一种可测度的（用概率表示）不确定性，后者则表示一种不可测度的风险①。在本质上两者都指无法确定的未来变化和行为选择的后果，所以可以把风险也考虑在不确定性中。人类的行为选择普遍存在不确定性，这逼使人们要借助于某种社会保障②来实现行为目标。在定义不确定性时，人们通常从人类行为过程中起始的选择到终端的结果的不一致来认识行为的不确定性。行为的选择与行为的结果有一定的时空距离，使人们在面对未来时对事件的判断和行为的结果具有一种不肯定性，人们难以料定行为环境的变化，对行为的结果能否如愿以偿无法确定。不确定性主要来自以下几个方面的限制：一是信息不充分。人们在行为选择中，正确决策的信息量不够，无法确定行为者目前所处环境的基本状态；另外，在行为选择后的行动过程中，适时调整行为的信息不充分，导致行为过程僵化③而偏离目标；二是行为者的行为选择局限于其有限的能力，个体识别和处理信息的能力不够，使其无法正确行动；三是任何社会行为都处于社会互动之中，人们不能完全把握事物的变化，在社会互动中由于相互影响和牵制所产生的环境变化人们往往难以预料。很显然，信息、个人能力及环境的变动性等因素都说明不确定性是人类行为的常态。如果“种瓜得瓜，种豆得豆”表明人类行为的因果一致的逻辑关系的话，那么“塞翁失马，安知非福”就诠释了行为的不确定性。但是，人们并非因行为的不确定性而对事件

① 参见张宇燕《经济发展与制度选择——对制度的经济分析》，中国人民大学出版社1992年版，第94页。

② 这种社会保障使人们在不确定的环境中，其行为不至于时时、处处处于投机和不稳定状态中。这种社会保障不主要来自个人抵御风险的能力（这被证明是非常有限的），而是依赖制度的功能来降低风险、补偿和避免损失。现代社会保险制度及契约制度的发展，都充分体现出人类克服不确定性的努力，在一种制度环境的约束下提高对行为结果的可预测性。

③ 行为过程僵化指在指向目标的行为过程中，行为者不能根据环境的变化而及时调整自己的行为。

随意处置和作出判断。在不确定性下，人们力图使自己的行为克服和减弱不确定性和风险以求达到努力与结果的最大效益。

L. E. 戴维斯和 D. C. 诺思认为风险是削减经济活动的因素。他们断定在经济活动领域人们普遍厌恶风险，因而“存在一种进一步偏向于有更为确定的结果的活动的倾向，而避开那些报酬变化较大的活动”[①]。然而，在实际生活中，规避风险和削减不确定性都依赖于相应的制度保障。有分析认为，一种成功的制度创新能够克服对风险的厌恶，从而导致社会总收入的增加[②]。

信息不充分、个人能力的有限及环境的多变性是人口行为不确定性产生的三个基本原因。在实际生活中，任何一种人口行为的判断和选择都依赖一定的信息条件，但不可能苛求都必须具备完全信息条件。例如，要作出一项生育决策或进行一项生育行为的选择，如果决策人的生育决策取决于预期生育成本和收入的比较，那么生育行为的判断和选择所需信息或来自自己过去的经验，或来自他所处的社会环境可能提供的信息，但对于准确估计具有长周期影响的生育事件，信息永远都不可能是完全的。生育事件在信息上缺损的程度，与其滞后影响的周期长度密切相关。没有足够的研究资料提供准确的标准来确定所发生的生育成本和收益的周期长度。事实上，不同文化背景下有不同的生育、抚养和家庭关系，这构成了完全不同的生育信息需求和获取信息的方法。可以断定，有些生育的成本和收益贯穿生育事件的全过程，但生育成本发生的周期主要在生育的子女成为劳动力以前，而生育的收益则主要发生在子女成为劳动力以后。但如果以效用论的观点看，生育行为一旦发生，生育决策人及行为者就能够从此事件中得到心理满足，同样，生育成本也许会成为决策人对此事件全过程都必须承担的责任。

---

① ［美］R. 科斯等：《财产权利与制度变迁》，上海三联书店、上海人民出版社 1994 年版，第 284 页。

② 由于厌恶风险的程度随偶然性的增加而增加，人们往往放弃追求高利润但高风险，预期与结果更难对称的行为，转而追求具有相对确定性，风险较小，利润也较少的选择。在一个确定性效应的实例中，卡恩曼和特弗斯基发现，人们考虑预期收益时，确定性效应导致了避免风险：获取肯定的收益，而不是较大的但不肯定的收益；而当考虑的是预期损失时，确定性效应导致了寻求冒险，选择可能会遭受更大的损失，而不是选择较小的但是肯定的损失。参见丹尼尔·W. 布罗姆利《经济利益与经济制度——公共政策的理论基础》，上海三联书店 1996 年版，第 190 - 191 页。

生育行为的确定性受生育决策时的信息量及生育事件的影响周期这两方面的影响。生育行为的确定性与生育决策的信息量成正比，与生育预期的周期长度成反比。对生育决策人来说，掌握的有关生育的信息量越多，生育的确定性越大，信息量越少，确定性越差；另一方面，一个生育事件所需预期的将来结果的周期越长，生育行为的不确定性越高。在上述关系的条件下，减少生育不确定性的途径有两条：一是通畅信息渠道，扩充决策人的信息容量；二是缩短生育预期的周期。通常认为，前者主要涉及获取信息的技术手段问题，后者就涉及生育制度中的各种关系。而且，第一条途径也并非单纯的技术性手段，它必须依靠特定的制度关系才能实现相应的技术效应，因为信息网必须由社会关系网来支撑，信息的交流必须在特定的制度规则下进行。

例如，在家庭的子女抚养关系中存在着很多难以确定的因素。生育、抚育以期获得经济回报或养老保障，但来自于家庭中的血缘亲情尚不足以保障这一目标的实现，除去发生不可预料的人身伤亡等人类无法抗拒的自然现象外，保障子女恪守孝道的有效方法是以制度来约束人们的行为。人类不仅以伦理道德、风俗习惯等非正式规则来约束人们的家庭行为，而且以法律、政策等正式规则来规范人们的行为。由于制度关系具有稳定性和普遍接受的通用性，所以人们可以由此获得较为确定的人口行为的预期。

在一种制度背景下，个人已不是孤立地面对无法把握的外部环境，而是共同地面对他们所处的社会环境，在一个普遍认同的行为规则下行事。制度明确地界定了人们在家庭关系中各自的责任和义务，他们可以在其中得到确定的生育预期。例如，在西方家庭文化中，子女成人，父母有权利中断经济抚养责任，相应地，子女也有义务实现经济自立，这既是具有普遍意义的家庭伦理，又获得了相应的法律约束力。由于家庭中两代人的经济权利和义务有明确的制度界定，因而，生育的经济预期具有某些可确定性。在东方文化圈的家庭关系中，传统家庭中的代际关系主要以孝道为中心的伦理道德规范来维持，尽管抚养的经济责任和周期没有在制度关系中被界定得清楚明了，但“养儿防老”等生育预期是具有非常高的确定性的。

存在着信息缺损，个人能力就已经受到了抑制，行为决策所需要的信息量不足影响了个人正确判断的能力。但是，完全信息条件也不是完善个人能力的充分条件，个人不具备处理完全信息的能力，甚至扩大到社会领域，完全信息也不是一个社会存在的必要条件。任何社会都无法获得人类过去的、现在的及将来的全部信息，也没有能力处理来自大千世界的复杂多变的信息。对个人或社会来说，完全信息是良好的愿望、可望而不可即的彼岸或无法企求的奢侈品。

理性决策所必需的信息条件与现实信息的供给关系中的距离可以被缩短，但不可能被完全消除。另一方面，环境多变性使人口行为决策的信息基础被确定在一种动态关系之中。既然人口行为是指向他人的社会互动关系，它所产生的外部性必将引起相应的社会回应，社会克服外部性的途径、强度都不可能完全从过去的经验中获得，在人口行为过程中，指示环境变动的信息不可能事先完整地提供给决策者选择。行为决策、预期与行为的目标和结果的时差在人口行为中是普遍存在的，因此，把信息渠道、个人能力及环境的多变性推及将来则更减弱了人口行为的可确定性。人口事件的滞后影响或人口行为的目标与生育决策的时差越大，人口行为的不确定性越高。可以说，人口行为存在着不可克服的信息缺损、个人能力和环境多变性的限制。上述关系可以用一图式表达：

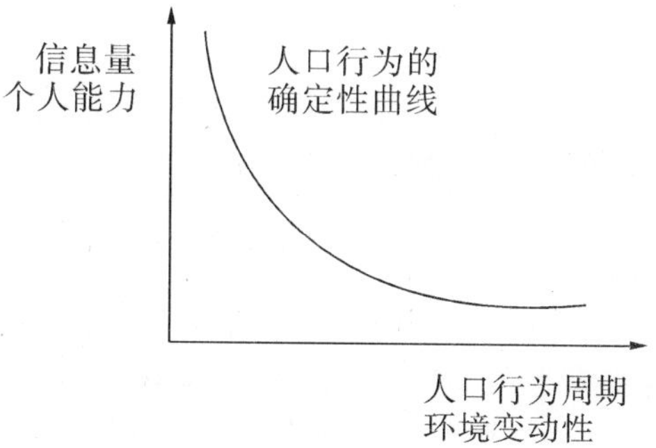

图 3－1　人口行为的确定性图示

如图 3－1 所示，人口行为的确定性随人口行为决策者的个人能力的提高和信息量的增加而增强，并随人口行为的时间维度的延长，环境变动性的增加而减少。作为每一个人口行为的决策者来说，人们总趋向于采取各种办法尽量多地掌握信息，提高个人判断能力以降低人口行为的不确定性。在这里作者并非仅仅为说明人口行为存在着不确定性，而是以此引入人口行为的制度关系。现实中必然存在的人口行为的风险和不确定性使人们产生一种规避和保障的社会需求，通常，采取集体行动的方法是最有效的。制度把克服和规避人口行为中的风险和不确定性的方法纳入到集体的共同行动中，用共同的行为准则来规范人们的人口行为。

制度规定了每一个人应当履行的责任和义务及享有的权利，由此，人们清楚地知道自己在社会中的地位和扮演的角色。人们按照自己的角色进行的人口行为会产生何种结果是可以预期的，同时也会对自己的违规行为可能产生的社会反应及后果预先作出估计。例如，对家庭的生育行为，决策者在生育决策时已经从他们所处的社会环境中获得足够的信息以供选择，生育决策人已经从众人的生育行为中知道他们对生育行为所要承担的责任和义务以及享有的权利，生育制度已经为生育行为的决策人确定了涉及生育事件的各种预期集，在此生育制度通行的范围内，生育的基本关系是明确的。在西方家庭中必须依赖自我的养老保障，在东方家庭中可以获得子代的反哺，这都是稳定的社会关系，受制度全力支持的。缺乏制度保障的人口行为，预期与结果是很难被把握的。剥离了人类生育行为中的制度关系，生育者与被生育者之间的关系没有任何限制和约束，社会关系上的可确定性将消失得无影无踪。余下的可确定的关系，毫无疑问，只能在由血缘纽带连接的自然关系中寻找，而这已经不是社会科学所需研究的范围了。

三、人口行为的外部性

“外部性”指有些成本和收益对于决策单位是外在的事实①。人类是广泛地处于社会交往活动中的。以韦伯的观点来说，人的行为是以指向他人的社会互动来实现行为目标的。对于社会中的任何决策单位，其行为都将产生与他人或社会的某种外在关系，这种外在关系对决策单位来说就是“外部性”。

这种外在关系或产生正的效应，或产生负的效应，前者即为外在收益

① ［美］R. 科斯等：《财产权利与制度变迁》，上海三联书店、上海人民出版社 1994 年版，第 280 页。

（也称为外在经济），后者则称为外在成本（也称为外在不经济）。

外部性普遍地存在于人类的行为中，除非行为者完全孤立于世（如鲁滨孙），其行为的任何结果都不涉及他人。邻里效应是较为普遍而且非常典型的"外部性"情形。有研究者用"三个和尚没水吃"的俗语来解释外部性普遍存在的事实①。上述表明，在一个事件中，如果存在私人收益与社会收益、私人成本与社会成本不一致的现象，那就存在着外部性。

从产权理论的观点看，外部性存在的普遍性源于：在任何给定的条件下，个人都拥有创造某些形式的"不经济"的权利；另外，外部性是与确定、交换、监督或执行产权的成本相联系的，当交换的私有形式没有考虑合约双方或其他人的有些受损或受益效应时，市场的解决办法就与所交换的物品的产权束的社会价值不一致；而且，由于高昂的交易成本，或由于存在对资源的使用与交换的法律限制，也会引起私人与社会之间的这类差别②。

以制度克服外部性是解决问题的现实方法，只有这样才能使私人收益与社会收益、私人成本与社会成本趋于一致。"制度的再组织旨在使外部性内在化"，使决策者能够享受他们的外在收益，同时也必须补偿他们的外在成本。但是制度的再组织既可能增加也可能减少社会总收入，所以，必须进行认真的制度选择。

第二节　制度对人口行为的作用

一、制度的功能、作用及目标

制度对人类行为的功能和作用是多方面的，按照其功能的基本性质划分，可以归纳为三个方面，即制度对人类行为的约束功能、扩展功能和激励功能。

---

① 张宇燕认为："三个和尚没水吃"是由于外部性的不经济作祟。在目标和需求一致的同一事件中，由于外部性的存在而导致相互间的不合作。解决问题的现实办法是建立制度克服外部性，使搭便车的行为不再发生。参见张宇燕《经济发展与制度选择——对制度的经济分析》，中国人民大学出版社1992年版，第92－93页。

② ［美］R. 科斯等：《财产权利与制度变迁》，上海三联书店、上海人民出版社1994年版，第210－211页。

制度的功能、作用及目标可以在一个简图中加以解释，如图 3－2 所示：

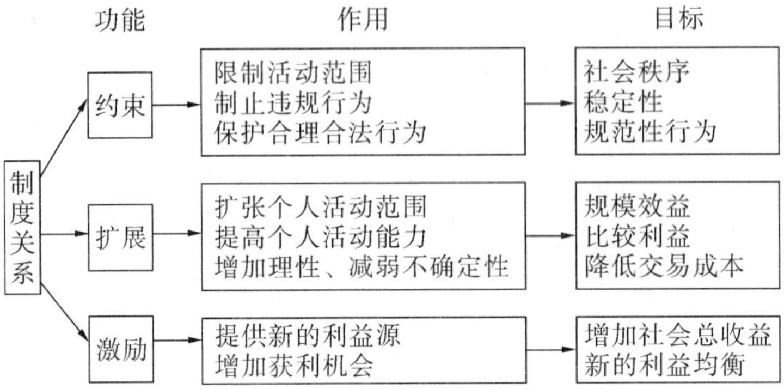

图 3－2　制度的功能、作用及目标关系图示

从理论上讲，制度分析是集体主义方法论。人口是以群体为其存在方式的，人口行为反映人的总体上的特征，人口变动是从总体上来界定的。但人口行为的主体是个人，是存在于群体的每个个体的人口活动构成群体人口的特征，任何人口事件都可以还原为若干存在于其中的个人行为的变化。人口发展和变动的基础是个人，尽管它在统计指标上都是以人口的集合体存在。

从图 3－2 的制度关系的解释中我们可以看出，笔者的本意是要引出个人行为在制度关系中的活动效能。通过图式我们不难理解，制度会给个人行为提供更大的活动空间、更多的机会和更高的效益。

在制度理论中，人们主要强调制度对人口行为的约束性。制度是个人行为的社会控制形式，社会控制的目的旨在约束和指导人们的行为，以维持整个社会的秩序和稳定。显然，可以把制度对个人行为的约束功能看做是制度的第一性功能。道理很简单，生活在社会中的个人是千差万别的，其愿望、目标及采取的手段各不相同，如果没有约束个人行为的规则和标准，将导致无法调解的社会冲突和混乱。社会以建立生活在其中的每一个个人都必须遵守的行为规范和准则的方式来限制个人行为的活动范围，制止或惩罚违规行为，保护个人的合法权利，由此实现社会的秩序和稳定。秩序和稳定是一个社会存在与发展的基本条件，基于这一目的，社会要求人们服从一种“应该”怎么做的规则。这种行为规则无论是正式的（如法律等），还是非正式的（如习俗等），都力图把人们的行为约束和控制在社会可接受的范围之内。制度以不同的方式惩罚违规行为，限制个人自由的这一作用，在极端个人主义者和旧个人主义者看来，是对人的“平等、自由”天然权利的剥夺。以此为据，制度——性质上的集体主义——就被视为这种个人主义的对立物，两者具有不可调和的冲突。但实际上，张扬个性与制度并无根本上的、绝对不可调解的冲突。这是因为，限制和惩罚违规行为，就是对“循规蹈矩”者最好的保护。从正面理解，制度使个人在行为过程中免受“强迫、威胁、歧视、或不公平的竞争”的伤害。正是在制度环境中，个人才具有受人尊重的权利及在此基础上享受稳定的、有秩序的社会生活的可能。个人在一种制度化①的行为模式中，构成个人间相互协调的关系。

制度对个人行为的扩展功能往往被忽视，原因在于，最容易引起人们关注的制度的作用是它的约束力及控制效能。约束与扩展在作用方向上具有相悖的关系，很难在同一事件中得到统一。通常，在处理制度与个人行为的关系时，人们往往在对立关系中寻找调和的平衡点。要张扬个性，就主张削弱制度的社会控制力度，以至于到最低限度，从而把个人自由推到极端。反之则把个人自由认为是社会秩序和稳定的无休止的扰乱力，非给予清除不可。凡此种种，都把制度与个人行为的关系的理解推到了极端。事实上，制度除了约束个人行为，更重要的是还有助于个人能力的扩展。康芒斯把制度的这一作用概括为制度对个人行为的扩展和解放。社会生活中的个人，借助于一定的制度条件，可以涉猎单独个人根本不可能达到的活动领域和范围。适当的制度设置，可以为个人提供延长的手臂和扩充的脑力。制度化的行为模式减弱了不确定性，提高了个人理性判断和选择的能力。制度目标的实现可以使个人获得超出其能力之上的额外的收益，如规模效益、比较利益，以及由于交易成本降低带来的好处。

制度对个人行为的刺激功能，实质上是指制度能够给个人选择提供新的

---

① 制度化（institutionalization）指群体和组织的社会生活从特殊的、不固定的方式向普遍认可的固定化模式的转化过程。制度化的具体过程概括为：确定共同的价值观念、制定规范和建立结构。参见中国大百科全书编辑委员会《中国大百科全书（社会学）》，中国大百科全书出版社 1991 年版，第 47 页。

机会和利益。布罗姆利在其《经济利益与经济制度》中译本序言中写到："任何一个经济体制（与经济制度概念基本接近——引者注）的基本任务就是对个人行为形成一个激励集，由此鼓励发明、创新和勤奋以及对别人的信赖并与别人进行合作。"斯密也认为激励在经济体制中具有卓越的、重大的作用。布罗姆利曾归纳了四种制度变迁：某些制度交易①直接增加货币化的净社会所得；某些制度交易直接改变了收入分配；某些制度交易重新配置了新的机会；某些制度交易重新分配了经济优势②。前两种制度交易是福利经济学的主要研究范畴，分别强调了生产效率和公平分配的原则；后两种制度交易为布罗姆利所强调，旨在证明公共政策与制度变迁的关系。毫无疑问，这四种制度交易都为社会中的个人提供了可供选择的新的利益激励。新的制度关系可以把社会导入具有较高生产效益、更公平的社会分配、更多的利益机会和经济优势的价值目标中，并由此实现社会总收益的增加和新的利益均衡。

总之，制度所界定的个人行为的选择集的内涵是非常丰富的。一方面，制度把个人行为约束在可容许的范围内，个人的活动和选择不能漫无边际，每一种既定的制度设置都客观地限定了个人活动的最大可能性边界；另一方面，制度提供的社会活动范围及资源潜力远比单独个人所能达到的要大，借助于社会理性（在一个较大的社会范围内拥有更多的信息、资源所构成的价值判断能力），个人可以实现超出自身能力的目标；再一方面，制度可以为社会中的个人或集团提供新的利益选择集，并在新的生产可能性边界上实现新的社会效益点。

归纳起来，制度的功能和作用的本质关系是：秩序与效率。前者表示制度在社会中的一种静态关系，因而容易成为一种僵化的设置；后者表示制度在社会中的动态关系，它以创新和变迁来适应社会变化了的需求。本书把视点集中在后一种制度关系上，而且把这一关系推及人口变化中来理解。制度

① 制度交易指"在对新的经济条件作出反应的过程中发生的这些意在确立新的制度安排的活动……"布罗姆利认为两个经济主体在一种经济条件下，对各自权利、职责等制度关系进行讨价还价时，就发生了制度交易。参见丹尼尔·W.布罗姆利《经济利益与经济制度——公共政策的理论基础》，上海三联书店1996年版，第130－131页。

② 经济优势指经济主体之间各自权力的权重的变化。参见同上书，第172页。

的变化界定了有利可图的活动范围，效率的真正意义来自于制度的变化，因此，效率理性（rationale of efficiency）就是设置得当的制度。

二、制度对人口行为的约束作用

一切人口行为都是约束在特定的制度关系中的。人口行为应当是在特定制度关系中获得正常活动秩序、稳定的利益和目标的规范性行为。制度确定了人口行为主体间相互关系的秩序，各自拥有的权利和承担的职责。制度把人口行为的主体引入一种可预测的社会环境中，使人们既在共同价值规范下遵守共同的行为规范，又可以通过所有权来协调个人间因目的和手段偏好不一致所产生的冲突①。

制度对人口行为的约束关系归结为：特定社会中的人口，需要一种可遵循的、稳定的社会关系来履行各自的权利和相互的职责。人口行为的安全性或避免冲突是一种达到目标的基本条件。但安全性要求是双向的，于人于己都有掣肘作用。人们既不愿自己的利益无端受到伤害，也不能因自己的行为而伤及他人，引发争端。在人口行为中，只有制度才能明确地界定各主体之间相互关系的条理和各自权利、职责的通行范围。

例如，人类的两性关系受婚姻制度的约束。从表面上看，两性的结合是两性生理上的结合，但本质上却是一种社会关系。婚姻是“依一定的法律、伦理和风俗的规定所建立起来的夫妇关系”②。恩格斯在其《家庭、私有制与国家的起源》中精辟地论证了不同婚姻制度下人类婚姻行为的各种关系。他认为基于经济发展不同阶段的婚姻制度，约束着从原始社会到现代社会的人类婚姻行为，制度的变化为人类的婚姻行为模式的变化提供新的准则和伦理价值标准，从而导致了人类两性关系从低级到高级形式的发展。排除“杂乱的性关系”（即人类曾经通行过的婚姻或性关系禁例没有任何约束）时期，人

① 布罗姆利把制度分为两类：即行为准则和所有权。他认为，行为准则是人类行为中的一种规律性，所有权是社会中每个人得到社会承认和批准的预期集。前者受最终结果和处于主导地位的偏好的驱使，后者用来协调社会目的和手段偏好的不一致。丹尼尔·W. 布罗姆利：《经济利益与经济制度——公共政策的理论基础》，上海三联书店 1996 年版，第 53 页。

② 中国大百科全书编辑委员会：《中国大百科全书（社会学）》，中国大百科出版社 1991 年版，第 95 页。

类的婚姻行为就受到了以不同形式出现的制度的严格约束，人类或以风俗的、伦理道德的，或以习惯法的、成文法的制度关系来约束人类的婚姻行为；婚姻制度约束的力度，或来自超自然的力量（如宗教），或来自社会舆论和传统伦理道德，或来自国家强制。血缘婚姻，也称血缘家庭（The Consanguine Family）的亲族制度以惯例排斥了“祖先和子孙之间、双亲和子女之间互为夫妻的权利和义务”[①]。特定通婚范围的惯例（一种制度形式）把以辈分划分的婚姻集团用不同的婚姻“权利与义务”或“无权利与无义务”的关系约束起来，使其婚姻行为符合进步了的社会的需要。普那路亚婚姻，又称普那路亚家庭（The Punalua Family）在更大的范围内排斥了血缘性关系。在这一婚姻制度下，一些在原来的婚姻制度中不具任何意义的亲属关系和类别，现在则需要严格区分，以作为婚姻禁忌之列。这种婚姻是人类群分的结果，它把族内关系作为婚姻禁忌的对象，两性关系被约束在族外。恩格斯以澳大利亚土著人的级别婚为例，说他们“很慎重地遵守级别的法规”[②]，而且“把他们彼此结合起来的那个道德法则，同时又用剥夺权利的惩罚方法，禁止相互所属的通婚级别之外的任何性交关系”[③]。因此，即使是在非常低下的社会发展阶段，人类的婚姻行为也是被严格地约束在制度范围之内的。其他行为如人口的迁徙流动、社会角色及劳动分工都莫不如此。一夫一妻婚姻取代对偶婚姻“乃是文明时代开始的标志”，但这并非是个人性爱的自然结果，而是“权衡利害的婚姻”，它以私有制和家庭财产权为基础，夫妇间相应的权利和义务，被赋予了法律形式的约束力[④]。

“不孝有三，无后为大”作为传统中国的婚姻家庭的伦理道德原则，把中国人的婚姻家庭的价值基础牢牢地附属于一种既定的生育目标上。其表明的本质关系是：生育对于人类来说绝对不是两性结合的自然结果，而是具有庄严、神圣使命的社会责任和社会关系。这种社会责任被希腊人坦诚地宣布为

① 《马克思恩格斯选集》（第四卷），人民出版社1972年版，第32页。

② 同上书，第32、40页。

③ 同上书，第40页。

④ 如，雅典法律规定，男人不仅要结婚，而且必须履行一定的最低限度的所谓夫妇义务，个体婚制对希腊人说来是一种必须履行的对神、对国家和对自己祖先的义务。参见恩格斯《家庭、私有制和国家的起源》，载于同上书，第61页。

个体婚制的唯一目的，即“生育只是他自己的并且应继承他的财产的子女”①。

在中国传统社会，孝道作为传统家庭伦理的一种制度关系，约束着家庭成员的行为方式。孝道成为每一个家庭成员必须恪守的行为规范，并由此构成了诸如传统家庭中代际权力结构、大家庭结构、安土重迁及反哺式家庭抚养关系等等的特征。以“孝”为“道”的传统伦理制度，把家庭成员的婚姻、生育、职业、迁移流动及居住格局限制在以大家庭为中心的行为规范内，不能逾越。以传统道德观念为中心建构的制度体系，对人口行为的影响是非常深刻的，也是多方面的。如“父母在，不远游”的古训，就不仅仅涉及人口的迁移流动行为，而且还隐含继承祖业、传递香火和恪守孝道等丰富的人口学意义。在传统的中国社会，家庭及社会的道德力量对人口行为的约束远甚于社会强制，前者对我国人口行为的影响今天仍然存在。

现代社会的人口行为中，更多更具有普遍意义的约束来自于成文法律。人口社会活动的主要关系都以特定的社会契约作为约束力。在劳动就业、婚姻、子女抚养、财产继承、迁移流动及定居等行为，社会都以形式不同的成文法律、政策规定及公开的社会承诺来加以约束和限制，以维护社会的秩序和稳定性。在当代中国（20 世纪 50 年代以来），人口定居格局和迁移流动的方向主要受户籍制度和国家的政策所左右。户籍制度是人口合法居住权（主要以城市和农村作为特定权利的分野）的身份证明，并人格化为一种是否享受多种权利（如城市就业、粮食及副食品供应、医疗养老保险等国家福利）的资格。改变农村身份的机会（如招工招干、从军入学、婚姻等）不多，从本质上说，这是二元制度结构的结果。

国际人口迁移具有更强的政策和制度约束性，一个国家根据其在特定国际环境中的地位和关系，制定国际人口迁移政策，严格控制人口迁移发生的频度，以引导有利于本国发展的国际人口迁移。

① 《马克思恩格斯选集》（第四卷），人民出版社 1972 年版，第 60 - 61 页。

三、制度对人口行为的扩展功能

个人的活动范围和活动能力是十分有限的，个人理性能够达到的程度受环境和自身能力的局限。因此，个人无论是基本生存目标还是高层次的发展愿望，都依赖和借助于制度（即集体力量）对个人能力的扩展性。在此，制度不是单纯地约束个人行为的外部强制，而是被理解为内在于个人行为中的超个人能力的源泉。制度所产生的规模效益、比较效益及交易成本的下降，也必然地内化为个人活动效能提高的额外收益。

人口行为，无论是个人的还是团体的，都必然地带有自身及环境的局限，决策者无法超越既定条件给定的理性范围。事实上，抽去制度关系的孤立的个人根本不符合社会事实，任何人口行为都必然地要接受一种制度事实，只要设置得当，这一制度将会有效地扩张个人的能力，并带来相应的额外收益。

人们可以从现代城市的发展中理解个人是怎样在制度关系中实现能力扩张的。刘易斯认为，在经济增长中城市人起了决定作用，但这一作用并不是来自生物上的优势，而是由于制度环境和机会，如“家庭联系和对身份的实际尊重”的削弱，及非人格经济关系的加强、思想开放、有利于增长的观念和态度等等[①]。现代城市系统正常运转的基本条件是必须具备高密度的制度体系。因为，人口越集中，人口密度越高，个人间的关系越复杂，社会就越有必要建立起一种虽然复杂，但又清晰可辨、方便执行的制度体系来引导人们的行为。这一制度体系设置的一个基本目标是克服外部性，并由此带来使个人获得最大限度发挥能力的激励。在现代城市制度体系下，高度密集的城市人口能够产生巨大的规模效益。由于城市人口的社会活动、关系是在一种非常紧凑的环境中进行的，因此，人口行为能够产生很强的“邻里效应”[②]，并由此带来可观的规模效益。在现代城市中，“大量人群在巨大城市的集合与他

---

① ［美］刘易斯：《经济增长理论》，上海三联书店、上海人民出版社1994年版，第176－194页。

② 邻里效应指一种决策或行为选择对邻里产生的外部性。邻里效应可以是外部经济，也可以是外部不经济。由于人口密集，城市人口的行为所涉及的外部关系面广人多，因而具有很强的邻里效应。邻里效应的存在可以使城市规模效益有一个合理的解释，从中我们也不难理解以城市为中心的现代社会的发展。

们生产活动集中在一起，使得‘邻里效应’以一种18世纪农业社会根本不能想象的规模发生”①。受此启发而得到的一个结论是，把现代社会中个人能力较之于传统人的显著提高归结为物质和技术性因素是不完全的，如果没有现代制度体系把人连接在其认知结构之中，物质和技术就不会成为有用的工具，人的能力也不会有所提高。从这个意义上说，现代社会中的个人，其禀赋和能力较之于传统社会中的个人的提高，不是得利于自然人性的变化，而是取之于现代制度环境对个人社会活动能力的推动和扩展。从现代社会人与人之间越来越相互依赖、休戚相关的事实，我们可以理解诺思和托马斯反复强调的制度变迁更为优先且更为根本的观点②。放在古典环境中能够生存下去的鲁滨孙，在现代环境中就将走投无路了。

很显然，现代社会中人的社会活动能力的提高及范围的扩大，源于现代制度提供的保护。马克思和恩格斯提示我们必须从制度的角度去理解现代社会的人口的职业流动性，即“大工业的本性决定了劳动的变换、职业的更动和工人的全面流动性”③。现代社会是一个社会结构高度开放的社会，人口通过普遍的、频繁的社会流动（包括社会流动和地域流动）实现个人目标，其活动的地域范围和涉猎的社会职业领域是传统社会中的个人所不能达到的。但这一社会流动性所体现的个人能力的扩张，必须借助于一个最起码的制度条件：现代人必须从传统社会的人身依附关系中摆脱出来，即人必须具有保障自己平等自由权利的人身自由；在一种普遍起作用的契约制度中，人们可以自由择业，又得到相应的劳动和职业保障。由现代契约关系和契约制度构成的现代社会关系，使人们既获得了自由择业、自由流动的权利，又获得了对个人劳动权利、迁移流动、定居权利的制度性保障，个人在这一制度背景下才可能充分地发挥其潜在能力。

人类婚姻行为的进步是依赖于一系列制度创新所推动的。人类通婚范围

---

① ［美］丹尼尔·W. 布罗姆利：《经济利益与经济制度——公共政策的理论基础》，上海三联书店1996年版，第299页。

② ［美］R. 科斯等：《财产权利与制度变迁》，上海三联书店、上海人民出版社1994年版，第331页。

③ 《马克思恩格斯全集》（第二十三卷），人民出版社1972年版，第534页。

由“初为近缘者、次为远缘者、最后以致仅有姻戚关系者”[1]的发展，是一个人类婚姻关系连续发生制度变迁的历史过程，在婚姻行为上也是一个从行为关系不确定到比较确定的制度化过程。婚姻关系上范围的缩小（由血缘群婚到一夫一妻制），是沿着逐渐排斥婚姻关系中自然和社会属性上的同质性，把通婚关系扩充到异质群体的路线演变的。从严禁血缘内婚到开放性外婚范围的不断扩大，经过了长期的制度变迁，这种历史变化绝对不是任何个人和群体能够依靠其自然生命周期和自身能力而完成的，历史所能够保留下来的只能是具有连续性的制度变迁的轨迹。

制度作用的本质，正在于它能够实现个体无法企及的社会目标。把个体的制度关系和社会属性剥离掉，还原为自然个体的人，他的能力是非常渺小的。只有回到真实社会关系中的个人，其能力和发展的前景才是巨大的，不可限量的和没有终端的。

四、制度对人口行为的激励功能

按照布罗姆利关于制度交易的概念，制度关系的“硬核”之一是效率。起因于制度对人口行为者的利益激励作用，人们在逐利过程中必然产生人口行为的变化和新的利益均衡上的人口结果。一种符合社会发展的制度变迁，必然为社会中的人口带来新的利益机会，从而获得更为公平和有效率的行为结果。

我们知道，传统社会的基本特征之一是社会结构的封闭性。人们只能从事同与生俱来的社会身份相符合的劳动与职业，极少可以通过自我努力改变命运的安排。传统社会中的人口行为缺乏新的利益机制的刺激，难以发生有利的变化。因此，打破传统社会中人口社会结构的僵化格局的办法是进行有利于人口发展的激励机制的制度创新，在新的制度关系中为人口的发展提供新的利益和机会的刺激。在现代社会，人口在自由择业的社会环境中所获得的发展机会和利益依赖于相应的制度支持。因为劳动力自由流动“不仅要受到广泛的土地所有制的限制，而且还要受到人民与某种职业或某个雇主联系

① 恩格斯：《家庭、私有制和国家的起源》，人民出版社1956年版，第45页。

在一起的制度——奴隶制、农奴制、等级制、种族偏见或宗教歧视——的限制；此外也还要受到使个人失去寻找有利就业的动机的制度——例如，大家庭制度——的限制，后者提供了过多的社会保障。所有这些制度都减少了劳动力的流动性，并使新企业或新行业的建立与发展颇为不易”[1]。可见，旧有的土地、职业与劳动及家庭关系都会成为人口和劳动力自由流动的障碍，也将成为经济发展的障碍。

刘易斯在论证一个国家的资源拥有对经济增长的作用时指出，资源的富有程度在决定社会发展程度和发展类型时，“甚至不是主要的限制”。他说：“假定一个国家的资源是既定的，那么，它的增长率就要由人的行为和人的制度来决定：由人的能力、对物质物品的态度、储蓄与生产投资的愿望，或者制度的自由程度与灵活性这类因素来决定。”[2] 刘易斯非常明确地提出了制度对经济努力所起的激励作用，认为制度与经济增长具有一致性，“制度促进或者限制经济增长取决于制度对努力的保护，为专业化所提供的机会，以及所允许的活动的自由”[3]。制度创新应当以提供更多的利益机会、更好地保护个人的经济努力以及提供更大范围的自由活动空间为目标。只有在这一制度环境中，才可能使传统人口行为模式在新的激励机制下发生转变。例如，在现代社会中，排除了人身依附关系的广泛的现代契约制度的建立，使社会的全体人口获得了较为充分的自由择业和流动的、公平的和竞争的社会环境，人们可以在开放性的社会结构和系统中寻找机会和追逐自我利益目标，并在其中实现农村人口向城市人口的转移、农业人口向非农人口的转移、大家庭向核心家庭的转移等等的人口变化。现代社会人口的高度流动的特征、复杂多元的社会结构、充分体现了个人价值的人口目标和动机都是现代制度体系对人口行为产生激励作用的结果。例如，现代城市化过程中持续发生的人口迁移变动的机理是：现代社会中，市场平等竞争和自由择业的劳动制度及保障使城市成为一个开放性系统，由新的机会和利益构成的激励集不断地产生人

① ［美］刘易斯：《经济增长理论》，上海三联书店、上海人民出版社 1994 年版，第 112－113 页。

② 同上书，第 59 页。

③ 同上书，第 65 页。

口迁移的拉力，把农村人口吸引到城市。

家庭制度对人口行为具有非常重要的激励作用。例如，传统大家庭在以维持生存为基本目标的社会环境下，是每一个社会成员的经济保障。传统大家庭制度激励社会成员以家庭血缘与姻亲关系为中心的家庭和社会活动来实现生存目标。因此，每一个社会成员的人口行为都主要地被限制在家庭范围内，传统大家庭制度对人口行为的激励体现为以维护大家庭传统为伦理规范的内聚力。它要求家庭成员恪守家道、祖业，行夫权、父责，守孝道、妇节，由此造成人口社会结构僵化、缺乏地域迁移流动的封闭性人口特征。大家庭制度激励机制的宗旨是实现家庭的稳定，维护大家庭的利益，相应地必然抑制了个人追求和利益，从而不可能适应基于张扬个人努力和效能的市场自由竞争的社会机制。因此，家庭制度的变迁，必然使家庭中的人口行为的激励机制发生变化。人类历史所证明的家庭制度变迁的方向即是鼓励和保护个人努力和利益追求。人类家庭制度从“广泛认亲向狭窄认亲”的发展，增强了个人“创立家庭”的欲望。大家庭到小家庭的变化，使家庭利益集团产生核心化的趋势。小家庭较之于大家庭具有更为明晰的产权界定，能够较为有效地使家庭行为的外部性内在化，因此会产生强烈的对个人努力和奋斗的激励。刘易斯认为，紧密的血缘关系和亲戚网是传统大家庭制度的根基，它必然对个人努力产生一种压抑，因为，“有能力的人拒绝作出努力是因为物质利益有大部分都归于他们并不承认其道义上的要求权的亲戚”，而小家庭则具备强烈的创立家庭的愿望和积极性，“越是富裕社会中的人，越倾向于否定他们对远房亲戚的道义上的义务”①。传统大家庭中个人行为具有难以克服的外部性，而非常有效的传统大家庭外部性内在化的途径就是创立具有最紧密利益关系的“核心”家庭，这一可以被明确界定的家庭利益产权将有效地克服外部性，减少“搭便车”行为，并由此产生对个人努力的激励。家庭制度的发展与进步是人类在一种循序渐进的理性选择中实现的，家庭制度进化的历史提供了相应的人口行为变化的一个重要原由，即以更大个人利益为激励机制的人口

① ［美］刘易斯：《经济增长理论》，上海三联书店、上海人民出版社 1994 年版，第 139－148 页。

动机和目标。人类历史中，家庭人口行为的变化，现代家庭人口的行为模式取代传统家庭行为模式的变化，以及现代人口的多方面的发展，都无不与这种制度激励下的人口动机和目标相关。

不可否认，一种适合社会需求和变化的制度，将会提供给人口行为以新的激励和机会，人的本能的逐利行为，驱使人们在寻求机会和利益的活动中，转变原来的人口行为模式。从人类历史中人口的发展过程上看，由大家庭到小家庭、从高生育到低生育、从固守祖业到高度的职业流动性的人口行为的变化，无不是人们对制度激励所产生的积极回应。

第三节　制度与人口行为的经济分析

一、人口行为外部性内在化

人口行为的外部性是一种普遍的社会存在。外部性作为一种客观存在，本质上源于人的社会性，人必须在社会关系和交往中才能存在，因此，处于社会关系网中的任何人的任何行为都会产生一种外部影响，而且正是这种外部性把社会中的每一个人不可分割地联系在一起。克服人口行为的外部性，并非要将作为人口行为赖以存在的社会关系割断，而是要通过制度创新来促使私人收益与社会收益、私人成本与社会成本尽可能趋于一致。内在化常指产权变迁的过程。因为，产权的一个主要功能就是会产生引导人们有效地将人的行为的外部性较大地内在化的激励。产权变迁产生的外部性内在化激励被广泛地应用于解释人类历史中的奴隶自由化、私有制的产生，现实中的环境污染事件对于解释外部性内在化问题有充分的说服力。在德姆塞茨的产权分析中，产权的形成和发展是为了将受益和受损的外部效应内在化。他举例说“土地私有制的结果会使与共有制相联系的许多外部成本内在化，因为对现在的所有者来讲，他能凭借排除其他人的权利，对有关的可实现的报酬进行全面的计算。这种收入与成本向所有者的集中，产生了更有效地使用资源的激励”①。制度经济学的学者们常常列举共有制下资源使用上的低效率问题，他们认为，在共有财产制下，一个人的活动对其邻里及后代的效应不会被决策者所考虑，因此，共有财产具有很大的外部性。制度经济学家考察得最多的是“共同体对私有制的偏好”，如对低度发展民族土地私有制的发展与资源利用外部性问题，被认为是“非常接近于人类学领域所称的可信的证据”②。共同体对私有制的偏好，表明了人类社会历史的一个共同的进程，私有产权对共有产权的替代，至今仍然是内在化的主要途径，仍代表着产权发展和效率改进的方向。因此，外部性内在化的途径就在产权发展中取得了一致性。明晰产权关系会使决策者产生最有效地使用资源的激励。这种激励同样普遍地存在于人口行为中。

以生育行为的外部性的内在化为例：

生育行为在不同的产权关系下有不同的外部性。在共同体内（如原始社会和传统的社会主义社会），由于资源共享、不存在排他性产权，所以存在着极大的外部性。例如，在共有产权下，所有决策者对其生育内在成本和收益仅有非常小的责任和权利，大部分的生育成本和收益都外在化在共同体中。一个新的生命，从其诞生起，就享有一份平等的共有资源，在共同体内具有相同的权利和义务。不论生育对共同体带来外部经济，或带来外部不经济，它对共同体其他未参与此生育决策的行为的人都产生相同但是并非都乐意接受的影响。共同体或许为一个被认为是吉祥的生命的诞生举族欢呼，或许为一个不吉的生育杀牲祭祀、祈求平安。生育在公有制下的较大外部性在于，生育行为不具有排他产权；生育的成本和利益大部分都是外在的，与共同体的全体成员和全部资源的利益分配密切相关；生育的决策者和行为者也不可能排除其他“无关者”对生育过程和其结果的权利，由此，生育的决策者和行为者就不可能独立地权衡和计算这一生育行为对自己的利弊，当然更不可能对行为主体有效利用资源产生激励。对于共同体来说，其成员的每一次生

① ［美］R. 科斯等：《财产权利与制度变迁》，上海三联书店、上海人民出版社 1994 年版，第 107 页。

② 同上书，第 100－101 页。

育的外部性都不可能在其产权关系中实现有效的内在化，而只能在一种新的外部关系中实现外部平衡（如每人占有的公共资源的平均减少）。其他内在化的途径是有的，但要通过全体成员参与谈判，取得一致意见。而实现所有成员的最大化行为的协议因“谈判成本和监察成本太高”而往往难以生效。而且，共同体内成员越多，财产共有性越增加，内在化成本越高。因此，在共有产权下，生育行为、人口增长与外部性和内在化成本存在着一种累加的关系。

私有产权下可以有效地克服共有产权下生育外部性内在化的难题。如古希腊以法律明确界定生育行为中的产权关系，“生育属于自己的子女”，以一种有效的排他性生育产权阻止他人分享生育行为预期中的收益，生育的外部性效益的内在化也将导致生育的外部成本的内在化，因为不会有人甘愿对属于他人的子女支付生育成本。因此，共有产权下的生育的外部性，在私有产权下将会被有效地内在化，成为生育决策者和行为者内在的权益和责任。从这一角度看，可以说人类婚姻和家庭制度的演化史就是人类不断地以更为明确的产权关系界定婚姻家庭行为（其中生育关系占主要地位）的权益和责任，不断地强化婚姻家庭的排他性产权关系，促使婚姻家庭行为外部性内在化的过程。从血缘群婚到一夫一妻制的婚姻家庭制度的发展充分证实了这一点。

婚姻家庭行为的排他性产权的产生，相应地带来了具有同等价值意义和指向的专属性质的生育排他性产权。在排他性产权关系下，一个独立家庭的生育行为，它所带来的成本和预期收益大部分只与决策者和行为者相关，他人不具备相等的权利。由于有效地排除了他人对收益行为所拥有的权利（不明晰的产权关系，使他人对生育行为的影响对生育决策者来说往往是非常不确定的），生育决策者将有可能对内化在家庭中的生育预期成本和收益进行较为准确地权衡、计算，由此产生有效率地使用家庭资源的激励。相反，在共有产权制下，家庭对生育行为只有非常有限的权益，生育决策者当然没有权衡生育利弊的可能，也没有这个必要，因为大部分生育的成本和收益都是外在的，与家庭无关，生育选择的多样性路径被阻断了。私有产权对共有产权的替代，使生育的外部性大部分内在化，生育的成本和收益向家庭集中，家庭可以根据家庭中可利用的资源能力来降低生育成本，追求最大化效益。

生育外部性内在化的难题在我国农村土地关系上一直存在。20世纪50年代中期以后，刚分配到土地的中国农民又在合作社、人民公社化的产权变更中成为集体所有制的成员，农村的最主要资源——土地——为集体共有，社员参加集体劳动，实行按劳分配。由于农村中几乎所有的资源都是集体共有的，每一个集体成员都拥有平等享用资源的权利。在集体所有制条件下，农民家庭的生育产生了较大的外部性，每一次生育都使集体共有资源的使用和分配增加一份人口，当然集体也由此获得增加的一份可利用的资源。在农村集体所有制下，家庭生育的大部分成本和收益都是外在的。农村家庭所承担的少量生育成本，不足以产生有效的控制生育的激励，家庭不可能在完整的生育成本和收益的盘算中进行生育选择和作出决策。因此，在集体所有制下，生育的外部性的内在化成为难以化解的社会难题，生育外部性内在化的有效途径被公有产权关系所堵塞了。

20世纪70年代末80年代初的农村经济体制改革的主旨并非是为了克服农村家庭生育的外部性，而是为了解决在集体所有制下农村生产资源配置效率低下的经济困境，但是两者间是相关的。生育的外部性如果不能有效地实现内在化，家庭资源和社会资源都不可能实现有效配置，因为家庭在公有产权下不可能产生充分的理性使用资源的激励；集体也不可能产生有效的资源配置的激励，因为集体利益的代言人没有有效控制生育行为的权利（这是人力资源变化的主要动因），公有产权使资源的使用效率不可能内化为产生个人努力的激励，而这正是实践所证明了的十分有效的资源配置方式。联产承包责任制实行后的中国农村，使生育外部性在一个相当大的程度上实现了内在化。

每一个农村家庭在明确了所承包土地的权责利益的关系后，可以根据家庭资源的情况计算和权衡生育对家庭带来的利弊，因为家庭生育的大部分成本和收益都内在于家庭了，生育对于家庭可能产生的预期后果对于决策者来说已经具有相当程度的确定性，因此，生育行为可以基于家庭理性的基础上。这一产权变更的结果使我国农村的生育外部性得到了相应的内在化。但也正是产权变革只发生在土地所有权的部分性质上，农民对所承包的土地只有受时间限制的使用权和收益权，土地的占有权仍属国家，所以，生育行为仍然会产生外部影响。这一外部性可以是潜在的，也可以显性化为严重的社会问题。由于农民对土地承包的所有权不完整①，使农民缺乏稳定的、完全的支配土地的权利。农民承包土地的脆弱性甚至会来自于外部的生育事件。由于土地的公有性质，生育带来的新增人口在农村生产责任制下仍然具有平等享用土地资源的权利，面对这一人口压力，在没有可使用的剩余土地的地方，往往采取重新分配承包土地的办法解决。因此，生育必然存在着一种对农村土地经营的外部损害。虽然，生育完全是家庭决策和行为的结果，但他人（往往是相关的全体成员）在其中会受到利益的损失。这种生育的外部性表现在：减少人均耕地；原有土地投入损失（如果不能保证公平的再分配）；土地支配权的不稳定性限制了合理使用土地，并由此带来损失；重新分配的组织成本。很显然，消除生育对土地承包的外部不经济，可以通过更明晰的土地产权界定来实现。目前农村最通常的做法是延长土地承包期限，不再变更，不考虑新增人口对土地的权利。达成这种协议的基本条件是：一个土地承包关系内的家庭，都预期产生大致相同的生育行为，使生育行为的外部性损害成为大家认同的事实，并乐意承受。这在一定程度上克服了生育行为对土地承包关系的外部影响。延长承包期限，尽管没有改变农民对土地的产权关系，但也因对土地支配时间的延长而增加了稳定性，因此能在一定程度上克服生育外部性。但生育行为的外部性问题并未完全消除，它只是把这种外部性延至远期，在一种长期的、潜在的性质上仍然存在着外在的压力。可以说，要较完全地实现生育外部性的内在化，必须更彻底地实现农民对土地的所有权，使任何家庭的生育对外部他人的土地损害完全内化在家庭之内。这时的生育成本和收益内在于家庭，对生育决策者来说，生育决策可以置于家庭内部资源利用的某种精打细算的理性考虑之下了。

产权重新界定可以导致新的生育外部性及外部性内在化。在实践中，利

---

① 据霍诺里归纳的所有权特征，所有权包括：占有权、使用权、管理权、收人权、资本权、保障权、转让性、无限期、禁止滥用、履行责任和剩余处理权。其中占有权即排他性控制权是所有权的中心。布罗姆利认为，11 个特征并非是所有权必然的组成部分，社会可赋予其中的几项以重要性。但是，上述特征越完备，所有权就越完全。参见布罗姆利《制度变迁与经济利益》，上海三联书店、上海人民出版社 1996 年版，第 221－223 页。

用产权关系的变更，在更为明晰的产权关系下把相关的人们所具备的权利和应承担的责任分割清楚，是人类行为外部性内在化的有效途径，当然也是克服生育外部性的最有效的途径。但是这并非是唯一的内在化方法，人类在克服人类行为外部性上还有多种选择。

另一个可选择的克服外部性的办法是，受外部性影响的人参与到决策和行为中去。在参与决策和行为的过程中，通过双方的讨价还价达成一个相互接受的合约，以期减少外部性。米德在论述外部性问题时强调，“要改善这种状况（指外部性——引者注），第一个明显的办法是，对社会组织机构进行重组，使受到影响的人，在作出任何严重地影响其利益的决定时，都能成为一个参与者发挥作用”①。寻求一个通过组织上的改革而作出共同的内在化决策的办法，是人类克服外部性的有效途径，如家庭、企业、公司、政府机构等等也是以克服外部性为动力发展起来的。

要使所有涉及生育外部性的人达成共同参与所有决策的必要条件是，要首先形成共同的划分所有合法性范围的判别标准，由此才能对不同的所有外部性实行有差别的内在化方法。对于我国目前的社会环境来说，生育行为的合法性判别很容易在国家的计划生育政策上达成认同。计划生育政策规定的生育数量指标成为认同的标准，符合政策规定的生育往往被认为是合法行为，因而享有相同的土地承包权利。在城市，合法生育对社会资源共同享用和要求的权利涉及面更为广泛，相应地，非法生育的损失同样的大。对共同体②的每一个人，承担这种生育的外部效应是合情合理的。尽管这可能不是重新以新的权数分配承包土地的充足理由，但共同体要充分考虑给以适当的经济补偿，这种合法行为具有产生外部性的权利，因此它不能被强制性内在化。存在着对这种类型的生育行为的经济补偿就是外部性权利存在的证据，即使这种补偿也许只是承诺或预期，但它仍然发生潜在或长远影响的事实表明它只能部分地内在化。

---

① ［英］詹姆斯·E. 米德：《效率、公平与产权》，北京经济学院出版社1992年版，第333页。

② 这里的共同体指在一个土地承包单元中的群体，通常为过去的自然村或集体所有制下的小队。因生育而导致的土地承包的变更是在这一级发生，由于在经济关系上联系紧密，可以把他们看做是一个共同体。

对属于超生的生育，共同体已经具备达成将其完全内在化在观念和行为上的认同。超生罚款通常是政府行为，共同体在其中不会得到补偿。共同体可以采取的克服其外部性的有效办法是不承认超生人口的平等土地承包权利，在这一关系上，把生育外部性完全地内在化在其家庭之中。由此我们可以认为，生育的外部性内在化，实际上是生育决策者与受影响的他人在权利和义务上的制度关系的交易问题，已经作过简要说明的内在化途径如产权变更、社会组织重组、共同参与决策等都导致行为者与牵扯到外部影响中的其他人在相关行为的权利和义务关系的变化，而制度交易的结果应当是某种内在化决定的实现。

另一种尚未提及的，但非常重要的克服外部性的社会组织改革途径是政府控制。政府既可以以直接经营社会活动的方式来克服私人从事此行为时无法避免的外部性（如警察、军队、社会基础设施等共同事务和物品），也可以采取某些经济手段对经济行为进行调节（如税收、补贴、价格控制等）。

生育行为的政府控制已被证明是中国最成功的社会政策之一，二十几年来政府生育控制的结果，生育的外部性（主要指超生所产生的额外的外部影响）被非常迅速地、有效地内化在家庭中。政府生育控制的主要办法是把家庭生育的权利限制在一个有限的范围内，规定可生育的数量、时间及间隔。对响应政策号召的独子家庭和独生子女，政府给予多种社会福利的照顾和优惠，如对独生子女在入学、招工招干、补贴等方面的优惠措施。如果家庭放弃生育权利，政府理应对家庭由于降低生育所产生的内在成本给予补偿。因为家庭放弃了预期中的生育，将增加抚养子女的风险性，也要承担养老风险和家庭经济来源的损失等内化为家庭的成本。相对于政府对家庭生育外部性内在化的经济投入，家庭作出的物质牺牲要大得多。

从政府的角度理解生育控制政策，政府控制生育的动机和客观结果，于国于民的长远发展都是有利的。高生育对社会的发展无利，不加控制的家庭生育会给社会带来经济利益的损害。但家庭克服生育外部性的成本很高（事实证明，经济社会发展越落后，克服生育外部性的成本越高），而且在执行计划生育政策以前，在法律程序上这并未成为家庭或个人必须履行的责任和义务。因此，国家的强制性生育控制就成为生育外部性内在化的一个必然。但是家庭由此所必然产生的高额成本（政府生育控制的决策不是在全体社会成员一致同意和参与决策下作出的），政府应给予相应的补偿。政府在执行计划生育政策中对家庭和个人提供的物质投入、某些优惠和补贴，不是福利意义上的善行，而是必须承担的社会责任和义务。对违反生育政策者，对城市的公职人员，克服超生外部性的具体办法是，对当事人采取降级降工资、撤销职务、开除公职等等；在农村，常用的手段是罚款，减扣承包的土地、罚做公益劳动等等；在技术上，多采用预防性节育措施，药具免费发放，提供无偿技术服务等等。这些措施使家庭生育外部性内在化的成本在一定程度上有所降低，从而使家庭能够按照政府生育控制的意图生育。

上述生育外部性内在化的过程可以借用一个图式来表达（见图 3－3）。

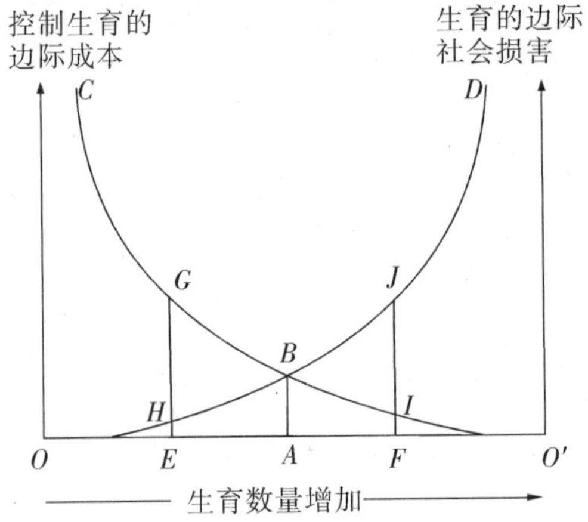

图 3－3　政府生育控制下的最优生育水平[①]

图 3－3 中，*OD* 线为生育对社会产生的边际损害，它随着生育数量的增加而递增。*O'C* 线为控制生育的边际成本，它随着被控制的生育的数量的减少（控制程度的加强）而递增。可以肯定的是，生育控制线 *O'C* 不可能一直向上延伸到完全禁止生育，如果这样，生育控制的边际成本将无限大，这是任何社会都无法承受的。生育外部性的内在化即对社会损害的控制只能限制在某一双方可接受的水平上，这一点也就是政府生育控制下的最优生育水平，

① 本图借用米德最优污染水平图，我认为在反映生育外部性内在化问题上具有相同的解释性。参见詹姆斯·E. 米德《效率、公平与产权》，北京经济学院出版社 1992 年版，第 344 页。

在图 3－3 中表示为 *OD* 与 *O′C* 的交点，即 *B* 点。*OA* 表示最优生育的边际社会损害（即生育的外部不经济）。*O′A* 为最优的控制生育的边际成本即生育外部性内在化努力的最优效率。如果政府作出超过 *O′A* 范围的生育控制努力，控制生育的边际成本将增加到 *O′E*，将会产生一个得不偿失的结果，控制生育的边际成本的增加超过所减少的生育对社会的边际损害，差额为 *GHB* 区域。如果政府放弃生育控制的部分努力回到 *O′F*，生育对社会的边际损害超过控制生育的边际成本所节省下来的数额，两者差额为 *BJI* 区域。如果说，由全部家庭所组成的社会生育数量有内在的由 *O* 到 *O′*的倾向，那么，政府控制生育的目标是把生育数量由 *OO′*减少到 *OA*。在这一点上，家庭的生育对社会的边际损害与政府控制生育的边际成本达到了均衡状态。

两线交叉确实存在一种最优关系，但在实践中要真正实现这种家庭生育与政府生育控制的最优关系是颇有难度的。政府对生育数量的控制力度在什么程度上效率最高，依赖于对社会生育数量（人口增长率）的外部性作出准确的判断和估量。图式中我们只考虑了生育行为的外部不经济（即对社会的损害）的情形，并未与客观上存在的外部经济（如增加有效消费需求、增加劳动力等）进行对比和综合判断。政府的生育控制政策立足的基点是减少生育行为的外部不经济，具体实践是以尽量把生育控制在一个低水平上（如城市家庭的一孩、农村家庭的两孩政策）。从理论上说，我们不能追求超过 *O′A* 的生育控制，这会带来高成本低收益；当然，我们也不能放任超过 *OA* 点的社会生育，这会带来对社会的边际损害的增加。但如何做到这一点，是我们必然面临的生育外部性内在化难题。

政府控制是我国实行的克服生育外部性的现实办法。其他生育外部性内在化的办法也可以在相同的图式中得到解释。例如，产权变更导致生育外部性内在化，其关系见图 3－4 所示。

与图 3－3 比较，图 3－4 仅仅是用产权变更的边际成本线替换了控制生育的边际成本线，这一改变的意义在于，它反映了人们采用界定产权的办法来克服生育的社会造成的损害。目标是实现在一种有效的产权选择下的最优生育水平。从图 3－4 中我们可以看出，随着社会生育数量（家庭生育之总量）的增加，生育的边际社会损害 *OD* 递增，如果社会选择一种更明晰的产

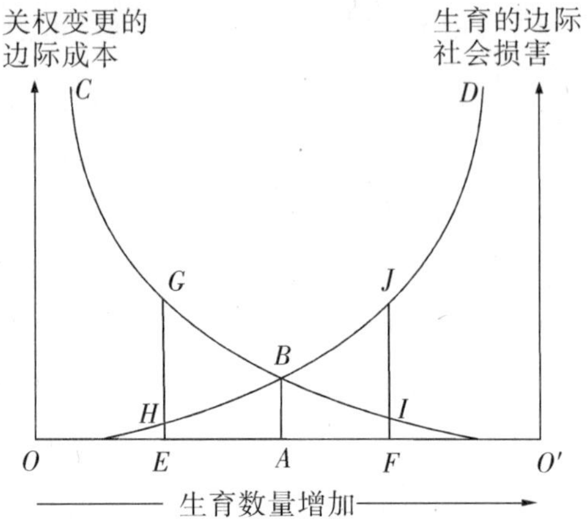

图3－4　产权变更下的最优生育水平

权形式来界定生育的权利和义务，可以有效地使生育外部性内在化。但产权变更需要投入相应的组织成本，所以，社会对产权变更的努力的增加，导致边际成本也随之递增，如 $O'C$ 线。生育的边际社会损害 OD 与产权变更的边际成本 $O'C$ 相交于 B 点，对家庭而言，此点为最优生育的边际社会损害，即 OA；对社会而言，此点为最优的产权变更的边际成本，即 $O'A$。$O'A$ 为产权变更的主导者应该达到的理想位置。如果产权变更的努力超出 $O'A$ 到 $O'E$，那么，这意味着产权变更的边际成本的增量超过生育的边际社会损害的减量，差额为 GHB 域的面积，造成社会组织成本的浪费。相反，如果社会放弃部分产权变更的努力，由 $O'A$ 回到 $O'F$，社会生育数量将由 OA 增加到 OF，由此带来因多增加的生育导致的生育边际社会损害的增加，增加的数量域为 $ABJF$，这一增量超过产权变更的边际成本的减量，其数量域为 $ABIF$，超出额为 BJI 域的面积。从理论上讲，以产权变更来引导生育外部性内在化办法应遵循的原则是，不能因产权变更不完全而放纵社会生育的增加，使社会承担过重的生育社会成本；也不能不顾效率而支付过高的克服生育外部性的组织成本，过度组织成本也是社会所不能承受的。

因此，生育外部性内在化的方法，无论是政府管制、产权变更，或者是共同参与决策，都必须掌握度的问题，这个度就是一种制度设置的效率问题。与本书相关的制度效率，主要是与客观社会环境限制下的生育需求密切相关，不考虑家庭生育权利和需求的控制生育方法，所产生的外部性，可能会比它所实现的生育外部性内在化还要大，对社会的损害和长期影响还要深。

二、人口行为的效益最大化

用经济术语表示，人口行为的效益最大化指的是达到“帕累托最优”(Pereto optimum)[①]。对于社会生育数量来说，就是在图 3－3 和图 3－4 的 *B* 点，只是约束条件分别是政府控制和产权变更。人口行为的效益最大化指资源在一种最优配置下的效率最大产出。

贝克尔认为最大化假设在解释人类行为时具有一种通用性。他反复强调：“人类行为不能被条块分割，这种条块分割认为人类行为有时基于最大化，有时则不然；有时受稳定的偏好驱使，有时任随意的动机摆布；有时需要最优的信息积累，有时则没有这种需要。”[②] 贝克尔坚持最大化、稳定的偏好和适度信息积累假设在解释人类行为上的一致性。他认为最大化假设不意味着“……决策单位必需意识到他们最大化的努力，能够说出或条理分明地描述他们的行为”，因此最大化假设是与“……心理学中的潜意识的强调一致，也与社会学中外显功能与潜在功能的区分相吻合”[③]。贝克尔承认在社会中，获取信息需要成本，因此信息通常是严重残缺的，但这并不必然把经济行为斥之为非理性行为。他认为熊彼特混淆了信息残缺或存在交易费用情况下的行为与非理性或随意行为[④]。在经济理论中，持信息不完备观点的人很多，他们或把行为的不确定性与“未知的将来相联”，或认为经济行为是一种“风险投资”，或强调获取和处理信息上存在着“障碍”，或以不确定性解释利润的产

① 帕累托首先在基数效应论基础上考察“集合体效用”极大化问题时提出的关于生产资料最优配置问题。后又在序数论基础上，引申出无差异曲线作为分析经济问题的工具。帕累托最优指任何重新改变资源配置的方法都不可能在无损于任何一个人的前提下使任何一个人的处境变得更好。参见宋承先《现代西方经济学》(微观经济学)，复旦大学出版社 1994 年版，第 463－465 页。

② [美] 加里·S. 贝克尔：《人类行为的经济分析》，上海三联书店、上海人民出版社 1995 年版，第 19 页。

③ 同上书，第 10 页。

④ 同上书，第 9－10 页。

生，但是并未导致放弃最大化假设①。

肯定存在着信息不完全、不确定性及交易成本等有限理性条件并不会导致必然的对最大化假设的背离。人类的行为是在他可确定的一组约束条件下选择最优的目标。

第一，人口行为对制度“产品”消费的最优化。

制度的设置是为了提供给人们使用的，这种使用可以被理解为对制度产品的消费行为，人类在进行各种行为时都会产生对制度产品的消费关系，人口行为也不例外。因此在特定的社会条件下，人口行为会以某种方式对制度产品实现最大消费效用。这里我们可以利用一般均衡理论中分析消费均衡的埃奇沃斯图形来说明帕累托制度消费最优化状态及条件（见图3－5）。

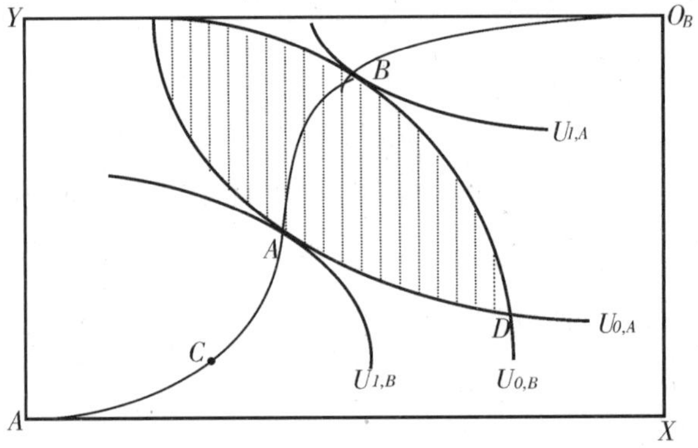

图3－5　制度产品消费最优化

假设在一个制度消费的环境中，只存在制度产品的消费者A、B两人，在制度产品X和Y的产量既定的条件下，各有两个制度产品消费的选择，这是一个“2×2×2”的简单制度经济环境。在图中的C点是A和B最初的制度产品的分配，A得到制度产品消费总效用$U'_{0,A}$，B得到制度产品消费总效用$U_{0,B}$。如果改变制度产品的分配点，由C到B点，或者由C到A点，A和B存在增大制度消费总效用的可能。如果重新改变分配，使C到A点，消费者

① 张宇燕：《经济发展与制度选择——对制度的经济分析》，中国人民大学出版社1992年版，第99－100页。

A 的效用量未变，仍然是 $U_{0,A}$，消费者 B 的效用量由 $U_{0,B}$ 到 $U_{1,B}$。如果分配点由 C 移动到 B 点，消费者 B 的效用量未改变，但消费者 A 的效用量增加，由 $U_{0,A}$ 增加到 $U_{1,A}$。可以看到，这两种分配点的变化都会导致在不减少对方（A 或 B）对制度产品消费的效用量的基础上，增加了自己的消费效用，社会总的制度产品消费效用也增加了，这就是说实现了制度产品消费的“帕累托改进”。超出 $U_{0,A}$ 和 $U_{0,B}$ 构成的范围的任何一点的分配变动（如契约线上的 D 点），即使提高了社会总效用的增加，但都会使某一消费者受到损害，因而是不符合帕累托标准的。

关于制度产品消费最大化的分析表明，在既定的制度条件下，人们可以通过改变对制度的使用权利的重新分配来实现最大的制度效率。而实现制度产品消费最大化的条件是：

$$\mathrm{MAS}_{x,y}^{A} = \mathrm{MAS}_{x,y}^{B}$$

“帕累托改进”的制度意义在于，社会中现存有关人口行为的制度关系中的各种权利和义务关系的调整，必须对社会中任何一个人的人口行为的利益没有损害。在帕累托标准下实现制度利用的最大化。在特定的社会条件下，能够增加社会制度利用总效用的“帕累托改进”的区域只存在于一定的范围。超出这一范围的制度利用关系的改变会带来某些人口行为利益的损失。因而按照帕累托标准就是不可取的。

第二，人口行为的制度效用最大化。

社会总效用是个人效用的总和，因此，在人口行为上，社会制度效用是个人效用的函数：

$$U_I = F\ (U_1,\ U_2,\ \cdots,\ U_N)$$

假定只有两个消费者，社会制度效用改变如下式：

$$U_I = F\ (U_A,\ U_B)$$

即社会制度效用是制度消费者 A 与制度消费者 B 消费效用的函数。可以用一图形来表示制度效用的最大化。

以 U_A 为横轴，表示消费者 A 所实现的制度效用量；以 U_B 为纵轴，表示消费者 B 所实现的制度效用量。社会制度效用函数用一组 I_U 无差异曲线表示，表示制度效用的不同水平。在一个确定的制度效用值上，沿着任何一条

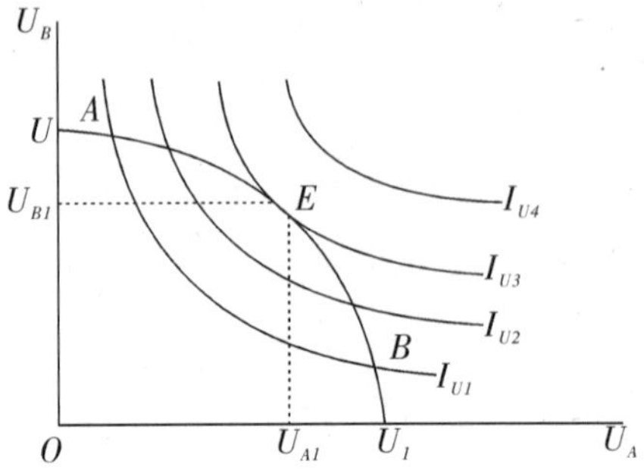

图 3 -6　制度效用最大化

无差异曲线移动，会使一个消费者（如 A 或 B）的效用增加，而使另一消费者（如 A 或 B）的效用减少，但社会制度效用量不会改变。要使社会制度效用增加，必须使无差异曲线向远圆点 *O* 方向移动，反之则会导致制度效用量的减少。

如图 3 -6 所示，有一组确定的社会制度效用的无差异曲线 I_{U1}—I_{U4} 表示在不同制度设置下的效用函数值。UU_1 为制度的最大效用可能性边界，表示在既定的制度设置下，消费者 A 和 B 在其人口行为中所有可能达到的制度效用组合。如果 A 在 U_{A1}，B 在 U_{B1}，各自实现了制度产品分配后的效用，那么社会制度效用达到最大值 I_{U3}，*E* 是无差异曲线 I_{U3} 与制度的最大效用可能性边界的交点，因此是最大制度效用点。

在人口关系上，人口行为的目标是最充分地利用既定制度所提供的最大制度效用可能性边界实现人口行为的效用最大化。一种与人口关联的制度设置（人口行为的规范）把人口行为约束在它所界定的制度效益范围内，在此范围内制度效益总量是确定的，如果沿制度最大效用边界移动，现存的制度利益的分割会使某些人口行为者受益，而必然使另一些人口行为者受损。如果现在的人口行为并未实现对制度效益的最佳利用，没有实现对制度资源的最优配置，那么，存在着对所有人口行为都有利可图的“帕累托改进”。但是，人口行为正如其他社会行为一样，一种大的、长远的利益关系不能只依靠“帕累托改进”来实现，而要在既定制度最大效用边界以外去寻找。例如图 3 -6 中的 I_{U4} 无差异曲线。但是，既定的制度设置限制了人口行为，人们追求更大利益的需求必须要获得制度的支持。因此，对新的利益追求的有效性必须以制度变迁为先导。

制度变迁后人口行为的效用最大化关系就可以表示为：

仍然是两个人口行为者处在同一制度环境中，分享制度创新所带来的额外利益。如果一个社会在环境的压力下发生了制度变迁，如图3－7所示，制度效用的最大边界由 UU_1 曲线向外平移到 U_aU_{a1} 曲线，无差异曲线 I_{U4} 表示扩大了的制度效用函数值。在 U_AU_{a1} 构成制度最大效用可能性边界下，人口行为者A和B在其人口行为中所有可能达到的新的制度效用组合。如果 A 在 U_{A2}，B在 U_{B2}，各自实现了制度产品分配后的效用，那么社会制度效用达到最大值 I_{U4}。E_1 是无差异曲线 I_{U4} 与制度的最大效用可能性边界的交点，因此是最大制度效用点，它表明在制度变迁下人口行为可以获得的最大制度效用。图示中仅仅表明了人口行为者A与B对制度利益的均等分割，沿着制度最大效用可能性边界 U_AU_{A1} 曲线的任意移动都不会改变在这一制度设置下的效用总量，但可以反映人口行为者在这一制度环境中利益分割的受益和受损变化。

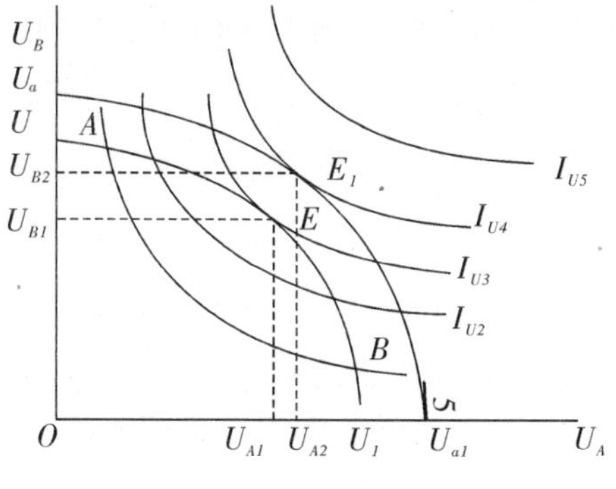

图3－7　制度变迁下的人口行为的效用最大化

从以上分析得到的启示是：一个社会的制度创新应当致力于为社会提供更多的机会和利益，使人们能在更大的活动空间中索取它，而不是限制人们的自由，压抑个人的创造力，更不能只在既得利益上进行再分配，以损害他人利益来换取自己的最大满足。帕累托标准在实践中也具有广泛的应用价值。

第四章　制度变迁与人口发展的理论分析

第一节　理论分析框架：系统关系、图式及解释

一、人口发展系统的关系

人口发展系统是人类社会发展系统中的一个子系统。毫无疑问，人口发展系统不能自我满足功能需要，它的内部结构的调整和量的变化，必须要依靠外部物质、能量和信息的输入。人口发展系统必须与外部系统形成相互间的质和量的交换，才能实现各自系统内的平衡和系统间的均衡。因此，人口发展系统是开放性系统，一方面，人口发展需要外部环境系统补充所需要的物质、能量和信息；另一方面，人口发展系统内部的自适应机制也要根据外部环境的变化及时地调整内部的结构，在不断自我创新下形成与外部环境的供需动态平衡，通过人口系统自身的有序化和内在功能的提高，人口系统可以向外部环境系统提供更大的物质、能量和信息的输出。人口发展就是人口在与外部环境的不断的输入输出的交换中，功能不断得到强化，结构不断得到调整的质的转变过程。人口发展的这一关系可以用一简要图式来表示（见图4－1）。

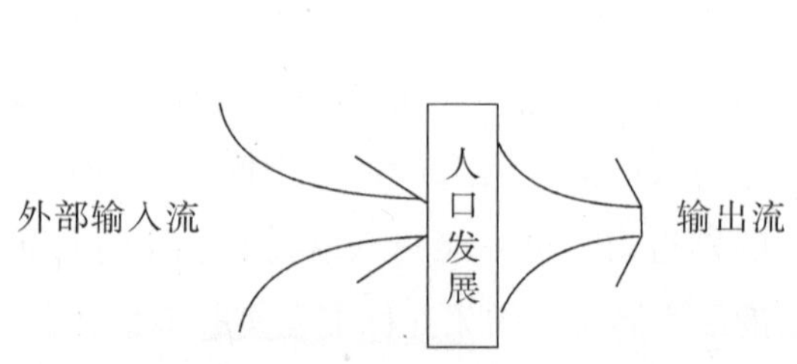

图4－1　人口发展系统的外部关系

人口系统必须接连不断地接受外部物质、能量和信息的输入才能保证系

统的正常运转，外部系统的新质结构要素输入及人口系统内部的自我创新引起人口发展系统结构的变动。人口发展系统在新的内部结构基础上，以新的人口结构要素向外部环境系统输出。外部环境系统在向人口系统输入物质和能量的同时，也向人口系统输入了一种特定的价值信息，以此向人口发展系统传递外部环境系统的需求的信息。人口发展系统与外部环境系统的动态平衡关系历来是人口研究的主要对象。因为必须解释谁向人口系统输出物质、能量和信息？人口发展系统又向外部环境输出了什么？马克思和恩格斯基于历史唯物主义的世界观提出了“两种生产”理论，为我们作出了对上述问题的一种解释。他们认为是物质生产和人口生产共同决定了人类历史的发展。“两种生产”的理论可以用一个简明的系统关系来阐明：

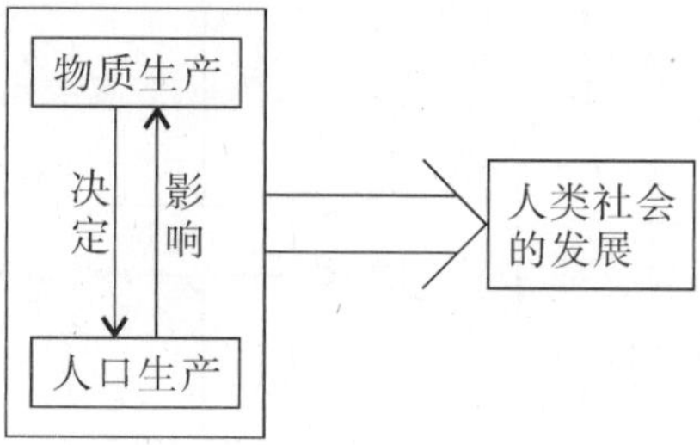

图 4－2　“两种生产”理论系统关系

马克思和恩格斯认为物质生产和人口生产共同决定人类社会的发展，物质生产和人口生产处在一个系统中，是历史决定的基本因素。在“两种生产”系统内，物质生产和人口生产各为其子系统，并在相互间产生物质、能量和信息的交换。物质生产决定人口生产，它规定了人口生产发展的类型、程度；人口生产影响物质生产，它不仅向物质生产提供最具有活力、唯一具有主动性和选择能力的生产要素，而且引导生产符合人口发展的需求。对前一种关系，马克思曾在《1844 年经济学—哲学手稿》中写到，“像其他一切商品的生产一样，对人的需求必然调节着人的生产”①。对后一种关系，恩格斯曾在《家庭、私有制和国家的起源》中分析了人类婚姻和家庭制度的演变与私有制

① 马克思：《1844 年经济学—哲学手稿》，人民出版社 1979 年版，第 5 页。

和国家起源的关系，从婚姻家庭制度的演变过程中揭示了私有制和国家的起源。“两种生产”构成了人类“直接生活的生产和再生产”，它是“历史中的决定因素”。与其他人口理论上的观点相比较，马克思和恩格斯强调了“两种生产”共同决定人类历史。在我国的人口实践中，“两种生产”理论是我国制定计划生育政策的理论依据和实行控制人口措施的指导思想，它对中国能够有效地控制人口和实现传统人口再生产模式的转变起到了非常重要的作用。但作为系统和完整的人口理论，它需要进一步发展。

如果我们进一步拓宽人口发展关系的视野，影响人口发展的外部关系就不能局限于物质生产领域，而是与它生存所在的整个环境系统发生联系。此环境包括自然环境和社会环境，它们之间的系统关系如图4－3所示。

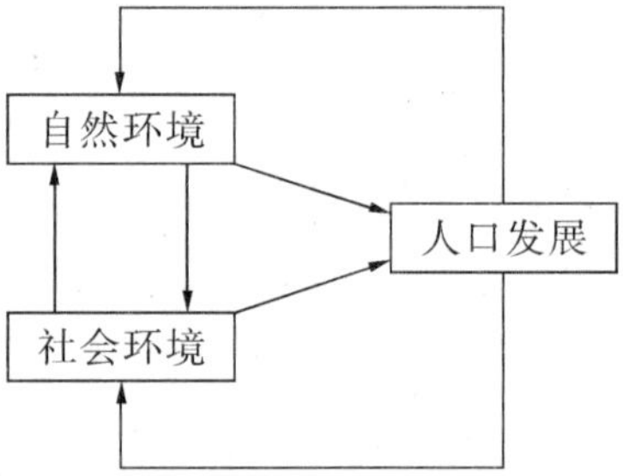

图4－3　人口发展与环境的系统关系

人口发展直接依赖于它所生存的环境的能量支持。自然环境直接向人口系统提供人类生存所需的自然条件，如空气、水、热能和生物资源。社会环境系统则向人口系统提供人口发展所需的一切文化资源，包括物质的和精神的人造产品。人口系统也将向环境系统输出能量，任何一种人口状态（发展或欠发展）都将被社会环境系统作为新的结构要素引入，人口系统也直接向自然环境系统输出能量，相互间的能量和信息交换是必然存在的。但是，主要的能量转换关系仍然是通过社会环境中的人口行为产生影响。自然环境和社会环境系统间的相互能量交换，会引起人口系统赖以存在的环境的变化，从而提供人口发展的新的环境条件。新近的人口学研究中，有学者提出了

“三种生产”① 的观点，这一观点对构架图4－3的人口发展与环境的系统关系提供了富有价值的启发，但是我所强调的制度关系和作用不可能在“三种生产”观中得到表达。我认为，以“社会环境的生产”替代“物质生产”，构成一种新的人口与社会环境、自然环境的系统关系，在其中，人口发展的制度关系可以得到合理的解释。

人在环境中有多种存在方式。不同的人类存在方式与环境有不同的交换关系。过去的环境思想认为，选择什么样的生活方式完全是人类单方面的权利，环境只是被动地接受人类的选择和支配。新的环境思想认为，环境也有自身权利要求。环境伦理观认为，人类之外的环境中的任何生命体与自然物都具有与人类相等的权利和价值，它们和人类一起分享环境的福祉，因此环境伦理也是制约人类活动和行为的伦理规范。以此理念为基点，人口发展与环境关系除了物质交换上的意义外，还具有价值意义上的互动关系。人口不是仅仅把环境当做生产、索取和利用的物质对象，人口在环境中的多样性的存在方式中，与自然还存在着价值信息的交换关系。1972年的联合国人类环境会议的《人类环境宣言》提出，“人有在保持尊严与福祉的环境中享受自由、平等以及幸福生活的基本权利”。1992年的全球首脑会议则把“人类拥有与自然协调的、健康的生产和活动……”的环境权当做“第一原则”②。总的来说，忽视环境的重要性和意义的思想已经站不住脚，人口发展必须与环境形成一种和谐的关系，环境权是国民的基本权利等观念已经深入人心，体现这一思想的环境发展战略已经逐步得到制度化的保证。人口发展与环境的系统关系也必须构架在国民具有基本的环境权的基础上。人口发展必须与环境处于自然和谐的状态，以环境中的一员的身份定位，而不是以近代自然主义的控制、支配和征服自然的“人类中心主义”观来定位。当然，有些环境伦理观已经走得很远，从“人类中心主义”的环境伦理观转到了“生命中心主义”的伦理观，人类在其中已经失落为一般的生命意义，很自然地，人与环境的关系就只能是纯粹的自然关系和自然交换。这是最彻底的回归自然，

① “三种生产”指物质生产、人口生产和环境生产。

② 岩左茂：《环境的思想》，中央编译出版社1997年版，第49页。

即从“人”到“猿”的归属。回到人口发展的系统关系上，理解人口发展与环境的关系就不能不以人类的社会关系为中介。

今天人类环境思想的发展和升华，都是人类作为环境主体的自主性意识的充分体现，环境权是人类作为生存环境的主体对自己的环境行为和活动的自律，地球上任何其他生命的活动，无论它是否破坏了环境，都只能是被动的、本能的，这一本质区别的原因，只能在人类的社会关系中寻找。所以，环境权就不仅仅指、甚至不主要指人类对自然环境的权利，而且还指人类对文化环境的权利。就是说人类必须选择特定的生活方式，造就特定的文化环境来与自然环境发生交换关系。人类不能彻底到抛弃文化环境去回归自然，对于任何环境观，人类需要面对的基本问题是：构造文化环境的自然基础是什么。

文化环境就是我们提出的人口发展与环境系统关系中的社会环境，人口发展与环境的主要关系都要经过社会环境的中介才能发挥作用，可以说，社会环境就是人口在自然环境中的存在方式，人口发展就是这种存在方式递进的结果。

马克思在论述人与自然界的关系时说：“社会是人同自然界的完成了的、本质的统一，是自然界的真正复活，是人的实现了的自然主义和自然界的实现了的人本主义。”[①] 任何环境观都不能脱离人的社会属性来理解人与自然的本质关系，人的“自然规定性”（自然主义）与自然界的“属人的本质”（人本主义）只能在社会关系和人与人的关系中才能得到和谐的统一。

在第一章中，我们已经用了一个简图扼要地陈述了人口发展的系统关系。制度中介因素的提出，为我们理解人口发展的关系提供了新的认识途径。我们已经指出了人口发展与经济增长在理论解释上和实践上不能得到完全的、一致性的答案，或者说不能把人口发展视为一种经济增长的直接的、被动的结果。例如，在理论上，“人口转变的临界值假设”、“发展是最好的避孕药”等等观点都把推动人口发展的动力源深深地寄托于经济驱动上；在实践上，发展中国家仍然难以跳出人口增长与经济发展的两难处境。“低水平平衡陷

① 马克思：《1844年经济学—哲学手稿》，人民出版社1979年版，第75页。

阱”的症结究竟在哪里，人们不能不在单纯体现物质性的经济和技术关系之外去寻找。一个富有启发性的理论观点来自于美国国家科学院的一个报告，它提出“人口是一个中性现象”的观点。就是说，在一种社会条件下，人口可以成为社会发展的推力；而在另一种社会条件下，它又可以成为社会发展的阻力或障碍。打个比喻，人口中性的观点恰如水性，“水可载舟，亦可覆舟”。但这一解释仍然会产生疑惑，人口作用的这一忽左忽右的变化的动因究竟在何处，实际需要得到解释的问题仍然回到了原点，是经济增长？是技术创新？还是制度变迁？我们可以肯定的是，人口成为社会发展的推动力还是阻力这一问题不可能在一种经济增长的差别中得到解释。

生育率决定的中介理论把技术变量引入增加了社会经济背景与生育率变化之间的层次感，使影响生育率的一些直接因素成为连接经济、社会条件的中间环节。作为人口发展社会背景的各种因素通过影响直接变量才能对生育率发生作用。但中介理论中所能够得到的经济与生育率关系的解释性（可以推及社会经济与人口发展的关系上）只能局限于“技术中性因素”的范围内，它仍然不能为我们作出人口变化何以如此的价值判断。正因为如此，在中介理论中，各种模型倾力于精确计量性质或量的关系的表达，而疏忽于动因的解释。也因为如此，也许可以把中介理论的基本观点归类为“技术决定论”。事实上，学者们并未放弃过对人口变化的非经济原因的探索，也高度重视在特定的文化背景下认识人口的发展和变化。虽然很多学者并不认为人口现象是完全附属于发生于前的经济事实的被动结果，但是，人们并未深究人口变化和人口发展的制度原因。多数时候，人们在非经济因素中寻找的人口变动的原因，都是立足在一个社会文化的背景下，笼统地加以分析，并未严格地理清人口发展和变化的价值基础、动因、机制及各个系统环节的交互作用等关系，使人们不可能在社会文化背景中把握好人口发展的本质关系。

从上述的观点看来，把人口看做是中性因素的观点，实际上就是把人口视为技术变量，一种可用的“资源”，一种物质性的生产要素，而不是把它所具有的思维、行为偏好、行为上的主动性及主观性等特质作为认识人口问题的基点。

人口发展是人类社会自主追求的价值目标，其动力来自于特定制度产生的人口发展激励。本质上中性的技术因素被人类采用或不采用、被采用于这一目标或者那一目标，技术本身并不能自我决定。一种技术创新的采用及推广，都来自于使用技术的人的偏好和社会需求，而个人偏好和社会需求都必须获得相应制度的支持，个人偏好是对制度所提供的行为选择集进行选择的结果，社会需求则是在这种选择中获得的群体取向。

因此，很自然地，考察人口变化和发展的原因，就不能不进行深入的制度分析。离开了制度分析，我们就不可能理解人口何以发生这样而不是那样变化的真实原因。把制度作为一种既定条件的人口分析，就只能是纯技术分析。用韦伯的观点来评价，这种人口行为就是缺乏主观意义，没有指向他人的社会互动和联系的“要素”流动，人口行为就成为没有价值目标、没有主观选择判断的技术性因素，它或被动地被决定为某种技术结构，或以某种技术身份去影响或决定经济社会的发展。总之，我们是把人口行为这种最具有人性和社会性的特征、非常复杂的人类关系简化为中性技术现象，使人口发展成为剥离了社会价值意义的纯技术结果。

尽管人口发展的确不可能不与相应的技术发展和技术创新相关联，但是不能把人口发展看做是一种根源于技术变化的结果。任何一种人口的变化与发展，最终只能由约束人口行为的制度关系来说明，人口必须依照一种行为规则和社会标准才能进入一种有效的技术领域。一种技术对社会和人口的作用，它被应用与否，被应用于什么目的，都必须由相应的制度关系来决定。布罗姆利在评述拉坦—速水制度变迁模型时指出，把“技术或新的要素禀赋看做是制度变迁的主要源泉不仅是循环论证，而且是不完整的”。因为“……所有的技术均包括了制度纬度，如谁拥有新技术，谁控制技术的使用及收入流，以及谁必须承担实施新技术的成本”[①]。制度界定了社会中技术引入、控制及扩散的社会条件，界定和保护了技术发明和应用预期收益的产权关系。不确定这些关系，任何技术都会成为无效设置。

例如，四大发明在发源地的中国未成为社会生产力的推动器，而在欧洲，

---

① ［美］丹尼尔·W. 布罗姆利：《经济利益与经济制度——公共政策的理论基础》，上海三联书店1996年版，第33页。

四大发明的引入和应用却极大地推动了资本主义生产力的发展。很显然，四大发明应用与未被应用于社会生产实践，推动和未推动社会生产的发展两者间差别的原因，只能在各自社会的制度和体制中寻找。把技术的应用看做是一种以文化传播为先导的社会关系有助于理解我们所要强调的这一点，富永健一认为“文化传播并非水往低处流的自然现象，而是由具有意志的人所进行的一种行动，没有足够使大多数人理解的动机是不可能进行的”①。没有制度提供人们应用技术行为的共同的社会规范和准则，体现大多数人的意志和动机的共同行动就不可能形成。

因此，制度在人口发展系统关系中具有非常重要的意义和不可替代的作用。制度提供人口行为可供遵循的规则和标准，赋予人口行为具有价值意义的选择和判断。一种制度设置为人口提供了确定的社会关系，稳定的社会秩序及可预期的行为结果。制度变迁即制度交易规则的变化（行为主体之间对各自权利和义务讨价还价的结果）则为社会中的人口提供了在新的机会、效率及利益的均衡关系上的行为激励。

但制度变迁也不能是无缘而起的、随意的，它依赖于社会环境的大的变化和社会需要，反映一种长久的历史过程。因此，制度变迁必须要依托于特定的社会背景才能够被理解。在人类历史的发展过程中，发生过两次人口发展类型的转变，导致这两次人口变化的制度变迁所依托的社会背景分别是农业社会和工业社会，前者实现的是传统人口发展类型，后者实现的是现代人口发展类型。这两次人口变化被诺思称为人类历史上的两次人口与资源比例的转折点。第一个转折点，形成了以农业为主的人口产业结构，以农村为主的人口定居格局；第二个转折点，形成了以工业为主的人口产业结构，以城市为主的人口定居格局。第一个转折点发生的制度条件是由原始群体的公有制转变为农业社会的私有制，人口变化激励机制的产生源于两种体制下的不同产权；第二个转折点的制度条件是由封建主义的土地私有制转变为资本主义的大工业私有制，人口变化激励机制来自于两种社会机制下的不同产权。

---

① ［日］富永健一：《“现代化理论”今日之课题——关于非西方后发展社会发展理论的探讨》，载于塞缪尔·亨廷顿《现代化的理论与实践》，上海译文出版社 1993 年版，第 119 页。

不同的历史条件会产生不同的社会需要和制度变迁的激励。在工业文明时代，各种人口行为需要在新的社会规则和标准下行事，于是反映这种社会需要的制度变迁就是必然的。离开了特定时代的背景，我们就不可能凭据清晰的制度变迁的历史线索来认识人口现象，更无法理解人口变化和发展所具有的特定历史内涵和意义。至此，我们可以把上述人口发展的系统关系串联起来，这就是：

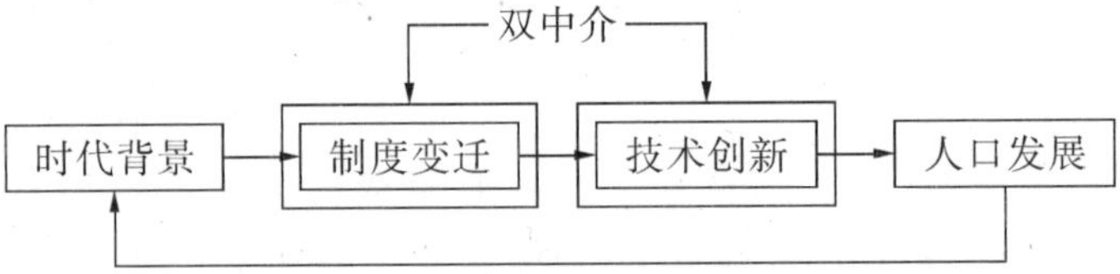

图4－4　人口发展的双中介系统

此图式具有解释人口发展关系的通用性，它反映了人口发展的普遍关系和一般规律性，这就是：发生于特定时代背景的制度变迁，推动了有利于人口变化的技术创新，应用这一技术成果，人口行为发生变化并实现新的人口发展，人口发展作为一种新质要素作用于社会，并推动社会的发展。应用此解释模型于现代社会的人口发展，其人口发展的系统关系就应陈述为：发生于现代化进程中的现代制度变迁，推动了现代创新技术的发明和应用，人口行为在新的制度条件和技术条件下发生改变，以此实现了现代人口转变。现代人口发展的系统关系我已经在第一章中给出了简要的图式和说明，并把制度因素和技术因素认作为决定人口发展的双中介因素。这一人口发展的解释模型的理论意义和实践意义已作过初步的说明，至此，我们已经可以对人口发展的系统关系作详细的阐述。

二、人口发展系统的图式及解释

根据上节对人口发展关系的详细分析，我们可以用一个图式给出人口发展的系统关系：

据图4－5所示，在这里，人口发展系统被设计成一个闭路流程，忽略了作为整个人口发展系统必然要与人类生存的自然环境发生关系的事实。这种

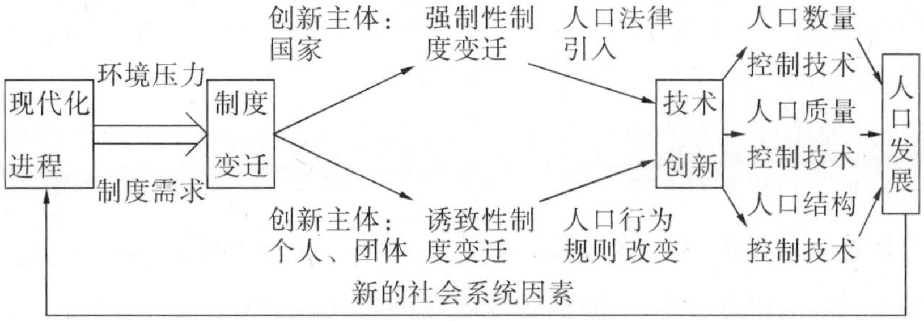

图 4－5　现代人口发展系统模型

模型设计的基本考虑是，社会系统与自然环境系统的关系已在前面作了论述，这里为了把分析聚焦在人口发展系统关系的主线上，对其与自然环境的关系不再加以考虑。

此模型认为，在现代化进程中产生的环境压力和制度需求必然导致制度变迁，制度变迁可能产生两个路径传递能量和信息，一种是以诱致性制度变迁回应环境压力和制度需求，它使约束人口行为的规则发生改变，另一种是通过强制性制度变迁引入新的人口法令、政策和规定，强制推行以满足社会需求。实现上述制度变迁必须依赖相应的制度创新主体，诱制性制度变迁的制度创新主体是个人或团体，它是个人或团体在一种环境变化的条件下自发地捕捉制度创新利益的结果，强制性制度变迁的制度创新主体是国家，国家根据对某一制度创新的利益预期，强制推行人口法令和政策。制度变迁无论是强制人口法令引入，还是自发的人口行为规则的变化都将提供新的人口创新技术的激励，这种人口创新技术的激励可能导致三个方面的人口控制技术的变化，即人口数量控制技术、人口质量控制技术和人口结构控制技术的变化，这些技术应用的程度和结构的不同将导致不同类型的人口发展。已经实现的人口发展又作为新的社会系统要素进入现代化进程，在新的一轮社会系统关系中发挥作用。

很显然，系统中每一个子系统都有相应的物质、能量和信息的输入输出关系。在现代化进程中，社会向制度系统输出环境压力和制度需求，回应这一社会需求，社会的制度体系发生变化，向社会输出新的人口法律、政策、规则等，制度变迁产生了技术创新的激励，并将新的技术应用到人口行为中去，由此实现人口的发展，获得了现代发展的人口又向社会现代化系统输入新质要素。

不可回避的是，现代化进程中为什么会产生制度变迁的激励？产生什么样的有利于人口发展的制度激励？

可以把人口发展系统首先假定为处于一种初始均衡状态，即在一个给定的条件下，社会处于这样一种状态，现存的制度设置达到了一种均衡，任何人或团体都不能在这一制度环境中获得额外的好处和收益，任何制度配置的改进都不可能使任何一个人的人口行为得到额外的好处而不损害其他任何人的人口行为的既得利益，这可以被认为是一种人口行为上的帕累托制度均衡。但是社会的均衡状态不能被认为是绝对的静止状态，在均衡状态下，社会要素的量的变化仍然在继续，如人口增加或减少、资源减少或增加、外部（例如外族入侵、冲突以及自然灾害等等）压力增大等都造成了社会环境条件的变化及压力的增加。积累的环境压力超过一定的度，原来的利益均衡关系就被打破，新的利益集团为捕捉新的利益，必然要求变更产权、改变行为规则，制度变迁便应运而生。一种新的社会变化不能不产生新的人口需求，在旧的人口行为的规则下，社会无法获得人口需求的满足。在现代化进程中，由于社会发生急剧的变化，新的社会需求和环境压力积累的速度很快，要求改变人口行为的规则以满足社会的人口需要。如果在人口行为中，人们获取潜在最大利益的动机不能在现实的制度环境中实现，那么，制度创新就成为必然。此时的制度状态就已经从均衡转变为非均衡。社会不能长久容忍制度不均衡，现实中存在着两个制度供给渠道补充制度设置缺口。一种是强制性制度变迁，制度创新主体是国家，合法使用国家强制手段，由国家引入和推行新的法律和政令，以弥补制度供给的不足；另一种是诱致性制度变迁，制度创新主体是个人或团体，采用非正式制度安排的形式实现对人口行为规则的改变。正式的制度安排是一种集体行动，人口行为规则的改变需要获得群体的准许，而且制度的创立要克服“搭便车”现象；非正式制度安排是个人自主性行为，人口行为规则的改变完全由个人完成，无须顾虑他人“搭便车”，但有外部性。

制度的强制性变迁给社会带来人口法律、政策等强制性人口行为规则的引入；诱致性制度变迁则为社会引入非强制性的人口行为规范。而人口行为规则和标准的改变，必然产生人口技术转变的要求，人口技术的创新及社会应用也必须以此为基础。人口行为规则的转变引导了人口技术创新行为的发展方向。创新性人口技术的社会应用，使人口发展获得了技术支持和保障。由此，人口的数量、质量和结构在新的水平上实现了发展。而获得了发展的人口系统也以新的结构要素被引入社会系统之中，推动着现代化的进程。至此，人口发展系统的一个流程完成。

第二节　人口发展系统的因素分解：对“双中介”因素的解释

一、现代化：人口发展的社会背景

现代化的内容指现代化进程中所发生的全面性社会变迁。这一社会变迁，包含了社会、经济、文化、制度、人口及伦理价值观念等方面传统性到现代性的全面转变。

现代化社会的内涵是如此的丰富，变化及结构是这样的复杂，使我们很难提纲挈领地把握现代化的本质。奥古斯特·孔德认为现代化的特征是封建和神学制度的衰亡，在托克维尔看来，现代社会的定义就是民主性，马克思和恩格斯则从生产资料的资本占有制关系来认识资本主义社会的实质。他们分别把现代社会定性为工业社会、民主社会和资本主义社会①。而韦伯所要把握的是现代社会精神的本质，他把现代社会视为高度理性化的社会。

虽然上述观点各有歧义，强调的角度各不相同，但可以从中理出一个具有共性的观点，这就是他们都高度强调现代社会制度因素的重要性。现代化进程中所体现出的一切特点都是人们现代价值观念和行为发生转变的结果。但是如果没有制度层面的创新性转变，人们的行为就失去了现代行为规范和标准的依托。

① ［法］雷蒙·阿隆：《社会学主要思潮》，上海译文出版社1988年版，第329页。

而且，非常重要的认识基点是，现代创新制度体系的建立，无论是正式规则还是非正式规则，都不是朝夕之功可以实现的，一个历史事件不可能彻底转变人们的生活方式。马克思把资本主义产生的先决条件前推到数世纪以前欧洲城市的“自治组织”和“市民社会”的创立。中世纪神学的衰落及新教伦理的产生都远比资本主义作为一种国家体制，以及工业革命的发生要早得多。在这里，作为现代社会精神和制度核心的价值观念的历史文化渊源，还须追溯到古希腊罗马的文化中去。同样，现代西方社会的法律体系则是以罗马法为母本创立的，西方现代法律体系作为约束和规范人们行为的正式规则，其雏形在中世纪就形成了，并且，自身的完善和补充修改一直没有中断。

可以说，早在可以用某种标准（例如，英国的产业革命）来作为现代社会与封建社会的断代依据之前，一些体现了现代社会精神本质的制度因素和关系已经潜入了西方社会，并潜移默化地影响着他们的行为。体现为长周期的伦理价值观念、意识形态及行为规范渐进性变化的这一西方现代社会的前历史是独一无二的。

进入现代化进程之后，人们的行为规范和准则已在不断的磨合中获得价值稳定性，从而成为国民生活的范式。现代社会与传统社会相区别的一个显著特征是：传统社会制度体系的价值目标的单一性，源于传统社会结构的单一化；现代社会制度的价值体系多元化，体现并支持了多元社会的不同需求。传统社会中制度对人们行为的控制主要依靠统治者的专制权力实施社会控制，在非政治权力领域则主要依靠道德观念、风俗习惯等非正式约束来实现；现代社会是法制社会，人们的行为规范和标准受成文法律的约束，非正式约束效率降低；现代社会制度运转的基点是个人主义，它以个人的权利和利益为核心，张扬个性自由和保护个人努力，传统社会的制度运转的基础是家庭及以此为中心的亲属家族关系，它以社会稳定为制度效率的最高价值。

二、制度中介因素：结构与变迁

制度变迁是在内外环境压力下引发的。汤因比认为，人类文明的起源是人类在逆境中接受环境挑战和应战的结果，他否定了优越环境是文明的起源的流行观点，把人类勇于接受环境的挑战和应战的能力赞誉为“逆境的美德”，并验证了“挑战越强，刺激就越大”的社会法则①。马克思在其巨著《资本论》中也表达了同样的思想。诺思则直接把环境压力（包括人口增加、资源的减少及要素相对价格的变化）作为制度变迁的动力。但是，必须强调的是，环境压力必须是一种持续的、具有某种导向性的作用力。否则就无法解释普遍发生的人类生存危机并未引发相应的发展的实践困惑。在现代化进程中，人类面对社会环境所产生的全新的、强大的压力，受到新的利益机会的刺激，迫切要求建立新的社会生活原则和关系来应对环境的挑战和追逐利益。在资本主义生产关系下，发育了具有比封建社会多得多的经济和政治市场，人们需要有全新的制度体系来维护新的利益关系。一系列体现新生社会关系的制度创新应运而生。

因此，现代化进程必然是产生现代制度变化的基础。在现代化的进程中，社会不断地产生环境压力（系统能量输出），使原有的制度体系受到环境变化的压力，这一环境压力是具有方向性的，它逼使社会按照它输出的价值信号（一种特定的制度需求）来选择制度变迁的方向。制度变迁的经济取向是捕捉新的利益源，一种制度变迁性质的判断，应该而且必须依赖基于经济利益的价值选择。在现代社会，市场经济是最有效的引导对稀缺资源利用的竞争机制，它鼓励社会中的每个人寻找机会，以国家手段维护社会公平和秩序，使社会在一种自由竞争的环境中追求他们各自的利益。政治市场与经济市场应是连为一体的，自由市场经济客观上应激励相应的个性及民主自由权利的政治环境的发育。现代创新制度的目标应该全力保护个人及团体在开放性的经济市场、通畅社会结构和社会阶层的流动性和成就取向上的努力。很明显，现代制度创新体系必然是以突破传统等级社会对人的行为的限制和束缚，对个性的压抑和发展潜力的约束为发端。制度变迁的目标是要在要素市场上建立起新的平衡。因此，制度变迁应当引起市场要素供求关系的改变，在新的资源配置条件下实现最大产出。

现代制度创新对人口行为和人口发展的作用体现在三个方面：

第一，现代制度的建立，形成了对人口行为的基于个人主义价值取向的

① ［英］汤因比：《历史研究》（上册），上海人民出版社 1997 年版，第 99 - 174 页。

约束。现代制度规范对任何个人或集团的人口行为的约束都体现出以利己而利他的行为动机。它严格限制以利己为目标而损害他人的人口行为。制度创新的目的很清楚，就是要实现社会生活中的秩序、稳定性和规范性。

第二，现代制度体系极大地强化了它的“扩展”功能。现代制度创新体系是在现代理性发展的基础上建立起来的。基于经济效率目标的制度作用和功能是：最大化地扩张个人在现代社会中的活动范围，提高个人的活动能力，增加社会理性，减弱不确定性及风险。这从现代社会中人口所实现的质量的显著提高，社会结构和地域结构的高度流动性中可以得到证实。

第三，现代制度的激励功能能够实现的关键是它向个人提供有产权保证的利益和机会。现代社会中的人口行为及人口发展的方向，是沿着新的利益源的轨迹变迁的。人口行为的逐利性极大地增加了全社会的总收入，并在新的利益水平上实现了均衡。

制度变迁就是指人们的连续的制度创新行为所发生的结果。制度创新的主体有个人、团体和政府。他们构成不同类型的制度创新活动。制度创新主体首选是个人。个人的制度创新活动没有组织成本，没有强制成本，但制度创新的目标是指向个人利益，所获得的收益也限于个人，个人的制度创新活动是自主性行动，因而具有最充分的制度选择权。团体的制度创新活动需要一定的组织成本，但无强制性成本，组织成员可以合法退出组织。团体的制度创新也是一种自组织行为，它的制度选择集可以很多，但没有个人选择集这样宽泛，而且制度创新的组织成本与团体成员的数量成反比，成员越多，达成制度创新的一致性行动的成本越高，制度选择集越少。个人和团体的制度创新存在着难以克服的制度障碍是外部性和“搭便车”问题。政府的制度创新行动可以有效地消除“搭便车”现象。政府的制度创新有较大的组织成本和强制性成本，成员没有退出的选择权。政府的制度创新由于其强制性而有可能偏离个人和团体的利益目标。

三种制度创新主体在现代社会的人口发展过程中，都发挥着与传统社会完全不同的作用。现代社会制度体系的反传统性的主要体现是它能最大限度地激励个人的创新能力，“真正的个人主义……相信如果保持每一个人都是自由的，那么他们取得的成就往往会超出个人理性所能设计和预见到的结果”①。从这里才能理解现代社会人口行为和人口发展的个人行为基础，即在制度保障下极大地扩张了的个人人口行为能力的结果。在现代社会中，个人获得了人类历史以来最能发挥和最能体现个体自主创新能力的社会环境。个人的制度创新能力的提高是现代社会人口发展的主要动力。人口行为的变化首先并不是政府有目标和经过预先计划的结果，而是“自发的社会产物”，人口行为规则的改变，主要起源于个人在回应环境挑战时的自主的制度创新行动，正如哈耶克所指出的，“人类赖以取得成就的许多规章制度，已经在没有计划和指导思想的情况下产生出来，并且正在发挥作用”②。现代化进程中的人口行为及规则的变化都起源于“非强制性的惯例”，至于之后成为形式法律并具有强制性，这只是人口行为规则制度化的一个后续阶段，或者说是国家保护职能的正式化。

高度发育的中介组织是现代社会的一个特点，或者说是现代社会发展的动力基础。在经济、政治及社会的各个领域中的中介组织成为介于政府和个人之间的自组织结构，同社会中的个人一样，它所服从的“非强制性惯例”被认为是“保持人类社会有秩序运行的本质因素”③。

林毅夫认为，诱致性制度变迁会产生制度供给不足，因为个人和团体无法克服“搭便车”行为和外部性，因此，必须以强制性制度变迁来弥补，这种制度的供给者只能是政府。

在现代社会中，政府的制度创新究竟怎样或在什么程度上产生了人口效应，这首先必须定义国家和政府的作用。从哈耶克深邃的个人主义理论中我们可以获得很有价值的解释，他认为，“国家作为一个精心组织和有意识指导的力量的体现，应该只是我们所谓的‘社会’这一丰富的机体的一小部分；并且前者提供的应该仅仅是一种框架，在其中人们可以在最大的范围内自由联合（因此，不是有意识的指导）”④。这一关于国家的思想与我们通常所说

① ［英］F. A. 冯·哈耶克：《个人主义与经济秩序》，北京经济学院出版社1989年版，第11页。
② 同上书，第7页。
③ 同上书，第22页。
④ 同上书，第7页。

的“小政府”的概念并不一样。哈耶克的国家概念不是政府放松对社会的控制力度下的意义，而是指国家仅仅是社会丰富内涵的一小部分，所以不可能通过强化国家和政府的控制力和职能来实现它所不能涉及的社会目标。从这一意义理解的在人口行为上的强制性制度变迁和诱致性制度变迁的关系就应该是，前者只能补足它那部分制度设置的不足，而对大部分的社会关系中的制度关系，国家和政府不可能通过强化功能和社会控制来加以调整，对这大部分的社会关系中人口行为的规则的转变，只能由个人和自由联合的集体的制度创新行动来完成。因此对于国家和政府制度创新的这一“盲区”，可能永远也无法克服。从图4－6可以看到，在人口行为上，个人和团体的制度创新与国家和政府的制度创新有各自的界限。各自在社会生活中的关系不同，因而，在制度创新行动中各自的角色不同，用经济学的俗语解释就是存在着一种替代刚性。国家和政府完成属于自己职责内的制度创新，为人口行为提供正式的人口行为规则，并且提供人口行为规则的基本框架，但政府不能越俎代庖，进入个人和团体的制度创新领域，强制性进入也许短期可以，长期替代肯定是低效率或无效率的。哈耶克曾明确区分了两种政府的差别“依据规则管理国家的政府，其主要目标是告诉人们什么是他们的责任范围，他们必须把他们的生活约束在这一范围内；依据行政命令管理国家的政府，它的目标是摊派具体义务”①。因而后一种政府行使权力会以个人自由的牺牲为代价。必须明确的是，“真正的个人主义不否定强制力量的必要性，但是都希望限制它，即把它约束在某些范围内……”因此，在人口发展实践中也必须把握一个社会可允许的政府强制力量作用的范围和力度，这种把握的基点是，制度变迁向社会输出的是人口行为的规则，它包括人口法律、政令和人口行为规范、习俗惯例的输出。

在现代社会，人口行为的规范在全面的制度变迁中实现了现代转变，它或受现代人口法律、法令、政策和规定的支持；或在移风易俗的生活方式流变中实现变迁。如人口的婚姻行为从事实婚姻转变为法律婚姻，对人口婚姻行为的道德约束力减弱，人们在法律形式下进行人口婚姻行为的价值判断；

① ［英］F. A. 冯·哈耶克：《个人主义与经济秩序》，北京经济学院出版社1989年版，第18页。

在现代社会，人口的定居权和迁移权的合法性受到了法律的保护，这体现了个人主义的一般原则，这就是在现代社会中，个人有充分的权利选择自己符合法律规则的任何行为方式，只要不损害他人，选择自己适意的生活方式就是符合社会道德和一般行为准则的。在这一现代社会的生活原则之下，现代社会变迁所发生的制度创新的目标，首先并不是以约束、抑制个人行为和多样性追求来实现事先预设的人口发展目标，而是在一种个人主义的追求下，在国家权力和制度对保障个人自主权，包括经济的、政治的、社会的和家庭的自由平等权利高度有效性的结果。没有这一现代制度变迁，现代人口发展将不可能实现。

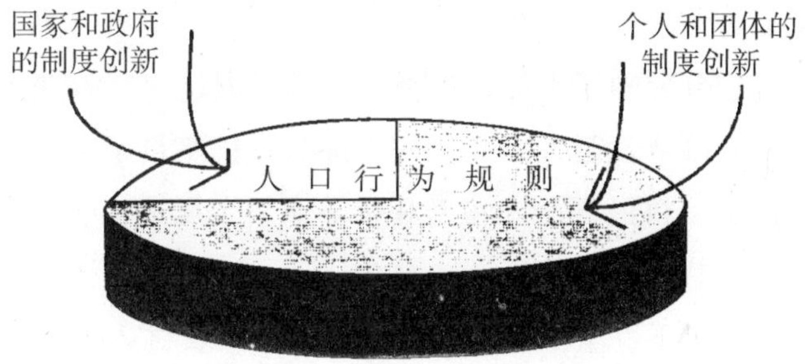

图4－6　人口行为规则的分割

不可否认，一种欠发展的社会状态，人口发展可以通过国家强制引入人口法律、人口政策以弥补诱致性人口制度变迁的不足。但是，把这种强制性制度变迁作为推动现代人口全面发展的主要动力的想法是不适宜的，在实践上也是颇有害处的。任何形式的国家强制，都不可能替代个人在追求人口发展目标上的自主性和创造力。相对于千千万万的个人需求和行为方式的多样性来说，国家强制力是僵硬的、呆板的。国家强制可以补拙，但绝对不能求全。有学者提出“泛人口法”的观点不利于人口立法，并认为法律是无力把众多的人口行为都统统纳入法律轨道的，人口法的范围应是调节直接影响人口进程的人口行为的法律规范，而不是把一切可能影响人口进程的事物都用人口法来调节[1]。

制度创新有外部性和“搭便车”行为。但实际上，制度创新必然会产生某种社会效应。所谓“上行下效”就是指人们的行为方式、举止和处世态度的外部性传递过程。每一种有利于社会发展的制度创新，都将会产生积极的社会效应，为人们模仿和效法。

例如，在我国的改革实践中，农村生产体制和经营方式上的制度创新就产生了外部影响非常大的社会效用。1978 年，安徽凤阳县农民冒着极大的政治风险首次实行联产承包责任制，这一土地生产经营的体制变革明确界定了农民在经营土地时的权、责、利关系，制度创新的主导思想是创建以个人和家庭为产权单位的个人生产努力和利益追求的激励机制。这一制度创新的经济效益是非常显著的，该地的粮食产量大幅度提高，基本解决了集体土地生产经营，统一平均分配制度下的效率低下问题。但这一产权变更的组织成本是非常高的，作为改革发起人的几位村干部与村民签订了生死合同，不惜冒坐牢和杀头的风险，村民须严守秘密和抚养照料亲属遗孤。的确，如此高昂的组织成本在政治禁锢的环境下无人敢为天下之先。凤阳人做了，并取得了成功，在国家的推动下，全国农村都搭上了凤阳人农村体制改革的“便车”。全国农村仿效凤阳农民的做法，避免了政治风险，大大降低了产权变更的组织成本，因而也就大大提高了这一创新制度的扩散速度。中国农村经济制度的变迁极大地推动了农村的经济发展，这得到了不可质疑的认同。

林毅夫认为：“要提高社会主义经济的效率，重要的是要有与生产过程相匹配的制度。”并认为，“证据支持了制度变迁对农业生产具有正效应的假说”[2]。但是如果这一制度创新没有可供借鉴和仿效的外部性，那它的社会效应也将是十分有限的。

三、技术中介因素：内容及创新

制度变迁必然地要引起相应的技术创新效应。任何大的社会变化都必然

① 杨遂全：《中国人口法律制度研究》，法律出版社 1995 年版，第 21－30 页。

② 林毅夫：《制度、技术与中国农业发展》，上海三联书店、上海人民出版社 1994 年版，第 59、67 页。

需要强化手段来保证实现目标，人口发展目标的实现同样如此。技术创新是对社会需要的回应，但是技术创新必须依托于相应的制度设置，必须在制度构架的活动空间从事技术创新活动。没有制度的支持，技术创新将难于实现或不具备普遍的社会意义。

例如，不受知识产权保护的科技发明和创造最终将扼杀发明创造人的积极性。制度创新以明晰和界定技术创新产权（创新利益的分割）的方法为社会提供技术创新激励。社会对技术发展的需要，只是提供了技术活动变化方向的信息，并不能提供如何具体实施的行为规则，产权关系未明确界定之前，人们是无法使技术创新付诸行动的。实际发生的技术创新，必须由制度界定技术创新行为的产权关系，明晰在技术占有、使用上的利益关系和权利、责任。

在实践中，技术创新和制度创新一样，都无法避免“搭便车”行为。因此，制度的设置就更为重要。以制度创新实现对技术创新者产权的合法保护，将有效地减少“搭便车”行为，从而为个人和团体的创新努力提供激励。但是，无论是制度创新还是技术创新的社会效益都依赖于社会应用的广度。一旦制度创新和技术创新成为公共产品，社会中的个人或团体都可以在低成本下应用；因此，“搭便车”行为如果在一种社会规范下发生，则会产生一种后发效应。提高制度创新和技术创新的通用性将导致一种扩张性社会效用，从而对社会发展产生积极影响。例如，中国的四大发明对欧洲的资本主义，资本主义发展的经验和技术对发展中国家，都有非常确切的外部经济存在。

因此可以说，制度创新和技术创新所产生的外部性及“搭便车”行为，只要在不影响创新者的基本利益和权利的条件下，会产生最大的社会效应。在明确界定制度创新和技术创新主体的基本权利和利益后的“搭便车”行为，就应当被理解为规范性“搭便车”。技术创新也同样。第二次世界大战以后，导致发展中国家人口变化的最重要的技术因素是现代医疗卫生技术的引入和推广，特别是对导致人口大规模死亡的急性、流行性传染病的有效控制，使发展中国家的人口死亡率普遍地、大幅度地持续下降。但是，现代医疗技术是外生的变量，它不是发展中国家内部自我技术创新的结果，现代医疗技术作为新质因素引入发展中国家的人口系统，产生了非常大的人口效应，发展中国家普遍发生了由人口死亡率下降引发的人口高速增长。可以看到，技术创新主体的权利和利益必须在有利于激励努力的产权关系下得到保护，但是，社会能够及时地应用和推广创新技术也是追求社会效率所必需的。技术创新产权保护绝对不是技术封锁，技术创新者与社会应用效应双方的利益均衡关系可以用一图式来表达：

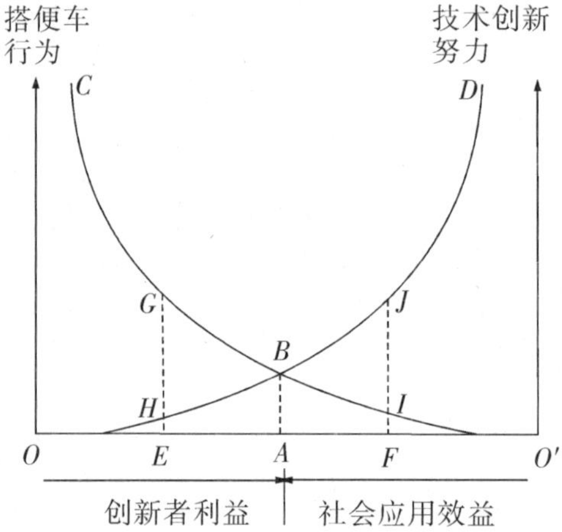

图 4－7　技术创新努力与“搭便车”行为关系图

图 4－7 为技术创新者与“搭便车”者多次博弈产生的社会与个人之间的利益均衡。图中曲线 *OD* 表示技术创新努力，它随着产权界定的明晰程度的增加而提高。曲线 *O′C* 表示“搭便车”行为，一个社会的产权关系的界定越不明确，“搭便车”行为越多，越普遍。但是，“搭便车”行为是一把双刃剑，不加以约束，它会泛滥成为有害行为，损伤技术创新者的积极性；如果只强调技术产权者的利益，产权成为绝对阻止技术外溢的僵化设置，将会导致技术创新社会应用的低效。为既能有效地保护技术创新者的权利和利益，使其技术创新的努力不至于受挫，又能获得最大的技术创新的社会效应，就必须实现一种双方的利益均衡。如图所示，两曲线相交的 *B* 点就是创新者利益 *OA* 与社会利益 *O′A* 的均衡点。此点为技术创新的帕累托均衡。如果“搭便车”行为从 *O′A* 增加到*O′E*，社会的技术创新努力则从 *OA* 退回到 *OE*，“搭便车”行为的增加比技术创新努力的减少多出 *BHG* 域的面积。这导致社会技术创新努力减少及创新利益受损（两者的数量均为 *ABHE* 面积）的状况，从原因上

说，这是由于技术创新产权界定不明晰所致。所以，如果采取加速产权变更的方法以求更严厉地实行保护技术创新者的利益，技术创新努力可以从 *OA* 前推到 *OF*，相应的，“搭便车”行为则从 *O′A* 退回到 *O′F*，虽然社会的技术创新努力获得了面积范围为 *ABJF* 域的增加（比“搭便车”行为的减少还多出 *BJI* 域的面积），但这是以技术创新的社会应用收益的减少（即 *ABIF* 域的面积）为代价的。

技术与科学一样，“并不逻辑地决定目标。行为问题没有科学的解决方法。科学最多只能指出达到目标的有效手段：目标的决定不属于它的范围”[①]。科学和技术都不能解决人口行为的目标问题，它不能为人口行为规定原则，只能为由制度导航的人口行为和发展目标提供有效率的手段。制度对技术创新动力机制的解释在人口技术创新问题上也具有普遍适用性。

在现代化进程中，制度创新为人口技术的创新提供了良好的制度环境，并由此对现代人口发展产生了巨大技术效应。现代人口技术创新产生了三个方面有利于人口发展的技术进步，这三个方面是：人口数量控制技术的发展、人口质量控制技术的发展、人口结构控制技术的发展。

要十分准确地把握现代人口转变的种种技术因素的作用是不容易的，但在一些最基本的事实上我们可以清楚地分辨出现代人口技术的一些明显的变化。

例如，在生育行为上（这总是最吸引人的人口现象），人类人为控制生育行为的痕迹最为明显。几乎所有民族都有某种传统的生育控制技术可供继承。学者研究证实，没有任何一个社会的生育率能够达到生理的极限，极限生育率对于任何社会而言都并不是意味着社会的有效发展，甚至不是生物种群意义上的发展。因此，限制生育率就成为人类的必然选择，这也是人类生育与简单生物繁殖的一个本质区别。生育行为在不同的人类社会条件下被不同的制度所约束，如婚姻制度、家庭和亲属制度都能起到有效控制人类生育的作用；但必须要有必要的技术手段运用到生育控制目标中去，在传统社会中，常用的技术手段在全世界的实践大致相同，人们大量采用的是避孕、流产和

① ［法］雷蒙·阿隆：《社会学主要思潮》，上海译文出版社 1988 年版，第 450 页。

溺婴。在前两种方法上，与今天的差别可能仅仅是控制生育技术中的知识含量的区别。

现代人口转变的成功实践，也许可以认为是人类在竭力追求性行为与生育分离中非常有效地运用了现代技术手段。而在过去，人类一直苦于有效技术手段的不足，并由此而不能不容忍采用非技术手段（如流产和溺婴）对人类的道德准则的伤害。高效避孕节育技术的运用及推广，是20世纪生育控制技术的重大发展，它使人们能最有效地把生育控制在自己的行为选择中。

珍重生命是人类的本性，因此，“健康和长寿几乎具有永恒的价值，任何社会都想尽办法（虽然常常效果不佳，甚至徒劳）来增进健康、避免死亡”①。在这一人口领域，人类的技术创新激励一直都是非常强劲的。但是增进人类健康和延长寿命的技术远比控制生育技术复杂，它需要人类积累更多的知识。因此，在前现代社会，人口死亡率经常处于不稳定的状态，起伏在人口出生率的上下。只有到现代社会，医疗卫生技术的发展才有效地控制了导致人口大量死亡的急性传染病的流行，如对天花、肺结核等流行病的防治，抗生素类药物的广泛推广等都大大降低了人口死亡率。

现代生育率与死亡率控制技术的运用导致了人口再生产类型上的现代转变，它对现代人类发展的意义是非常重大的。

现代技术创新对现代人口发展的作用是全方位的。以人口智力素质的提高来说，现代社会发生的知识急剧膨胀依赖于高科技手段构成的传播媒介。任何知识的推广和传播、教育的推行都必须以高效的技术手段作为信息的载体。资本主义发展的前期，活字印刷术、纸张等成为知识传播的杠杆，使现代国民教育体系的发展有了现代技术构成的基础。随着现代化推进的一系列的技术创新，如电话、电报、广播、电视及家用电脑等等都使现代人能够极大地扩张自己的知识。不具备现代技术条件是不可能实现现代化对高素质人口的需求的。

传统社会与现代社会在人口的地域流动上有非常大的区别，传统社会是以封闭性来定义的，而现代社会则相反，人口处于高度地域流动性之中。在

① 顾宝昌：《社会人口学的视野》，商务印书馆1992年版，第20页。

现代社会，高人口迁移率是有效配置社会资源的必要条件。没有高频度的人口流动就会形成没有活力的静态社会，社会的高速发展就不可能实现。显然，没有现代快捷的交通工具和信息手段，就不能支撑起如此庞大的人口迁移流。

在现代化进程中，引导人们的人口行为变化的制度变迁是必然的，同样地，支持人口行为变化的手段发展即技术创新也是必然发生的，因此，现代人口发展就成为现代化进程中的必然的逻辑结果。既定在现代化进程中的人口发展就是人口现代化，所以人口发展的内容和关系就是指人口现代化的内容和关系。

第三节　制度变迁与人口发展：范式与差异性

一、西方范式的理论分析：制度创新的人口效应

人口现代化范式与非范式的提出是基于内源的现代化（mo - dernization from within）与外源的现代化（modernization from without）在本质特征上的不同。内源式的现代化是由其社会内部发生自主性制度创新和社会变革，在自发的和自下而上的渐进过程中实现的；外源式现代化是在受到外部资本和势力的冲击和压力下，在内部条件不足、自身现代化因素微弱的条件下强制进行社会改造，并由此推动社会现代化建设的。显然，两种现代化路线的路径是有本质区别的。内源式现代化的动力是内生的，以自主性社会变迁实现现代化目标。这种现代化类型是英、法等西欧国家的独特历史过程，其社会现代化及人口现代化都具有完整性，故以范式相称；外源式现代化的动力是外生的，以外诱式社会变迁实施现代化政策，这一类型泛指欠发达国家晚近的现代化。

现代化曾与“西化”（westernization）和“欧化”（europeaniZation）概念混用，很明显，使用者的意图是把具有独特历史规定性的西方现代化过程视为效法的范式，力图照搬照用，推动欠发达国家的社会变革。另一方面，它也反映了现代化历史的客观过程，证明了西方国家的现代化的历史经验取得了现代主流文化的地位，借助于其文化强势对外传播和扩张，由此形成了全

球一致的现代化进程。

但是，全球共同行动的基础是千差万别的，现代化进程的统一性主要体现在社会发展目标的理想化愿望和追求上，它并不能表明各国的社会条件及发展手段和能力的社会文化基础的共同性。事实上，在社会文化、历史传统、国民气质等深层社会因素上，范式与非范式之间存在着较大的差异。这些差异导致两者间现代化特点及性质的种种不同。

考察西方国家现代人口发展过程后，人们会得到一个普遍认同的结论，即：西方国家的人口随着现代化进程的推进，自然地实现了传统人口发展类型向现代人口发展类型的转变。由于西方国家（特别是指西欧）的现代人口发展是其内部自源性社会创新的结果，从现代人口的转变到转变的完成（标准为：人口增长的低位平衡、高水平的人口质量及现代人口结构），西方国家的人口系统的结构变化不依赖外部环境的新质的输入（此过程则普遍发生在发展中国家的现代人口转变中），它依赖于自身社会系统间的相互影响及系统间发生的适应性和支持性变化。因此，可以把西方发达国家的现代人口发展定义为内源式现代人口发展类型或内源式人口现代化。由于西方国家在文化根基及现代发展的本质特征上是同质的，尽管各国在人口现代转变上有一些不同的特点，但我认为这不影响把他们按统一的人口发展范式来归类，以及分析和认识。出于相对应的原由，我把显然是受到外部压力（可以体现为经济强权、殖民和半殖民政策等）引发的外源式现代化国家的人口现代化过程称为非范式。从实践中可以得到的经验判断，范式与非范式之间的现代人口发展有众多的差异性。这些差异性既出自于相互间内部经济发展动力的根本不同，又出自于相互间历史文化根源上的本质差别。而且，以不同的分类标准，会得到不同的结果。

例如，以历史文化根基的同源性来划分，西方文化自成一体，在文化渊源上都同属希腊罗马文化体系[①]。用历史文化标准来解释人口现象，当然可以把西方现代人口发展作为西方历史文化演进的必然结果。如果以此定论，那

① 江畅、戴茂堂认为，近代西方的新的价值观念与古希腊罗马的价值观念在基本精神和基本原则上更为一致和接近。近代西方的新的价值观念是以古希腊罗马的价值观念为主，辅之以基督教观念而形成的。参见江畅、戴茂堂《西方价值观念与当代中国》，湖北人民出版社 1997 年版，第 132－133 页。

么，现代人口发展就是西方国家历史文化的独特现象；历史文化异质国家没有与此相同的历史文化渊源，就不可能实现如同西方国家那样的人口发展。显然这种结论不能为世人所接受。事实上，获得相同的人口发展程度的国家并非都是历史文化上同源的国家。日本就是最突出的例子。日本在现代人口发展上所达到的水平，绝不亚于其他西方国家。它在人口再生产类型、人口素质及人口社会结构上都实现了高度的现代化。然而，日本属于东亚文化圈，历史上长期受儒家文化的影响，具有与同源的东亚国家（中国、朝鲜、韩国等国家）相同的民族气质和文化底蕴。因此，它所实现的现代人口发展，可以证明现代人口发展是一种泛文化现象，它可以超越西方文化区的地理边界而成为全球的共同的人口现象。可以肯定，随着现代化进程在全世界的扩展，现代人口发展将成为世界各国和各民族的共同成果，人口发展在总体水平上的差异将会逐步缩小。

由此得到的结论是：一个国家和民族的历史文化上的差异性不是实现现代人口发展的不可克服的障碍。处于西方外缘的异质文化区的国家和民族可以推动自己的现代化，也可以实现相应的人口发展。但是，仅仅认识到这一步仍然是不完整的。靠经济的发展（如日本等）可以实现人口的现代转变，但这并不能肯定人口发展可以完全脱离自身的历史文化基础，或者说可以完全超脱于自身的历史文化本源。各国人口发展结果上的共同性，不能完全地说明它们在起源、动力机制及过程上的差异，而且，这可能更体现历史文化上的一些本质的关系。因为历史文化的“硬核”是价值观念，它构成人口行为的规范和标准。文化对人口行为的约束发生在人口过程中，人口发展作为结果和目标的实现是人口行为使然。

人口发展的差异性也同样存在于历史文化同源的西方国家中。一些东欧、南欧国家也具有与西欧国家相同的历史文化根源，但并未能顺利实现其现代人口发展目标。这些国家在共同的文化背景下，虽以接近现代文化发源地的便利，却并未获得相应的人口发展，这表明，尽管社会文化如此重要，历史不能被割舍，但许多人口发展并非以社会文化关系为完全条件。主张经济决定论的人会把这一切的差异性归结到经济推动力的不同。事实上，这是非常有说服力的解释。

可以肯定，实现了高度的现代人口发展的国家，其经济也必然达到了高度发达水平，是经济的现代化推动了人口现代化，这一结论是具有不容置疑的事实根据的。获得现代人口发展的国家，即使有文化上的差异性，但经济发展上是同质的。在实践中，以经济发展作为推动力的人口政策更易被接受。但理论还不能在此停止，有些人口现象并未得到全部解释。通常，人口发展的经济分析和解释主要采用经济增长指标；但是经济增长同社会增长、社会结构的变化可以相关，也可以不相关。存在“有增长无发展”① 的社会现象，它提示我们现代人口发展不能仅仅依赖于一种经济总量的增长，经济增长或经济发展必须能够带动社会结构的变化方能产生有利于人口发展的社会效应。

通过上述分析可以得出，推动现代人口发展的原因应该是多方面的。至少我们忽略了构架人口行为模式及基本关系的制度因素的作用。制度是一种社会文化现象，但我们并未回到人口发展的文化决定论上。很多主张人口发展文化决定论的观点把立论的基础放在追溯传统文化的根基上，强调文化上的惰性。制度分析的观点不同，我们不否定制度具有滞后性，但更强调制度创新的作用。这一观点应用在文化关系上，我们所强调的是文化的通变性。从这一角度出发，导致一个国家和民族的人口发展的一个主要动力就是它适应环境压力而产生制度创新和文化通变性。这与强调以“原汁原味”的传统文化来构造社会发展前景显然是大相径庭的。

因此，我理解的现代人口发展上的范式与非范式之间的差异性的关键是，一个国家在现代化进程中制度创新能力及制度创新对人口影响的效应和强度。亨廷顿在分析一个国家的发展能力时指出：“组织和程序的适应性越强，其制度化程度就越高；反之，适应性越差，越刻板，其制度化程度就越低。适应性是后天获得的组织性；概而言之，就是适应环境挑战的能力和存活能力。”② 一个国家缺乏人口发展能力是因为其制度化程度不高，或者说是其组织和程序的适应性太低，缺乏回应环境变化和压力的通变性。马克斯·韦伯把资本

---

① 从人口发展和社会结构变动指标看，西亚石油国家的经济增长与社会结构变动关联性非常低，尽管其人均国民收入达到了很高的水平，但社会结构变动如人口结构变动和发展水平仍然非常低下。

② [美] 塞缪尔·亨廷顿：《变化社会中的政治秩序》，生活·读书·新知三联书店 1989 年版，第 12 页。

主义发展机制的根本原因归结到一种精神即新教伦理的构造上，认为只有从这里才能源源不断地输出现代理性行为的动力。在考察现代政治的发展时，亨廷顿则从制度化程度、社会组织与参与上认识。丹尼尔认为："为经济提供方向的最终还有养育经济于其中的文化价值系统。"[①] 这里可以推及人口发展上的关系和意义是，制度不可或缺，西方现代人口发展是西方国家在现代化进程中社会发生全面制度创新的人口效应。

人口现代化的范式指西欧国家的人口现代化的基本性质和特点。在其人口现代化的进程中，范式所表明的本质关系是：导致其人口发展类型由传统到现代转变的动力是内生的，过程和作用是自发的，变动的动机是自主的，社会动员方式是自下而上的。因此，人口现代化过程与整个社会的现代变迁具有一致性和相互协调共进性。由于其人口现代化的过程是渐进的，伴随着人口转变必然产生的社会撞击和摩擦并不强烈，产生的人口问题不具突发性，故能够较快地被社会的进一步发展所化解。上述观点不应被误解为人口现代化的西方范式不存在问题，在其人口现代化的过程中，人口问题及由人口变动引发的社会问题诸如人口过剩、贫困、失业等一直是人口悲观主义的思想渊源。即便到了高度现代化时期，西方发达国家的新生人口问题也不断地产生，并成为影响其进一步发展的痼疾。诸如人口老龄化，城市病，以及人口与资源环境等一系列问题的解决，在理论上和实践上都未寻找到现成的途径。但不可否认，这些人口问题与发展中国家在人口现代化初始过程中面临的人口问题是不相同的。历史的差距把两类国家的人口问题的性质界定得非常清楚。

发展到高度工业化阶段的人口现代化的基本特征是：人口再生产类型实现了从高位平衡到低位平衡的转变，并长期稳定在一个临界值的增长率上，发达国家的人口增长率为0.1%（见表4－1）；人口素质显著提高，表现在良好的身体素质，高水平的文化教育及符合现代理性的国民精神；合理的人口社会结构，包括人口产业、人口职业、人口地域结构及婚姻家庭结构的现代

---

① 丹尼尔·贝尔关于文化的定义范围小于人类学中涵盖一切的生活方式的广义文化，又大于通常关于文学艺术的狭窄限定，他认为文化本身是为人类生命过程提供解释系统，帮助他们对付生存困境的一种努力。参见丹尼尔·贝尔《资本主义文化矛盾》，生活·读书·新知三联书店1989年版，第21－23页。

转变。虽然这些远不是人口现代化的全部内容和特征，但已经足以以此建构人口现代化的基本框架。发达国家与欠发达国家的历史阶段的差距不是短时期能克服的。这里应该表明的是，这种差距并非是单纯意义的发展阶段的时间距离问题，缩短历史阶段的时间距离并不能全部解决欠发达国家的人口问题。在这里，范式与非范式之间的文化差异与冲突，将导致两者间诸多现代化特征及内涵的不可比拟性。经验表明，现代化成功经验应用的最大障碍是发展中国家不具备与之相称的现代制度体系作为人口发展的载体。现代化原生地向异质文化区的扩散必然产生文化冲突，最主要的是现代制度创新体系并不被传统文化所接受，范式与非范式人口发展的差异性实质上是各自社会中制度创新体制的区别。

表 4－1　1997 年世界人口发展的几项指标比较

类　别	人均国民生产总值＊（美元）	人口出生率（‰）	人口死亡率（‰）	人口自然增长率（%）	婴儿死亡率（‰）	出生预期寿命（年）	城市人口比例（%）
世界	4920	24	9	1.5	59	66	43
发达地区	19310	11	10	0.1	9	75	74
欠发达地区	1120	27	9	1.8	64	63	36
西欧	26760	11	10	0.1	5	77	79
中国	620	17	7	1.0	31	70	29

资料来源：Population Reference Bureau of United States：1997 World PopulationData Sheet.

＊为 1995 年的数据。

西方国家现代人口发展的制度基础是：发达的市场经济制度，科层化、制度化的生产组织，合理的分工和合作体制，普遍的契约关系和契约制度，个人主义、自由竞争制度及社会的多元化和平等化等等[①]。上述特征具有内在价值导向上的一致性。这就是在现代社会中人类行为符合于现代理性的本质特点。人口现代化正是由上述特征及其体现出的本质关系的一个必然结果。

① 罗荣渠：《现代化新论》，北京大学出版社 1993 年版，第 85－86 页。

可以用一个人口发展的关系图式来表达西方现代人口发展范式的特点：

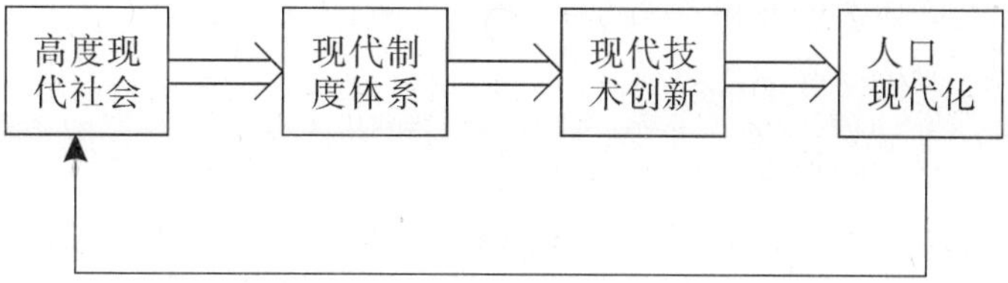

图4－8　人口现代化系统关系的“范式”

发达国家所实现的高度现代化水平，为现代人口的发展提供了一整套较为完备的现代制度体系。他们沿着现代制度体系铺设的人口行为的通道，实现了调整和控制人口的现代技术创新，并依赖于人口技术的进步和发展，实现了人口现代化。

二、发展中国家的困境：制度滞后与人口欠发展

与内源式人口现代化范式所展现的内生性动力源、自发性作用、自主性行动及自下而上的社会动员方式完全相反，后起欠发达国家的人口现代化道路充满坎坷，人口转变的行进路线常常偏离现代化目标。发展中国家人口现代化的实践，由于各国社会历史文化、国民素质、经济发展水平及制度环境不同，故一方面表现出与西方范式的常规转变过程的巨大差异性，另一方面又明显地体现出非范式国家之间人口发展中各不相同的特点。但非范式之间的差异小于与范式的差异，并具有高度一致的反范式特征。这就是，发展中国家的人口现代化都具有依赖外生动力源、国家强制推行、被动式行为及自上而下的社会动员方式等基本特点。这些特点也是发展中国家人口现代转变困境的共同原因。

在人口增长关系上，发展中国家人口现代转变的困境，从直接原因说，是死亡率决定因素上的技术创新的成功应用，与生育率决定因素上的技术创新不被制度环境所支持引发的。在发展中国家，生育率决定因素的现代转变未获得相匹配的制度设置，这种制度设置的缺损导致生育率决定因素上的创新技术低效和失效。制度创新缺乏内在社会环境的支持是发展中国家人口现代转变的最大特点。当代社会，发展中国家对提高人口生命质量的创新技术

的引入及推广比生育控制技术的接受与传播更为快捷、容易，从而导致人口增长加速。人口高速增长的突发性产生了严重的社会后果。人口出生率居高不下成为人口现代转变的症结。

人口素质的提高依赖于社会的综合发展。反映人口素质的指标涉及社会生活的众多方面。因而，人口素质的现代化水平应与社会现代化的总体水平平行推进。在这方面，发展的差异性是非常明显的。例如，欠发达国家的婴儿死亡率是发达国家的7倍。在人口教育方面，欠发达国家只能获得非常少的教育机会。教育落后、人口的文化水平低所产生的社会影响是非常深刻的，人们不仅会因缺乏教育而丧失市场公平竞争的机会和充分发展自身的潜力，而且也将影响家庭和成员的生活选择，缩小了行为主体对机会、利益、目标选择的范围。而在现代社会，人们要面对复杂多变的环境，要根据自己的判断能力和既往经验作出符合自己利益要求的合理选择，实现这一切，教育是不可或缺的。现代社会对国民素质基本要求的关键内容是由现代教育建构的。

伦理道德是约束人类行为的规范。国民精神素质现代化的本质是追求平等、自由、民主和个性的解放以充分展现个人自主创造力。在现代社会，现代精神是一切社会生活领域的价值基础。由于社会历史及文化传统与发达国家相去甚远，发展中国家一直难以摆脱传统的束缚和旧制度的约束。进一步说，发展中国家远未具备现代化建设所要求的思想和文化准备。在西欧，思想、心理态度、文化的现代转变经历了文艺复兴、宗教改革等历史的漫长过程。著名社会学家阿历克斯·英格尔斯认为，一个落后国家要转变为自身拥有持续发展能力的现代化国家，只片面强调工业化和经济现代化是不够的，必须从心理、思想和行为方式上实现由传统人到现代人的转变，使国民具备现代人格、现代品质。发展中国家由于没有充分的市场发育、缺乏民主政治体制和大众社会参与以及广泛的社会契约关系等现代社会机制，现代人格和现代品质的发育无从谈起。发展中国家的人口现代化从根本上缺乏建构现代自由竞争意识、平等观念、敬业精神和创造冲动，以及社会变动适应性的现代国民心态的社会基础。

任何一个社会的发展都必须具备它的道德基础和一个处于核心地位的价值体系。西方国家现代社会的道德基础经历了文艺复兴、启蒙运动、宗教改革等等历史的锤炼，并在相互尊重产权（在洛克的广义产权的意义上，它包括基本人权、基本自由和财产权利）的基础上达成道德共识。现代社会发展的道德基础也同样是现代人口发展的道德基础，即人口思想道德素质的现代转变问题。在传统中国的社会中，资本主义的一些基本要素如市场和交易、财产权利、人身自由及开放性社会结构等等一直存在，但未能发育成资本主义，至少存在一个没有跨过去的伦理道德障碍，即中国人的精神取向不在资本主义，中国现代化进程长期面临的实际问题是资本主义在中国的道德基础问题。中国是社会主义国家，实现社会现代化必然也需要具备相应的现代道德基础①。这同样应该推及人口发展问题上，没有这一道德基础，就不可能获得人口思想道德素质上的质的进步。

发展中国家由于不具备足够的工业化基础及推力，所以，人口产业和职业的现代转变非常迟缓。传统农业仍然是发展中国家国民经济的主导产业，仍然是其大多数人口维持生存的无法割舍的唯一手段。与发达国家相比，反映更深层次社会结构的一些重要方面在发展中国家尤为落后，如人口的婚姻家庭结构、社会组织和关系结构等等因素，仍然与传统社会保持相当紧密的亲和力，现代因素很难全面地进入其深层次的社会生活领域。发展中国家的社会中，现代化因素的微弱与传统性因素的强大都充分地体现在人口社会结构转变的极度困难上。

三、现代人口发展范式与非范式的比较

本书曾经多次表述过现代化是人类社会各个领域和层面全面转变的过程，人口作为一切社会活动的主体也必然在现代化过程中实现全面的转变。因此，反映人口现代化的指标应是综合体系。构建完整的系统的人口现代化指标体系并非本文的主旨，因此，本节仅仅试图在一些单项指标上进行比较，以加深对两种人口发展类型差异性的认识。

通过表 4－1 可以看出，人均国民生产总值是经济发展水平的一个主要指标，可以看到，实现了人口现代化的发达国家特别是西欧已经达到了一个非

① 汪丁丁：《经济发展与制度创新》，上海人民出版社 1995 年版，第 105 页。

常高的水平。发达地区是欠发达地区的17.2倍，西欧是中国的43.2倍。但就所实现的人口发展目标而言，中国则在欠发达地区之上（仅在城市化水平一项上不及）。与欠发达地区人均国民收入水平比较，中国是以更低的经济发展水平实现了较高的人口发展，这说明了在经济手段之外人们还可以有众多有所作为的人口发展空间。中国实现的人口发展可以把它归结为高度的社会管理效率和广泛的社会动员基础的人口效应。但是不能因此认为这是长治久安之策，认为可以采用更为强制有效的手段继续推进我国的人口发展。

在人口增长上我国已经与欠发达国家的人口高增长模式脱轨，实现了较低的人口自然增长水平，一目了然，这是靠计划生育政策取得的成果。与欠发达国家比较，从表中所列的数据来看，城市化水平低是我国的短项。事实上，从表4－1的各项数据以及在此之外的我国人口发展的各个方面状况来看，可以认为我国人口发展的进步是局部的，人口系统内部相互关联的全面发展的局面并未形成。

从表4－1可以看出，中国与发达地区及西欧在各项指标上都存在着相当大的差别，这种差别应当理解为人口发展类别上的质的性状。中国取得的成功，主要是依靠政府推行的强制性人口法令（如生育政策）和高强度的行政控制手段获得的。由于我国过去的成功经验与中国特殊的社会条件和社会动员方式相关，变化了的社会环境使我们不能不在新的时代背景下寻找新的人口发展途径。我认为，我们在这种质的差别中应该把握到的价值内涵是：这里深藏着制度所产生的人口激励机制取向上的性质的分野。西方人口发展依靠市场自发的人口运行机制，行为主体是个人，利益选择的主导权也在个人；我国及其他欠发达国家都在根本上缺乏与此相同的社会机制，我们缺乏自发启动人口发展的激励机制和导航的价值基础。国家强制性干预只能是短期的或者指向单一目标的。

可以肯定的是，国家和政府不可能为社会提供一个精确的、完备无缺的人口全面发展的规划，范式与非范式在人口发展上的差异性的本质所在就是，后者缺乏通过个人努力实现人口发展的自发的社会激励机制。

第五章　中国现代化进程与制度变迁

由本章开始，将转入对当代中国制度变迁与人口发展的实证分析。从本书构架的制度分析的逻辑关系中我们可以理解到，现代制度变迁与现代人口发展相互作用的社会条件是现代化背景，没有这一条件，两者作用的关系就成了无源之水，失去了依存的土壤。而中国的现代化道路经历了十分艰难的历史过程，不在总体上把握这一复杂而曲折的历史过程，就不可能真正地了解我国当代社会制度变迁与人口发展的本质关系，因为，这两者都是我国现代化历程中不可分割的组成部分。

第一节　中国现代化进程

一、中国现代化的曲折历史进程

吉尔伯特·罗兹曼在其主编的《中国的现代化》一书中说道："……众多无比的人口，举世无双的历史连续性以及令人叹为观止的文化创造及其所达到的深度，中国一直使各方人士为之倾倒。"但是，"按发展和成熟的几乎任何一项标准来衡量"[①] 的中国，理应跨入先进行列而未实现，给世人留下遗憾和众多难解之谜。中国的现代化之路充满曲折和坎坷，对中国社会发展问题的认识也左右摇摆，而且在现代化问题的研究中长期被冷落，直到"文化大革命"以后，中国现代化实践问题才"成为举世瞩目的中心"。中国的现代化是一条具有特殊社会背景的历史道路。对中国本土前现代化社会的社会背景和条件，现代化进程中的影响因素，中国现代化发展的模式及速度等等问题

① ［美］吉尔伯特·罗兹曼：《中国的现代化》，江苏人民出版社1995年版，第1－3页。

的研究，都有助于回答现代化条件的规范性问题。

中国的现代化是在外部世界的生存挑战和现代化示范效应的诱发和刺激下启动的。对于世界上大多数国家来说，这是必然的，毫无选择的。中国现代化实践的失败，通常被说成是封建体制的保守和传统思想的软弱，使之无力应对环境的挑战所致。受到现代文明挑战的中国传统文明，在世界文明体系中的中心地位已经失落，但并未及时调整自己在现代文明秩序中的地位，仍然用以自我为中心的“等级秩序”模式来处理对外关系。鸦片战争后，中国与西方列国的一系列冲突，均以中国的失败而告终。伴随着一系列不平等条约的签订，中国被迫向西方国家开放，以中国文明优势为依托的“中国中心主义”破灭，转而接受“西方中心主义”，开始了艰难曲折的现代化之路。研究中国现代化理论的学者认为，“……中国的国际体系和世界观就其本身的强度和耐力来说是无与伦比的，但其内部并不存在能使中国应付得了现代世纪挑战的重大力量源泉”①。在19世纪，阻碍中国成功应对现代化挑战的因素是中国内部的环境，清政府下的中国社会政治衰败、人口增长、社会动荡及经济变化都迫使一个摇摇欲坠的政治制度选择了一种它无法接受的变革和无法应对的外部挑战，发生危机是必然的。但是，这已经不是原来意义上的传统危机，中国在19世纪下半叶的社会危机是在外力影响下的“变化了的回应方式”，源于内部的传统危机与外部挑战叠加形成了中国现代化的反应类型。

中国现代化的最初启动自19世纪60年代开始，晚清的现代变革经历了自强运动（1860—1894年）、维新运动（1895—1898年）和立宪运动（1905—1911年）。改革的内容和目标分别是器物技能层次的现代化、制度层次的现代化、思想行为层次的现代化。虽然这些改革未取得预期的成果，但不能否认它推动了中国现代化的步伐，现代的思想、制度体系及知识结构已经不可逆转地渗透到中国社会的深层。

1927—1936年，现代化速度加快，形成了10年期的持续发展。但是，1949年以前的中国，始终处于现代化发展的初期。这一时期中国现代化的运作背景是：人口过剩压力和资源短缺。中国人口的持续增长发生于现代经济

① ［美］吉尔伯特·罗兹曼：《中国的现代化》，江苏人民出版社1995年版，第58页。

增长之前，加重了中国的资源短缺，中国现代经济增长的起点一直被困在生存线上，处于一种人口“低水平平衡陷阱”。研究表明，中国农业生产的潜力从明代以来就挖掘殆尽，农业技术从14世纪以来就处于停滞状态。珀金斯对中国600年（1368—1968年）农业发展史的研究得出一个结论：到18世纪，中国农业的生产工具没有增加，性能没有改变，生产技术的发展处于停滞状态[①]。中国农业的集约化程度，到18世纪时已经到了边际报酬递减的程度，陷入了农业生产的“高水平均衡陷阱”[②]。罗兹曼的研究也得到相同的结论，他认为中国的农业在高增长的人口压力下，农业技术创新陷入了一种困境：技术的发展专注于更密集地使用劳力的手段，防止土地产出率的衰减，传统农业资本数量虽然在扩大，但所体现出的新技术却少有变化，农业资本的生产率没有随时代的进步而有所发展，农业生产率很低，农业和手工业的资本积累率没有增长。这种局面虽然没有显露严重的经济危机，但堵塞了现代资本的增长道路[③]。中国在前现代社会（1860年以前）的社会和经济状况，没有显示出封建社会势不可当的衰落，它只是社会自我周而复始的一个周期的特征，现代化对于传统中国来说是完全陌生的、异己的文化范畴。

在近代中国的现代化道路上，外国列强的军事入侵一直在危及中华民族的生死存亡，民族危机一直是中国面临的最严重的挑战。为应对这一挑战而激发的民族主义虽然对中国的现代化进程起到了非常广泛的社会动员作用，但是，“民族主义常常淹没了现代化，并使之偏离主航道”[④]。主要以应对外族侵略而动员起来的社会力量，在中国现代经济和政治的建设中没有在规范

① 许纪霖、陈达凯：《中国现代化史》（第一卷），上海三联书店1995年版，第31页。

② 艾尔温认为：“人口压力通过两条途径迫使中国经济落后：它蚕食了小农经济维持家庭生计以外的剩余，使小农无法积累‘资本’；它也把传统农业推到一个很高的水平，但对新式投资，却起到了抑制作用。因此，中国农业陷于一个‘高水准均衡的陷阱’。”参见同上书，第31页。

③ ［美］吉尔伯特·罗兹曼：《中国的现代化》，江苏人民出版社1995年版，第165－166页。罗兹曼认为：定性证据显示，“或许1865年之后农业的确是在发展，因此人均产量当稍有增长，起码也能维持原样”。英国茶叶专家S. 保尔在1848年指出：“中国劳动者的生活水准相当地高出于印度的农民，比欧洲的农民也低不到哪里去。”虽然19世纪的中国经济增长已开始了停滞，但并未发生重大的生产萎缩，“衣食和住房的供给增长幅度很可观，跟上了人口增长的需求……”参见同上书，第161、181、141页。

④ 许纪霖、陈达凯：《中国现代化史》（第一卷），上海三联书店1995年版，第7页。

的运作中发挥充分的作用。封建政治衰败使中国的现代化没有一个强大的中央集权来有效地控制社会的发展；而在反抗外国侵略、封建压迫和官僚政治的社会动员中重新建立起来的中央集权，又以政治统领一切，使其具有至高无上的地位，把国际环境中的政治冲突上升为国家和民族生死存亡的根本。总之，即时的生存问题对于国家、民族及国民都刻不容缓，这是中国现代化主题所不能回避的焦点，也是中国现代化主题一直未能转入主渠道的根本所在。

被内外战争中断的中国现代化进程到20世纪50年代初由新中国政府自上而下地全面推行。高度的社会管理效率、广泛动员的社会群众基础及高涨的建设热情，使中国以自己的方式实践着社会主义的现代化之路。20世纪70年代末，对计划体制效率的否定及市场机制作用的逐步认识，使中国现代化之路重新得到了修正，并以奇迹般的速度证明自己的现代化发展能力。从动力机制上探究发展的原因，改革开放的成果完全可以归结到社会自组织力量及个人发展和创造力的释放所产生的现代化推力。

二、社会主义现代化道路

中国革命的成功，使中国现代化之路驶入了社会主义的轨道。中国近代史上发生的内外危机似乎都化解在政治革命的解决方式中。干扰和抑制中国现代化进程的诸种不利因素如帝国主义和殖民主义对中国的侵略、干涉和强权，政治衰败及国家四分五裂的状况都被较为彻底地排除了；推动现代化的社会条件如广泛社会动员的群众基础，高度的社会管理效率，明确的现代化目标及稳定的社会秩序等都已建立起来。到20世纪50年代初，中国开始了自己独特的社会主义现代化的实践。依赖于高度的社会管理效率、广泛动员的社会群众基础及高涨的建设热情，使中国开始以自己的方式实践着社会主义的现代化之路。

1. 经济关系

新中国政府医治战争创伤的效率是非常高的。被战争破坏和中断了的中国现代化进程，在50年代初开始的“一五”计划期间就实现了全面的启动。在新中国政府自上而下的推动下，形成了1952—1957年的快速经济增长期。

1952—1957 年，中国钢铁工业总产值年平均增长速度为 16%，在 1952—1976 年期间，中国全部工业年平均的增长速度都保持在 10% 左右，生产资料的增长速度大大快于消费资料的增长速度，工业上“惊人的”增长速度正体现了现代化的设计者迅速建立我国的工业基础的现代化发展雄心。1949—1957 年农业所获得的发展被认为是由于对闲置生产要素投入使用的结果，其间粮食生产以高于 6% 的年平均速度增长，棉花产量的年平均增长率甚至接近 9%①。在这一现代化发展时期，中国经济发展的基本模式已经基本形成，即重、轻、农的发展顺序。中国控制国民的消费水平，以保证社会资源向大规模的工业化建设集中。一个实证研究表明，中国工农业增长速度之比在工业化初期阶段是 3.3∶1，在工业化的中期阶段是 3∶1，在工业化的后期阶段是 1.5～2∶1，以此参数作比较，我国在工业化初期阶段，工业快速增长的倾斜最明显②。

三年灾害时期（1959—1961 年），中国现代化进程受到了严重的挫折。对于导致三年自然灾害原因的假说有三种：自然灾害导致农业减产，政策失误及合作社管理不善，合作社规模不当引起的激励问题。林毅夫认为，上述自然灾害假说、政策失误和管理不当假说，以及合作社规模的激励假说与经验证据不符合。他认为“1959—1961 年的滑坡主要是由于从 1958 年秋天开始农民退社的自由被剥夺所造成的”③。对“大跃进”失误的纠正最终落实到否定人民公社供给体制，分配和决算又回到了生产队一级。农业生产体制对生产的激励增加，从而在增加的劳动投入中获得了新的增长，农业产量到了 1965 年恢复到 1957 年的水平，以后直到“文化大革命”结束前的 1976 年，

① 吉尔伯特·罗兹曼：《中国的现代化》，江苏人民出版社 1995 年版，第 426 页。

② 李溦：《农业剩余与工业化资本积累》，云南人民出版社 1997 年版，第 316 页。

③ 林毅夫：《制度、技术与中国农业发展》，上海三联书店、上海人民出版社 1994 年版，第 16－31 页。林毅夫对他的假说的解释是：从 1958 年秋天，集体化的性质从重复性博弈变为一次性博弈，剥夺农民退社自由权利，对合作社的激励结构产生了显著影响。一次性博弈使社员不能以退社来保护自己的利益，也不可能以此来制止他人的偷懒行为。由于不能实现有效的劳动监督，强制性的合作社的劳动激励和生产率都要低于单个家庭农场和自愿形成的合作社的劳动激励和生产率。这一结论是正确的，但林先生忽视了一点，他所引证的可以自由退社的合作社的自愿性质在 1958 年秋以前已经在很大程度上是空有其名了，在中国如此大的范围内，涉及几亿之众的中国农民，在数年之内就几乎完全实现了合作化，这并非农民自愿之举。事实上，中国合作化运动的史料完全可以证实合作化运动的强制性质，尽管在名义上可以自由入社和退社。但事实上发生退社的事件极少，这表明存在一种社会强制，在意识形态和舆论上，农民退社事件都是作为反面形象来宣传的。比较起来，退社的损失更大。

11年间我国农业生产增长缓慢，年平均粮食增长率仅为2.7%，棉花为3.2%，整个1952－1978年的26年间，农业生产的年平均增长率接近2.3%，与其他工业化国家相比，并不算高①。

70年代末，对计划体制效率的否定及市场机制作用的逐步认识，使中国现代化之路重新得到了修正，并以奇迹般的速度证明自己的现代化发展能力。

社会主义的一个基本的信念是：生产资料的私人占有制是阻碍生产力发展的最根本的因素，因此，公有制是发展生产力的必然的选择。中国农村的土地改革使每一户农民都平均地获得了一份土地，这一土地产权变革的经济效应是非常高的。除农业生产要素投入增加的增产效应外，制度变迁的经济效应是不容否定的，而且，农业生产要素投入增加也显然是制度创新所产生的生产积极性激励机制作用的结果。50年代初期中国农业的发展就是一种产权激励的经济效应，但对这一制度激励的经济效应并未得到社会主义制度的认可，公有制信念的进一步强化导致农村生产体制的迅速升级，中国高层决策者确信劳动者集中在公有体制下可以释放出更大的生产力。体制升级到人民公社后，农业生产就在一种“激励扭曲”下陷入低效率状态。体制升级与农业经营单位的规模是正向关系。1956年的高级合作社的平均规模是245.3户，到1958年的人民公社其平均规模就到了5443户，但集体体制没有带来规模效益，相反地陷入了一种“低效率综合征”。胡汝银在评述我国经济体制弊端时认为，由配置低效率、组织低效率和动态低效率构成的低效率综合征是我国传统社会主义集权经济体制根深蒂固的基本问题②。集权经济体制的低效率可以在一组反映我国农业劳动生产率的数据中得到证实：

---

① ［美］吉尔伯特·罗兹曼：《中国的现代化》，江苏人民出版社1995年版，第426页。

② 胡汝银：《低效率经济学：集权体制理论的重新思考》，上海三联书店、上海人民出版社1995年版，第32－35页。

表 5－1　1952—1978 年中国农业劳动者人均产值

年份	人均产值（元）	环比速度（%）	年份	人均产值（元）	环比速度（%）	年份	人均产值（元）	环比速度
1952	226.21		1961	219.66	－15.87	1970	275.63	8.67
1953	267.80	18.39	1962	216.44	－1.47	1971	278.22	0.94
1954	270.73	1.09	1963	234.20	8.21	1972	278.86	0.23
1955	284.39	5.05	1964	256.15	9.37	1973	293.63	6.46
1956	299.55	5.33	1965	270.12	5.45	1974	304.79	2.75
1957	298.04	－0.50	1966	282.68	4.65	1975	316.25	3.76
1958	380.26	27.59	1967	276.96	－2.02	1976	324.21	2.52
1959	312.28	－17.88	1968	260.88	－5.81	1977	330.85	2.05
1960	261.11	16.39	1969	253.63	－2.78	1978	359.70	8.72

资料来源：《中国统计年鉴》（1984），转引自陈光金《中国乡村现代化的回顾与前瞻》，湖南人民出版社，1996 年，第 214 页。按 1952 年可比价格计算。

在 1952 年到 1978 年的 26 年中，中国农业劳动者的人均产值仅增长了 35.2%，年平均增长率仅为 1.57%，同期农业总产值增长率年平均为 3.46%，很显然，这个并不算高的农业发展业绩主要是靠增加劳动投入来获得的。26 年中，有 8 年的人均产值是负增长，集中在“三年自然灾害”时期和“文化大革命”时期，可以推断在很大的程度上是与政治运动有关①。农业劳动人均产值低下与我国的工业化建设的政策倾向有关，我国的工业化长期背离城市化和农村发展的要求。工业化未能有力地牵引人口的现代转变，这也是这一时期我国现代化的最大负效果之一。这段时期中国农业生产的最大特点是，人均产值变动幅度大，起伏不定，增长率低，陷入劳动高投入低产出的“低效率综合征”中。这一农业生产的低效率的性质，被一些学者认为是农业劳动力“配置低效率”和农业生产“组织低效率”。前者的最大失误是农村剩余劳动力向城市转移的正常途径被人为堵塞，劳动力无法实现在城乡之间合

① 陈光金：《中国乡村现代化的回顾与前瞻》，湖南人民出版社 1996 年版，第 214 页。

理配置；后者属于农村集体经济下的体制低效率，最深层的原因是激励机制的扭曲。实际上，两个方面的低效率都是社会主义集权经济体制的共同现象[①]。

中国农业发展的一个中心主题是为工业化创造条件，提供工业化所需要的资本积累。李溦认为我国工业化资本积累对农业剩余的汲取主要采取了三种方式，即税收、“剪刀差”和农民储蓄，其中“剪刀差”的方法是主要的。量化模型测定的结果是：1952—1990 年，我国农业为工业化提供了近一万亿元的农业剩余，平均每年 250 亿元。汲取农业剩余方式的结构是：1952 年，“剪刀差”方式占 52.4%、税收方式占 36.3%、储蓄方式占 11.3%；1990 年“剪刀差”方式占 64.4%、税收方式占 7.2%、储蓄方式占 28.4%。储蓄方式份额的上升表明我国调动农业剩余的方式已经出现了由强制性向自愿性的转换。我国工业化与农业发展关系的基点及产生的结果是：以牺牲农业和农民的利益来换取工业和城市的发展。1952—1990 年，农业以三倍的增长格局，支撑了工业 60 多倍的增长幅度[②]。

传统社会中以农业为主的局面一直延续到 70 年代初才得到改变，1971 年，我国工业净产值超过农业净产值。80 年代中期，我国工业化已显示出第一阶段结束的特征。由此，进入第二阶段的工业化发展应从主要靠农业剩余支持转向主要靠工业自身的剩余积累支持，农业政策的取向应由“农业挤压”转变为“农业平等”[③]，工业和农业平等发展局面的形成将有利于我国现代化进程的全面推进。

2. 政治及社会关系

在国际关系方面，新政权建立后的 20 多年中，中国走过了一条“单干式”的现代化道路。“一五”期间，全面依赖苏联的物质和技术援助与合作，我国初步建立了工业化和现代化的技术和物质基础，并取得了第一个“五年计划”期间的高速发展。但随着中苏在意识形态上分歧的加深，中苏合作关

① 胡汝银：《低效率经济学：集权体制理论的重新思考》，上海三联书店、上海人民出版社 1995 年版，第 12－14、32－35 页。

② 李溦：《农业剩余与工业化资本积累》，云南人民出版社 1997 年版，第 347－348 页。

③ 同上书，第 348－349 页。

系破裂，我国在1960—1970年10年中完全陷入自我封闭状态，这种人为造成的限制竞争和扭曲信息的封闭世界，对现代化模式的形成具有许多重大的影响，它使现代化的方向产生扭曲，削弱了有效借鉴能力，限制着来自外部世界的潜在冲击力。很显然，现代化是必须与外部世界构成一体的，中国的实证也许说明自力更生也可以获得某种高速度，但却不能保证其方向的正确和发展的持续性，特别不能保证经济增长能有效地推动经济结构和社会结构的变动，从而就无法获得真正意义上的现代化。从人口角度上讲，经济结构和社会结构的变动，是现代人口发展必不可少的社会条件。

在非常强的程度上，政治权力演化为全面社会控制的手段，中央集权在体制上孕育成个人权威。“中国在实行集体处罚以及行政和法外制裁方面，甚至比苏联走得更远。”[①] 被日趋强化的集体对个人的控制，极大地限制了人们活动的自由，现代化所依赖的社会流动性被控制在最低的程度。在高度强化的中央集权体制下，它以层层否定地方利益、社区利益、团体利益及个人利益来保证中央目标的实现。当然它并非完全一无是处，尽管它“造成了监视之风，抑制了主动精神，并且削弱了利益集团，但它也使可以利用于生产的资源大大扩大了”[②]。我国政治体制所具有的社会动员、资源利用和调配的能力，在一定程度上弥补了缺乏个人劳动激励的不足，对现代化的建设起过较大的作用。正是由于具有对人力资源和物质资源的高强度的控制力，使新中国政府能够非常迅速地调动起社会资源，并且也达到了它所能够实现的发展速度，尽管这是以资源浪费和效率损失为代价的。我国计划体制的主要特点是追求高积累。在这一体制下，社会资源的浪费非常大，基本上耗尽了劳动力资源和土地资源。发展目标是国家财富的积累而不是国民福利的增长。因此，以重工业为标志的经济增长所实现的现代化是片面的。在计划体制下，对各地方和生产企业的业绩的考核和监督都以产出或增长率为主要指标，不计成本和社会效益，助长了浮夸和浪费之风。

追求平等有正效应和负效应。从全局来衡量，把平等摆在首位的做法是

① ［美］吉尔伯特·罗兹曼：《中国的现代化》，江苏人民出版社1995年版，第607-610页。
② 同上书，第610页。

中国现代化的一个消极因素。对我国的平均主义性质的认识是，我国所实现的社会主义的平均主义是“均贫”，而非“均富”。这里最大的差别是，“均贫”所倡导的是基于一种分配上的绝对平均主义的原则，是一种生产“结果”上的平均，它产生在生产过程上的“偷懒”激励，诸如投机取巧、机会主义及“搭便车”行为。

因此，“均贫”的思想所体现的平等原则与基于自由竞争原则下的机会平等是完全不相同的。前者发生在社会财富分配上，它的激励机制往往通过比较激烈的社会形式或强制性手段来实现，如集体经济时期的“一平二调”政策；后者产生的激励容易转换为个人的生产努力，人们在个人能力与机会的对等关系中投入个人的“最大努力”，这种最大努力的实质是有利于对稀缺资源的有效利用；这两种激励在面对同一恶劣环境时，如“低水准均衡陷阱”，会产生完全不同的应对方式和结果。对于前者，摆脱困境所需的“临界最小努力”将非常难以获得，因为它在制度结构上缺乏生产激励，“临界最小努力”所需的外部资本和技术不被人们的习惯行为所接受。而且，打破“低水平均衡”所需的外部“最小努力”的引入是需要成本的，如果创新收益得不到明确的产权界定所提供的保护，就将阻碍个人努力。因此，阻碍引入外部“最小努力”的制度障碍也正是“均贫”产生的制度环境。不能从体外循环中获得打破均衡的动力的缘由，是在于制度构架了体内自我循环的封闭系统。而由“均贫”到“均富”的过程的必然途径恰恰是要打破平均主义，而这正是传统社会主义的基本原则所不能容许的。可以说，我国社会转型时期的经济改革就是从这里开始起步的。“均贫”条件下只能对人口行为产生一种非现代性的扭曲，因为它所产生的努力激励是发生在分配环节上，这与依靠生产努力激励而实现的人口发展是背道而驰的。

突破中国的“低水准均衡陷阱”，不是靠引入资本和技术的“外部刺激”，而是受不可抑制的潜在经济利益刺激的制度自发演进（诱致性制度变迁在先，强制性制度变迁在后）。在一种意识形态和社会政治的高压下，农民曾多次自发地探索经济体制变迁的途径。1956 年浙江永嘉县委副书记论证了包产到户是解决合作社内部矛盾的好办法，并加以推广。1957 年夏季浙江温州有 17.8 万农户（占入社农户的 15% 左右）搞了包产到户，半年后就被批判和纠正。1961年到1962年上半年，全国不少于20%的生产队采取了包产到户和类似的做法，1962年的北戴河会议批判了包产到户的做法。1978年，四川广汉和安徽凤阳农民再次尝试搞包产到户，选择的这一时机和背景成了触发中国解决经济问题的导火线①。有人认为，农村经济体制改革开始后，"尊重农民的选择已经成为政策操作上的主要原则"②。这里表达了一个非常重要的思想，我国政策上的制度创新的基点在逐渐地转移到群众的制度选择上，或者说，个人的制度创新在越来越多地成为社会发展的推动力。个人制度创新能力及社会激励机制的建立是现代人口发展最根本和最重要的动力源泉，因此在进行人口制度分析时，个人创新能力的提高和社会激励机制的建立显然是我们探讨制度变迁与人口发展的基点。

三、社会转型期的现代化实践

中共十一届三中全会是我国现代化实践不同道路的时期分界。在分界之前的20多年中，现代化的目标一直受到政治目标的干扰，很难保持现代化目标的连续性。现代化目标的内容以物质技术的发展为主线，并通过廉价的资源要素（人力、自然资源）的投入来换取。这一现代化模式的最大弊端是把现代化认作是单一的物质技术层面的发展，否认现代化是多层面的、社会全方位的发展和转变。例如，最明确的、最具全面性的现代化目标是在全国人大第四次会议上提出的，即工业现代化、农业现代化、科学技术现代化和军事现代化。这一现代化的目标，所能包涵的内容仍然只限于物质技术层面，至于制度层面、政治层面、文化层面、伦理价值观念层面及人口层面的现代化都未列入现代化目标。导致这一现代化模式的思想根源是，把社会主义制度下的社会当做是在制度体系上、思想意识上、观念和行为上已经实现了超前的发展，所缺乏的只是工业化所需的物质技术基础。但是即便是这一片面的现代化目标模式也未能保证它的正常运转，经常被政治上的和意识形态上的运动所中断。也正因为以经济建设为中心的现代化目标常常被扭曲，重新

① 中国农地制度课题组：《中国农村土地制度的变革：中国农村土地制度国际研讨会论文集》，北京大学出版社1993年版，第13-16页。

② ［美］吉尔伯特·罗兹曼：《中国的现代化》，江苏人民出版社1995年版，第607-610页。

端正这一目标也就成为改革的主题。

以经济体制改革为契机的新时期现代化道路如果仅仅局限在物质技术上是不可能保持其发展的持续性的，现代化应该是全面的协调一致的社会变化。从改革开放近 20 年的现代化实践看，目标设置已经多层化，尽管在认识和实践上还不能完全体现出来，但改革后现代化的目标模式已经具有了多元化的实际内容。基于这一认识，对改革开放以来的现代化的成果、进程及不足的判断就应该是多层面的。我们可以从政治结构、经济结构和经济增长、社会整合四个方面对我国社会转型期的现代化进程作出初步的分析。

政治结构：中央集权在现代化实践中是必须的，它是保持社会稳定和实行宏观控制的基础，这一思想的基础仍然是牢固的。在改革开放进程中，伴随中央经济权利的下放，经济决策上市场机制逐步发挥作用，政治体制改革滞后对经济的掣肘作用越来越显露。在干部选择上，忠诚和坚定的信仰仍然是基本的条件，但以年轻化、知识化、专业化标准遴选人才的用人原则得到了强化，公务员制度所体现出的社会性和公开性具备了组织结构上的部分现代特征，虽然政治体制改革未能如期全面展开，局部的改革及成果还是有的。从现代化的历史经验来看，政治与经济应该分离为两个功能独立的、专一的社会子系统，政治系统输出的权力“产品”对社会要起到宏观控制的作用，但政治权威在现代生活中应该是有限度的，政治与经济及社会生活的其他系统要实现良性互动关系。政治改革的目标是建立现代民主政治，使它与社会主义市场经济形成良性互动和协调关系。现代市场原则的实质是经济民主，而经济民主必须要以政治民主作为基本保障。

经济结构和经济增长：中国改革的最大成功体现在经济发展上。1978 年后的 20 年中，中国经济实现了高速度的持续增长。1979—1994 年的 15 年中，我国经济达到了年平均 9.5% 的持续高增长。国民生产总值的总量已经位居世界第 3 位。人均国民收入 1997 年到达了 620 美元。国内生产总值从 1978 年的 3588.1 亿元上升到 1994 年的 43800 亿元。按可比价格计算的国内生产总值的年平均增长速度，1978 年到 1994 年的 16 年间为 9.44%。1994 年我国城镇居民的人均生活费为 3179 元，按可比价格计算是 1978 年的 2.74 倍；农村居民的人均生活费 1994 年是 1220 元，为 1978 年的 3.56 倍，城乡居民的人均生活费收入的差距在进一步拉大，两者的比例由1978年的1∶2.38扩大为1994年的1∶2.61[①]。改革开放以来，城市居民改善生活水平的步伐仍然快于农村居民，证明城市居民仍然占有较多的社会资源。持续的经济增长带动了经济结构的转变。农业生产总值占国民生产总值的比重，由1978年的28.4%下降为1994年的21%；农业劳动力占全国社会劳动力的比重由1978年的70.5%下降到54.3%。经济结构变化最快、最引人注目的是改革以来农村经济结构的变化。这种变化主要由两方面的原因构成：一是农村乡镇企业的兴起，使农村产业从单元性经济结构转变为多元经济结构，并由此导致全国产业结构的现代转变；二是农业剩余劳动力向城市转移，加速了中国的城市化进程。农村乡镇企业的发展是我国1978年以来经济增长的主要因素。1978年到1993年，我国乡镇企业总产值每年平均增长率为33.4%，乡镇企业上缴国家税金每年以33.2%的速度增加，近些年出口额也以较快的速度增加。这些方面的增长都大大快于国民经济的增长速度。同时，它也在迅速地改变着农村的经济结构。从1978年到1993年，农民的生产性纯收入中，非农生产收入所占份额从7.64%增加为32.46%，已经成为农民生产纯收入中的一个重要来源[②]。具有现代意义的非农产业和生活方式已经成为农村人口的重要生产目标和生活需求。

社会整合：社会整合通常用社会结构状况的多方面指标来反映。基本指标有人力资源、定居格局、组织状况、人际关系。改革开放后，我国现代化的成果主要体现在由上述指标构成的社会发展上。联合国提出的“经济发展与社会发展的均衡”的观点，把克服经济发展的障碍称为社会发展，这些社会障碍主要是人口约束因素、社会制度因素和个人因素。纽曼和汤姆森把反映社会发展水平的基本需求的前期满足程度及对后期的经济增长有重大推动作用的社会发展称为“福利先导的因果关系”。因此，必须以社会发展指标衡量现代化的发展水平。改革开放以来，我国社会结构究竟发生了些什么变化？这些变化是否真正体现出经济发展与社会发展的均衡关系？

---

① 郑杭生：《从传统向现代快速转型过程中的中国社会》，中国人民大学出版社1996年版，第296－297页。

② 陈光金：《中国乡村现代化的回顾与前瞻》，湖南人民出版社1996年版，第232－235页。

第一，人口的变化。对人口变化的考察可以分三个层面，人口数量、人口质量和人口结构。在人口数量上反映了两种关系，一个是人口生命质量的提高，另一个是人口生育的控制。人口生命质量的提高和人口死亡率的下降是新中国成立以来（除1959—1961年）的连续过程。自70年代以来，生育控制政策逐步得到完善并继续保持稳定，确立了为经济建设服务、满足群众需要的合理的定位，“三结合”① 已成为计划生育工作的基本方针。人口出生率、人口死亡率和人口自然增长率已在趋向“三低”水平。1997年，我国的人口出生率、人口死亡率和人口自然增长率分别为17‰、7‰和1‰，处于一个较低的水平。总和生育率已降到更替水平以下，根据1995年1%人口抽样调查，1995年总和生育率为1.85。改革开放以来人口结构变化的主要特点是人口的城镇化和非农化加速。第一产业就业人口的比重由1982年的73.72%、1990年的72.24%下降为1995年的69.64%（13年下降了4.08%）；第二产业就业人口的比重由1982年的15.81%、1990年的15.18%下降为1995年的15.05%（13年下降了0.76%）；第三产业就业人口的比重，由1982年的10.47%、1990年的12.58%上升为1995年的15.31%（13年增加了4.84%）②，人口结构的现代性在增加。在中国城市化发展的三个阶段中，1978年到现在是城市化的迅速发展阶段，城市化水平由1978年的17.92%上升为1997年的29%，而在1949—1977年的28年中只上升了6.9个百分点（由10.65%上升到17.55%）③。

第二，社会分层及社会流动。“文化大革命”结束后，以阶级作为社会分层标准的做法在理论和实践中都失去了市场。在经济改革过程中，社会职业的多样化、专业化程度的提高为新的社会分层提供了依据。但我们仍然处于“二元”社会结构下，最基本的社会分层的方法仍然是把社会阶层结构分为农村人口和城镇人口，因为这仍然是我们识别一个人的基本社会关系的主要标

① “三结合”指“农村计划生育工作与发展经济相结合，与帮助农民勤劳致富奔小康相结合，与建设文明幸福家庭相结合，”参见《中国计划生育工作手册》，中国人口出版社1996年版，第1页。

② 中国人口学会：《第23届国际人口科学大会·中国人口论坛文选》，北京，1997年，第54-55页。

③ 郑杭生：《从传统向现代快速转型过程中的中国社会》，中国人民大学出版社1996年版，第268-271页。

准，它具有在国家福利政策、就业机会、定居格局、生活方式以及思想意识上的认同感等等方面的结构差异性。改革开放以来，原来僵化的城乡分层格局开始松动，农民在本土的职业和身份转换（通过乡镇企业），以及农民大量涌入城市打工就业，使城、乡人口的社会分层界限出现了相当程度的模糊，我们已经不能在农村人口或城镇人口的标签下获得可供判断和识别其诸多群体特征，如职业、生活方式、居住地乃至思想意识和伦理价值观念的完整性特征。“二元”社会结构的坚冰虽然仍未彻底打破，但社会结构的开放性和流动性已经使现代因素急速地增长。社会职业分层正在取代传统的身份社会分层，它过去曾以阶级属性定标准，现在仍在很大程度上以户籍为依据。从历史角度讲，开放性社会结构是中国的历史遗产，它曾经产生强劲的个人激励，在社会中潜藏着个人奋斗和追逐功名利益的具有普遍意义的国民基础。如果实行一种封闭的社会分层原则，必然压抑个人努力和创造性，从而无从产生社会对个人的凝聚力，现代化也无从构建它的完备的动力系统。

第三，社会组织。在社会系统中，存在着三层组织格局。一层是家庭，它在社会的最基层；一层是国家组织，处于社会的顶端；处于两者之间的是中间组织，它在家庭的拉力和国家的推力下取得平衡。现代化实践需要社会组成完备的社会组织结构，相对于社会整合的其他指标来说，改革时期的我国社会组织发展程度较差。我国传统社会中，连接国家与家庭的组织纽带欠缺，社会处于中介组织结构上的真空状态。在社会基层，社会稳定是靠扩大的家庭关系来实现的。在1949年以前，中国社会缺乏有利于现代化目标的组织结构。1949年以后，共产党政权在创建中介组织上的努力主要以强化社会控制为目标，但对家庭组织结构没有产生带根本性的触动，主要在农村，家庭、家庭关系和家庭伦理仍然是个人行为及规范的出发点。改革开放以来，我国社会形成了有利于新的家庭组织和中间组织发展的社会条件。在家庭关系上，人们流动性的增加，使传统家庭血缘关系对家庭成员的控制力弱化，人们现在更多考虑横向社会关系对自己职业活动的有利性。从改革以来的实践看，传统家庭组织的解体及现代家庭组织的构造都加快了速度。在社会转型期，存在着两种推动力加快现代家庭组织的建设，一是在市场经济条件下，人们的职业和地域流动频繁、社会交往扩大，使家庭的生活方式及观念多元化；二是社会对个人私生活和家庭生活的控制弱化，个人选择自由度提高；三是家庭结构的“核心化”使传统家庭关系中的纵向控制势微，横向牵制减弱。这些都有利于家庭结构的现代发展。

社会转型期为中介组织发育提供了良好的社会环境，主要在经济领域，市场经济的建立与逐步完善为大量的经济自组织结构的创建提供了条件，公司、企业等自主性经济组织成为社会整合的主要组织手段，人们依托于此，对下尽家庭责任，对上行国家义务。可以认为，经济自组织结构的发育，不仅填补了历来我国社会组织结构缺乏中介组织的缺口，特别是农村自从集体经济体制解散后社会控制力度微弱，方式简单的组织缺口，而且为社会其他领域的自组织结构的发育提供了非常有效率的组织规范。很显然，社会自组织结构对其成员的控制力不是来自系统外部，与传统社会主义的社会组织规范不同，它不接受系统外部的强制性控制，它不以外界服务优先为组织原则，它的动力结构来自组织内部的利益取向，并以个人努力激励为主要目标。我国政府过去把社会组织当做国家控制个人行为的手段，认为自发社会组织都必然有一种政治倾向，并在意识形态上会产生与国家政治目标的不一致性，因此中介组织被严格控制和防范，最终都成为政治一元化下国家组织的附庸。

中介组织的缺损将会严重阻碍现代化的发展。我国新时期现代化进程的基本要求是：要在组织上形成具有稳定的个人内聚力的家庭、灵活的专业人员管理的中间组织与国家宏观控制融为一体的社会组织结构。然而，社会组织协调一致的目标是实现更高的经济效率，实现目标的具体途径只能是通过社会组织来实现对个人努力的激励。家庭对社会整合的作用即使在今天的现代化实践中也是非常重要的，这不仅在于它所能产生的个人聚合力及努力激励，还在于在现代社会保障基础不完善的条件下，家庭组织的功能对社会的稳定和秩序具有不可替代的作用。

朱庆芳曾用一组综合社会指标体系对我国20世纪90年代以来的社会发展水平进行对比评价。基于经济增长不等于社会发展，物质富裕不等于文明幸福的认识，综合社会指标体系的构架致力于全面反映社会的发展状况，用一套科学的指标体系和计算方法来测定及评价一个国家、一个地区社会发展的不同侧面和整体发展水平。指标包括相互制约的四个子系统，即社会结构、人口素质、经济效益、生活质量。测定的结果是，我国在1990年居世界120个国家的第70位。其中各个子系统的得分结果是：人均国民生产总值居世界第96位；社会结构指标居世界第98位；人口素质指标居世界第56位；生活质量指标居世界第46位[①]。如果分别从各个子系统在世界的地位而言，经济增长与社会结构指标最落后。对我国社会综合发展水平，如果以人文发展指数[②]来测定，根据1990年联合国《人文发展报告》，中国在世界列第65位[③]。上述两种社会发展综合指数基本反映了中国目前的社会发展水平。对于我们认识中国现代化道路上经历的成功与失败，特别是对改革开放以来实践的认识大有益处。因为，综合社会发展指数基于新的社会发展观，用以指导社会现代化的实践会对克服单纯的经济增长观大有好处。

第二节　当代中国社会的制度变迁

中国近代史上的制度关系及制度变迁，是认识当代中国制度变迁与人口发展基本关系和特点的不可缺少的历史背景。

一、现代制度变迁的历史道路

中国现代制度变迁可分为两个部分：一个是正式规则的变化，一个是非正式规则的变化。前者国家是制度创新主体，是中国现代制度变迁的供给者；后者个人是制度创新的主体，由民众开天下新风。

由朝廷推行的中国现代制度变迁是从举办新政开始。1901年，亡命西安的清廷发布上谕，“极言积弊之深和改革之迫，并令臣工酌情中西政治，举凡朝章、国政、吏治、民生、学校、科举、军制、财政等，均可各陈己见”[④]。设立制定各项新政措施的机关，全面开始新政。主要的几项制度改革是：

---

① 朱庆芳：《社会指标的运用》，中国统计出版社1992年版，第29－37页。

② 用平均预期寿命、成人识字率及人均国民生产总值综合计算的生活质量指数又称人文发展指数。

③ 同上书，第29－30页。

④ 许纪霖、陈达凯：《中国现代化史》（第一卷），上海三联书店1995年版，第212页。

教育改革：改革的核心是废除科举和旧式教育制度，举办新式学校和提倡新学。科举制长期以来对我国的政治、经济、文化等多方面都有非常重大的影响，它对中国社会整合起着关键的作用。但到清末，因无法适应新的社会需要，已显示出衰败之势。在中国传统社会，科举制度是构成阶级开放性社会的重要基础，也是具有现代科层制形式的社会精英遴选制度，它对形成中国社会结构流动和具有普遍意义的个人努力激励机制是非常重要的。在中国传统社会，"没有任何法律障碍去向上或向下流入任何一个主要社会阶层的途径"①。通过科举博取功名是任何一个社会成员只要努力都可企及的目标。统治者竭力推崇万般皆下品、唯有读书高的思想，科举成为在任何地方，对任何人都具有重大意义的努力目标。寒窗苦读可以改变一个人、一个家庭甚至一个家族的历史命运，这无疑是最大的个人努力激励。它可以使家庭中通常需要数代人才能积累起来的财产、声望和社会地位的变化在一代人间完成。对于政府来说，科举制度不断地为社会提供它所依赖的社会精英集团。在科举制度下，追逐官职和功名的欲望是如此强烈，使中国传统教育发展到了一个极高的水平。据研究，18、19 世纪中国人口"大约有 30% ~45% 的男性和只有 2% ~10% 的女性具有某种程度的读写能力"②。从全社会来看，虽然受教育存在一定的社会限制，但是不存在教育机会和资源分配的垄断性质。由于科举在选拔官员的制度化程序上与现代西方官僚体制极为相似，有学者说："作为一种制度，很难说科举就缺乏变革的潜力。"③ 但是，科举制度及旧学教育体系肯定不可能承担现代教育的任务，改革势在必行。1898 年废八股，科举考试的传统文体被改变，1905 年废科举制度，中国教育制度及行政管理体系发生根本的改变，现代教育制度和体系由此成蓬勃之势。1909 年全国有学堂 52343 所，学生 156 万多人。现代教育体系的确立，使中国在能力报酬和社会地位、声誉认可上发生了根本的制度转变，人们只有在新的教育体制中学习新知识，才能实现上攀的成就取向。新学形成了一个新的求知激励及取向，大批青年出国留学，形成了一支科技人才队伍，为中国的现代化奠定

① ［美］吉尔伯特·罗兹曼：《中国的现代化》，江苏人民出版社 1995 版，第 194 – 195 页。
② 同上书，第 187 页。
③ 同上书，第 246 – 253 页。

了基础。

政治改革：中国在意识形态上及伦理上认同中央集权，“……中国最高权力必须是中央集权，还必须至少能标榜着道义”的普遍观念，没有从根本上被动摇过。在国外强权政治的压力下，中国的政治加速衰败，正如罗兹曼所说：“清代中国在政治上退步了，在面对19世纪现代化挑战时，它所能够运用的政治资本少得可怜。”① 中国政治的现代化改革开始于清末的立宪运动。1906年9月清政府宣布“仿效宪政”，诏令“大权统于朝廷，庶政公诸舆论”②。1910年中央官制改革全部完成。中央官制改革的积极后果是：行政、立法、司法三权分立原则受到了重视并部分地得到了执行。这次官制改革，开启了中国国家体制现代化转变的进程。

法律改革：中国是一个礼教伦理与传统法律合一的国度，以礼治国，辅之以法律。法律的运用程度、司法独立的程度及其职能的专业化是我们理解社会制度资源的重要因素。在传统中国，没有发展起独立的司法制度，也没有法律高于一切的概念。传统社会中有一整套契约和法律条款，但在观念上耻于对簿公堂，政府鼓励在发生纠纷时以调解和斡旋的方法解决。与中国传统社会结构和政治结构早熟特征不一样，中国的法律制度缺乏早熟性。在中国传统社会，非法律手段在维持社会价值及稳定、削减社会冲突上的重要性甚于法律手段。西方列强强加给中国的领事裁判权，使中国司法主权和法律制度的完整性受到破坏，也使国民体会到了一种全新的现代法律制度。在新政期间，清廷着手修改旧律例和制订新律例，9年间（1902—1911年）完成的法制改革“其变动内容之广泛，变化程度之剧烈，甚至已经远远超出了改弦更张的当道者乃至主张改革的立法者自己的想象”③。新政期间的法制改革运动为我国现代法律制度的发展开拓了道路。

中国的传统文化是在社会价值系统与政制系统的高度整合上实现的。在清朝末期，中国传统文化在西方文化的冲击下发生了转变。1895—1911年是新旧文化的转折点。体现现代精神的价值观念、伦理道德及思想意识形态引

① ［美］吉尔伯特·罗兹曼：《中国的现代化》，江苏人民出版社1995年版，第329页。
② 许纪霖、陈达凯：《中国现代化史》（第一卷），上海三联书店1995年版，第326页。
③ 同上书，第240页。

入中国，导致新旧两种文化的冲突和紧张。这种冲突的结果是导致了意识形态的多元格局，以及思想文化上的失序。封建帝制的崩溃，打破了传统社会整合的文化基础，而新的社会价值体系尚未建立，新旧文化在社会结构和价值系统上产生了相互对峙的紧张状态。在集中了中国大多数人口的乡村，社会整合的基础仍然是以家庭家族伦理为本位的旧价值系统，但是，影响人们的观念、行为的伦理道德及价值信仰已经失去了政制和行政支持，从而丧失了原有的神圣性和规范力。我国社会价值系统的重建在辛亥革命后的长时期内并未完成，中国走上了文化的多元分殊道路，任何一种价值系统都很难得到社会的普遍认同而成为社会规范。国民信仰中的权威归属，在传统的家庭中仍然被保留着，但超出家庭家族以外的权威处于变化状态。中国文化变迁为构造现代社会的行为规范提供了价值基础。

二、"二元"社会结构下的制度关系

认识我国社会制度变迁的特点离不开一条基本线索，这就是"二元"制度关系。"二元"制度体系是中国近代史中一个连续的、至今没有中断的历史过程。中国社会的"二元"经济社会结构起源于19世纪60年代，这也是中国"二元"制度结构的开端。《中英南京条约》给传统的中国社会既带来主权的伤害（领事裁判权），又带来了具有现代通商贸易国际规范的条约制度，成为中国发育现代制度体系和现代经济的契机。因此，中国的现代化及"二元"经济社会结构、制度结构的形成都是奠定在条约制度上的。条约制度及在条约制度影响下产生的制度现代化动力成为"二元"制度结构中的"一元"，长期影响中国现代社会的"二元"制度结构。

中国传统社会是城乡一体的一元经济社会结构。中国的城市从来都不具备与欧洲城市相同的性质和意义，不可能形成与乡村的对立关系。在传统社会，中国的城市只是乡村的延展。通常认为，现代城市在中国难以产生是由于缺乏农村剩余、未能发育起城市自治组织及国家强制堵塞城市发展等等。一种非常有价值的观点是：中国传统社会在最基础的乡村一级有较为丰富的市场机会，在农村市场体系中有高度的地方物质流通，中国市场聚居点的人均数在19世纪为1.2万至1.3万人，超过当时日本和俄国25%[1]。中国农村社区存在着大规模的资源交换，减少了农村资源的短缺，但也没有更多的剩余供给城市，这种状况在促使农村人口增加的同时，也导致定居城市可取性的降低。在农村定居的可取性可以有多方面的理由，村庄的相对稳定和繁荣，有较多的就业机会和不差的收入，富人及其财富等社会资源都集中在农村，以及农村居民较城市居民的舒适的生活条件和地方物质交换的繁茂等，都导致了农村定居的取向。

而在另一方面，中国传统城市只取了其传统权力的象征意义，而放弃了吸引人口定居的现实性，它没能像后起的日本和俄罗斯的城市那样，成为国家现代化的主要的推动力。在没有外力强制性引入现代城市制度关系以前，中国城乡制度关系的一统性从来没有被动摇过。沿海口岸城市在条约制度的刺激下成为中国现代化的发育地，而在农村及内地城市仍然固守传统的制度关系，中国制度的一统关系被分割为“二元”。这一制度格局在特定的社会条件下转变为城市与乡村在制度、社会结构和经济结构上的对立关系。在严格的意义上，延续到今天的我国城乡“二元”社会结构已经不是刘易斯“二元”理论所含的意义。刘易斯的“二元”经济论的前提是农村劳动力的转移是一种市场行为，农民的迁移决策的有效性没有制度障碍，或者说城市是开放的，它对迁移者没有先验的制度上的歧视。“二元”分别代表农村一元的传统经济和城市一元的现代经济，农村过剩劳动力对城市现代部门的劳动力需求可以无限供给。对刘易斯模型的改进，如舒尔茨强调农村现代化发展对农村劳动力转移的影响，城市的劳动力市场划分为正式部门和非正式部门的“三部门”观点等等，都是从劳动力供求关系的角度来阐述问题的。中国的“二元”制度结构的特有现象没有得到相应的解释。1949年以后的中国城市的发展政策，没有始终如一地追求现代要素的增长，而是以抑制消费和服务需求来实现资源短缺经济下的供求平衡。在全国范围内实行户口登记制度、严格控制迁移和流动、知识青年上山下乡及工作分配的终身制等，被认为是

① [美] 吉尔伯特·罗兹曼：《中国的现代化》，江苏人民出版社1995年版，第210－211页。

以非现代因素补拙，阻碍了中国城市化的正常进程①。中国“二元”制度结构关系的变化如图5－1所示。

通商口岸获得了条约制度所提供的现代化发展的条件，特别是在市场组织体系的发育上，它完全有别于由官僚倡导的非制度化的工业化运动。“洋务运动”的历史命运主要源于它的非制度化机制，是官商而非市场行为。通商口岸在推动中国现代制度的发展上就起到了不可替代的作用。以上海为主要基地，口岸城市发展起一整套现代制度体系，包括发育得较为成熟和规范的现代市场体制、金融体系、税收和决算制度等，成为规范性运作的制度体系。从中国城市的现代发展的动力机制上说，中国传统城市向现代城市的转变是口岸城市引入的条约制度，并导致和形成了我国区域经济发展的基本格局。

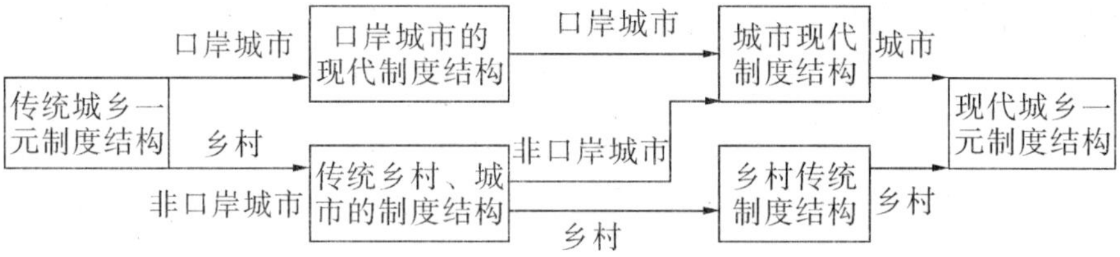

图5－1 中国“二元”制度结构变化示意图

50年代以后，缩小内地城市与沿海城市的构想已经在第一个“五年计划”中推行，但并未在根本上触动两者间的巨大差距。60年代开始的“三线”建设把经济发展的重心再次向内地城市推移，但现代城市发展所必须依托的市场制度此时已经不复存在了，经济短缺使国家关上了城市的大门，城市政策的目标转移到：一是压低城市消费和服务需求；二是实行户籍制度，严格控制城市人口；三是实行逆城市化政策，采取知识青年“上山下乡”、干部“下放”、家属“遣散”等办法减缓城市压力。一个研究认为：“限制城市增长是现代中国的一个基本而又显著的特征，它符合最大限度地使用劳动力以求最大增殖，同时又将消费压到最低限度以避损耗的发展计划。”② 在户口登记、口粮供给、迁移控制等等整套城市控制政策下，城市和农村成为高度

① 吉尔伯特·罗兹曼：《中国的现代化》，江苏人民出版社1995年版，第491页。
② 同上书，第492页。

封闭的两个经济和社会单元。在中国现代化进程中，长期得不到现代因素输入的农村更加重了它的封闭性，堵塞了农村现代化之路，也导致在多方面都表现出反现代性的人口变动倾向，构成了非常特殊的当代中国人口变化的时期。

新中国成立后我国城市化有过三次大的变化。在1960年以前，国家推行工业化进程，农村劳动力大量进城参加城市建设。“一五”计划期间城市人口增加了3000万，其中1700万左右是农村人口；1958—1960年，增加的3000万城市人口中，90%是农村来的劳动力。1958年，全国人民代表大会通过了《中华人民共和国户口登记条例》，正式实行户籍制度，限制农村人口自由流入城市。从此开始到改革开放时的20年间，发生了两次逆城市化：三年经济衰退后，国家大致遣退了2000多万农村职工；“文化大革命”期间，又下放了3000多万干部和知识青年到农村①。1978年以后，“二元”社会结构下的城乡壁垒被部分打破，虽然户口制度仍然存在，但在就业上它主要固守的是正式就业这一块，非正式就业部门已经在相当的程度上向农村人口开放。农村人口以自我解决口粮、住房、医疗等社会福利问题来获得在城市的工作和定居权，以这种方式增加的城市人口很难把其归入真正的城市化中去，因为如此进城打工的农民没有获得平等社会待遇，在很大程度上仍然属于城市的边缘人口。由户籍制度、城市社会福利保障制度及行政手段强化的我国“二元”社会结构，已经不单纯是刘易斯“二元”经济模型中的传统经济与现代经济的差别问题，而是具有社会分层上差序等级的意义，就是说它构成了一种类似社会等级的秩序，城市人天生高人一等，农村人命中矮人一截。固化在一种制度模式中的城市人口的优越感和农村人口的自卑感，都会产生放弃努力和追求的激励，可以认为，“二元”社会结构下，我们是在构造传统的社会等级结构。不打破这种人为分割的社会等级，实现真正意义上的公平、自由的公民权利，就不可能在缩小城乡差别上迈出坚实的一步，就不可能真正实现我国的城市化目标。

---

① 陈光金：《中国乡村现代化的回顾与前瞻》，湖南人民出版社1996年版，第356－357页。

三、社会转型期的制度创新

1. 农村经济体制改革

1978年召开的中共十一届三中全会，开创了中国现代化进程新的历程。1979年，在全国范围进行了农村经济体制改革，实行土地生产经营承包制，在不改变土地所有权的前提下使农民具有了对自己承包土地的部分产权，包括使用权、管理权和收益权等。土地占有权与经营权、收益权的分离，产生了巨大的农业劳动的激励效应，极大地调动了农民的生产积极性。在很大的程度上解决了农业集体化时期缺乏劳动激励的体制弊端，农民承包的集体财产与自有财产内在地结合在一个生产主体内，农民自己可以对生产的权益有明晰的界定，可以根据产权界定作出生产活动的选择，从而有效地将集体制下的收益外部性内在化，降低了"搭便车"行为对农民积极性的遏制。有学者认为农村责任制的制度变革的意义是，它体现了个人行为主体性和相应的利益要求，奠定了乡土中国现代化的真正起点，是中国特定的历史文化对农村经济制度安排的必然要求[①]。可以非常肯定地说，承包制所具有的个人生产和利益的激励机制是开启农村经济发展的金钥匙，而这不能不归结到制度创新的效率上。

农业经济体制改革符合社会客观条件，反映了农民的需求，因而得到了迅速的推广。到1984年底，全国569万个生产队中的99.96%实行了联产承包责任制，农业从集体经济下的集中经营、统一分配转变为个体家庭经营。农村经济体制改革促进了中国农业和农村经济的迅速发展。1978—1983年，中国农业总产值从过去20多年里的每年平均增长2.9%提高到9.4%。农民的人均年纯收入由1978年的133.6元增加到1985年的397.6元。这一经济增长蕴涵着农村社会结构质的深刻变化，放松了对农民社会职业流动和地域流动的限制。据估计，1979—1985年间，约有20%的农村劳动力改变了就业范围、居住地点或实际社会身份[②]。但是农村经济体制的改革并非是一步到位的

① 陈光金:《中国乡村现代化的回顾与前瞻》，湖南人民出版社1996年版，第82-84页。
② 汪和建:《现代经济社会学》，南京大学出版社1993年版，第420-421页。

制度变迁，农村发展不仅是内部体制效率问题，而且牵扯到整个社会制度体系的创新和相互配置的效率。从1980年全面推行农村家庭承包制到现在，农村经济体制内部、农村经济体制与国家政策、农村经济体制与城市经济体制之间的冲突还需要长期的磨合过程。承包制在其发展的第一阶段（1980—1984年）就显示出它的不稳定性，承包制稳定性的压力首先来自人口的变动。尽管中央政策强调要按劳力或者人劳比例承包土地，但执行的结果主要是按人口平均分配承包土地。据一项调查，70%的村按人平均分地，不到5%按劳分地。因此，新增人口自然有权获得按人口平均的一份承包土地。中央提出的承包期是15年，其间允许对承包土地的有限调整，即大稳定、小调整。对于长周期农业投资来说，无法保证获得投资的有效回报。同一调查表明，32.73%的村在1984年进行了第一次承包土地的调整①。因此，责任制在土地产权的界定上没有解决长期利益分割和人口压力所产生的外部性问题。

1985—1988年，农村经济体制改革与国家政策和城市经济体制改革的不均衡性已经显性化。改革后的农村在经济运行机制和经济目标上，与政府的目标不一致，农民的生产和销售行为与政府意向不一致。农民的目标是要"以增产来增加收入"，提高生活水平，政府的目标是增加农产品的收购并稳定农产品价格，以维护城市居民对农产品消费的福利性制度。农民在经济改革中获得的潜在利益和生产努力的激励，仍然被"二元"经济结构造成的工农业产品价格的"剪刀差"所抑制。1985年开始，我国粮食生产又开始下滑，当年粮食产量下降了6.9%，一直到1988年仍未恢复到1984年的水平。农民种植粮棉的收入下降，使农业的部分生产要素转到其他收益较高的产业，农产品中的副食品增加，但农业结构的调整缺乏有力的市场支持，非农就业岗位不足成为农村过剩劳动力转移的障碍。

1989年以后，政府仍然采取措施刺激粮棉生产并取得效果；宏观经济政策上的紧缩政策使非农就业机会减少，农村劳动力及其他生产要素又回缩到农业，粮食、棉花、糖及油料都达到了历史最高水平，但农业生产成本及税

① 中国农地制度课题组：《中国农村土地制度的变革：中国农村土地制度国际研讨会论文集》，北京大学出版社1993年版，第18页。

外负担加重，加上农产品连续性销售不畅，市场平均价格下降，使农民增产不增收，得不到预期的回报。

以土地联产承包制为农村制度变迁主线索的中国农村经济改革，牵动了整个社会的经济改革，它的历史作用无疑是非常巨大的，但是在实践中产生的问题也表明承包制在制度变迁上并未完全实现它的效率目标。这表现在：

第一，土地产权的变更不完全，农民只具备使用权、经营权和收益权，而缺乏有效的保障权、有偿转让权。农民既由于不具备永久性产权而缺乏长期投资激励，又没有合法的产权变更渠道实现土地的集中和承包者的非农化转移。对承包的土地，国家土地所有权的代理者（各级政府）缺乏对禁止滥用土地和履行职责这一产权要求实行有效的监督。所以，因非农转移而弃耕和抛荒的土地不在少数。

第二，土地承包责任制的产权变更基本只限于耕地范围，对其他非耕性农用地的经营和使用没有统一的产权界定，非耕地的制度约束不统一、不严格，缺乏协调一致的管理办法，影响了对非耕地资源的合理开发和利用。一些地方以竞争方式进行规模化承包，普遍推广的社会效果如何还有待研究，但这可以避免平均化承包方式下难以获得规模效益、承包者良莠不齐等弊端。

第三，随着农村人口的增长，会不断地产生周期性重新划分承包土地的压力。这一不稳定因素将长期影响农民对土地的生产和经营行为。

要改变目前土地资源的分配格局，就必须为农民提供足够的非农就业机会，建立农村社会保障体系、改变工农产品之间不合理的贸易关系、建立成熟的土地市场，没有这些外部条件和环境，就不可能实现人地关系的稳定、土地使用权的流转及土地的集中和经营规模的扩大。农地产权和制度建设需要外部环境的支持，其中最关键的是必须建立完善的农地产权正常运作的制度环境。

2. 城市经济体制改革

1984 年召开的中共十二届三中全会，提出了《关于经济体制改革》的决定，城市经济体制改革展开。城市经济体制改革的核心是：培育市场机制，以优化资源配置和提高效率；以经济效益为目标，内涵式发展为途径的经济发展模式。为达到这一目标，中央政府实施了以下几个方面的制度改革：

一是进行了所有制结构的改革，改革的目标是由单一的社会主义公有制向以公有制为主体，多种所有制经济共同发展的所有制结构转变。所有制转变的基本原则在中共十五大报告上提得很清楚，“公有制实现形式可以而且应当多样化，一切反映社会化生产规律的经营方式和组织形式都可以大胆利用”。实践证明，随着所有制结构的多样化，我国资源配置的总效率已经显著提高。

二是进行了企业制度改革，通过政企分开及“放权、让利”等制度改革，激活了企业的自主性、创造力，提高了企业的市场竞争能力。

三是着力于营造市场机制，包括商品流通、金融体制、技术市场、劳动就业市场及社会福利和保险市场等等的多方位的配套改革。

总体说来，中国这十几年的城市经济体制的改革，已经使原来的高度集权的计划经济体制向市场经济体制转变，逐步地从封闭型外延扩张的经济发展模式向开放型内涵发展的经济发展模式转变，以此促进了中国经济的高速发展和经济社会结构的变化。上述经济体制的转变应当是一个较长的改革过程，新旧经济体制的并存及摩擦是必然的，并会带来一些负面影响。但在主要的方面，城市经济体制改革及相关的社会改革都将产生一种社会结构变化的正效应，可以预料，这将有利于中国人口现代化的进程。

第六章　当代中国社会的制度变迁与人口发展

第一节　当代中国制度变迁与人口发展关系的分析

一、人口行为上的集体主义和个人主义

当代中国社会制度变迁与人口发展的时间界定是指1949年以来的历史过程。

当代中国社会制度变迁的意义是划时代的，它对人口发展产生了基于新的社会条件的影响。社会主义社会建构了人口发展的新的制度框架，在这一制度环境中的人口行为模式正发生变化并在实践着自己的现代人口发展。

当代中国的人口行为受两种制度变迁的影响和约束。一是新中国成立以后制定的各种有关人口行为的法律、规定和政策；一是传统人口观念和行为在新的社会条件下的流变。前者是约束人口行为的正式规则，它由新中国政府强制引入，以法律形式强制推行；后者是约束人口行为的非正式规则，它在非强制性的社会环境中自发地产生和流行。我们必须从这两个方面来分别探讨新中国人口行为的变化，所依据的理由已经在第四章中充分地论证过，国家引入的制度创新和由个人、团体引入的制度创新的作用范围是不一致的。在此，我们的分析不仅要分别对两种制度创新所产生的人口效应作出解释，而且要对这两种制度创新相互之间的协调性作出分析和解释。基于我国社会发展的特定条件，我将更偏重对后者的解释和分析，因为在集权体制下的政府，倾向于把自己变成为一个全能的社会控制机构，超出了政府的功能范围和能力，其后果是不问自明的。

社会主义集权体制的产生有它深刻的历史继承性，即传统社会中的集权思想，特别经历了1915—1936年中央权力衰败、地方主义盛行给社会带来的混乱，社会改造的任务转向改变权力分散和政治无序的状态，在这一社会背景下产生了全能主义政治。全能主义政治在我国现代化实践中的结果是，政治权力不受干扰地侵入和控制社会的每一个层面的领域和每一个阶层的活动。从本质上说，要真正认识社会主义集权体制下对人口发展产生的影响还必须从其价值观念的基点着手。社会主义中的一切社会行动的出发点是集体主义，它标榜实现的目标是社会的整体利益，从目标的设置和动机来判定，这是人类理想主义的充分表达，但是任何社会都是由个人的行为和活动构成的，集体主义不是否定个人主义存在的理由。因此，探索我国当代人口发展问题，不可回避我国社会主义集权体制下，社会控制对于个人激励机制的关系及产生的客观后果问题。在实践中，我们依赖什么社会控制手段实现社会目标，并把个人主义限制在最低限度？不在理论上对此问题作出有说服力的解释，我们就很难再往前走一步。现代化对于我国，从观念到行动都是引入现代资本主义文明的结果，问题是我们可以在现代西方文明中学到什么有价值的东西。

我国价值观的现代转变是一个在西方价值观念影响下“西风东渐”的漫长过程，其中经历了两次大的浪潮：一次以19世纪末的“戊戌变法”为起点，先后兴起的维新运动和新文化运动，其主旨是倡导民主和科学；另一次是始于20世纪70年代末的改革开放，社会变革的核心是引入市场和法制。西方价值观念对我国传统社会变迁的影响是非常强烈的，它促使中国的传统文明走向现代文明。江畅、戴茂堂认为，这种影响中最重要最富有久远价值的正效应有三个方面：一是唤醒了中国人的个体意识；二是诱发了中国人的求利动机；三是增强了中国人的法制观念。他们同时也指出了西方价值观念对我国产生了多方面的负面影响，例如，“个人至上”的极端个人主义，“主观任性”的极端自由主义，极端利己主义，实惠主义价值取向和享乐主义人生态度等。但负面影响产生的原因是多方面的，既有西方价值观念本身的缺陷，又有我们对西方文化理解上的不足和宣传教育上的误导①。

我们迫切需要从封建专制下脱身出来，反抗封建礼教对人性的压抑，资本主义文明提供了批判封建思想文化的武器。因此，个人主义必然被引入，被崇尚，这是社会发展的必然。社会主义社会不能以否定个人利益和追求为其存在的唯一形式，相反，它应该在更高的程度上更有利于个性的解放和自由。

个人主义与集权体制存在着某种相通的关系，因为在绝对的个人主义看来，个人具有一种完全的理性掌握自己甚至操纵他人。F. A. 冯·哈耶克认为，被称为理性主义的个人主义总是有演变成为集权主义的倾向，因为在他看来，理性主义的个人主义总是把个人能力看做是没有限制的，因而就可以推及一种集权主义，这种个人主义把“所有可发现的秩序都归结为精心设计……”的结果，而“……假设每一个人都是完全均等地拥有理性；并且人类取得的成就都直接是（因此也属于）个人理性控制的结果”②。真正的个人主义坚信秩序是自发的社会产物，是由存在于其中的个人所组成的，而不是像彻底的集体主义理论那样把社会整体理解为独立于个人的自成一体的存在。集体主义不可能完全否定个人主义的存在。当然个人主义也并非是无政府主义，因为“任何有效的个人主义秩序必须是非常有组织的”③。事实上我们可以在一种并不矛盾的理论和实践中获得个人主义和集体主义的统一。但在我国的实践中，否定个人主义成为一种非常强烈的政治选择，其结果是导致对个人利益的伤害，极大地挫伤个人积极性和主动性。对人口行为的约束的有效性依赖于两种制度创新供给的均衡，即新中国成立以来，我国人口行为的制度创新供给关系基本上属于国家和政府的制度创新供给过剩，超出了它的职能范围，个人制度创新供给不足，缺乏受保护的激励机制，制度创新能力受到压抑。其基本关系可以用一图式（见图6－1）来表达：

---

① 江畅、戴茂堂：《西方价值观念与当代中国》，湖北人民出版社1997年版，第5－7页。

② ［英］F. A. 冯·哈耶克：《个人主义与经济秩序》，北京经济学院出版社1989年版，第4－8页。

③ 同上书，第21页。

在社会主义的实践中，对于资本主义文明（这是现代文明之源）我们是以批判的态度接受的，我们接受了物质和技术发展对我国社会主义建设的有用性，排斥了思想及价值观念上的可借用价值。因为在理论上和实践上，社会主义被认为是对资本主义的否定，除了在物质和技术上还保持着一种历史的连续性以外，社会文化所涉及的一切领域，包括约束人们社会行为的制度关系、思想、价值观念、道德以及意识形态等等的历史连续性都被斩钉截铁地割断了。很显然，这不是真正的历史唯物主义的态度。改革开放以来，思想解放进一步深化，人们已经认识到过去的社会主义理论和实践上的偏误，在现代文化上，特别是在现代制度体系的创建上我们缺乏必要的历史借鉴和过渡。

二、两种制度创新供给及关系

中华人民共和国的成立标志着我国的人口法律制度进入了一个崭新的历史阶段。人口行为是非常重要的社会关系，以立法的形式对人口行为进行约束和控制是稳定社会秩序，使社会生活规范化、有序化的强制手段。国家立法可以控制人口行为的多方面利害关系和满足社会发展的需求，因此，人口立法体现了国家所要实现的人口目标。由于人口行为涉及社会生活的方方面面，因而对人口行为产生实际法律约束力的规则也是多方面的。但在过去的很长一个时期中，一些重要的人口社会关系（如宏观人口控制等）未被重视，国家调整人口关系的法律手段或者未摆正位置，或者根本就未立法。例如，在我国，庞杂的人口关系被包括在婚姻家庭法中，没有作为国家的基本法独立立法，很难通过这种法律设置获得高效有力的人口调节途径。特别在今天，人口对社会发展的关系越来越重要，人口发展的群体利益，不能单靠婚姻家庭法来体现，国家和社会的人口发展的整体利益也很难完全在个人的婚姻家庭关系中实现。因此对直接影响人口进程的社会关系应单独立法，独立实施。国家立法对人口行为的约束集中体现了国家和政府对社会整体利益的关注，而社会整体利益的实现是通过对个人人口行为的约束来获得的。人口立法虽然是国家的强制，但它也影响到人们日常生活的深层，引起社会风气的流变。

新中国成立后，国家体制的改变使体现社会主义新思想的意识形态成为社会风尚的主流。在移风易俗、破旧立新的社会思想改造潮流中，尽管行政干预起了主导的作用，但人们的观念和行为已在巨大的社会变迁中发生着反传统的变化。人们的人口观念和行为也在发生着有利于现代因素生长的变化。譬如，新旧社会的制度变迁对旧的婚姻关系触动是极为深刻的。传统社会中的体现封建专制权力的夫权、父权下的旧婚俗受到新的社会道德批判，包括童婚、纳妾、包办婚等传统婚俗被制止或发生转变。追求自由恋爱和婚姻，建立自主、自立式的现代家庭已成为社会新时尚，成为人们在婚姻家庭、生育行为上的新规范。在社会制度的巨变中，新的人口行为的规范已经在潜移默化中得到广泛的社会自发的认同和遵守。

上述两个方面的制度变迁是认识当代我国人口发展的制度约束关系的基点。约束人口行为的正式规则的变化从制度体系所反映的社会性质来说，它以反映和维护新生的社会关系和社会利益为目标，以社会主义公平为原则，最终达到维护国民整体的人口发展目标；虽然受到社会上行政管理、政治压力的干扰，但非正式规则的流变仍然必须依赖个人的制度创新实现。但这一变化受上层意识形态的影响和导向非常强烈，所以，约束人口行为的非正式规则在1949年以后的变化具有趋同性、官方化和政治化的特点，这体现了社会主义集权体制下对社会实行全面控制的结果。正如图6－2所示，国家和政府的强制性制度创新进入了本该个人制度创新起作用的领域。但对它应该扮演的角色，例如，涉及有关国家和社会整体利益的人口规模、人口增长速度的法律控制手段，却长期未给予关注。这导致了：一方面，个人在人口行为的多个方面及多层关系上自主制度创新能力不足，缺乏创新利益激励；另一方面，国家和政府对个人的日常生活控制太多，干涉太重，而对人口重大关系的多个方面又疏于管理和立法，以致人口过速增长等问题成为痼疾而难以医治。林毅夫指出，有人曾对国家的决策作过如此分析，一种国家决策的分析方法是，把国家当做一个有组织的主体，这种人格化的国家有自己的价值观、动机和目标，这些价值观、动机和目标独立于构成国家的个人的价值观、动机和目标，个人在其中失去了自己的身份和特征，国家发挥作用的目的就是自身的福利和效用的最大化；第二种分析方法是仅仅把国家当做一种实现集体行动的工具，个人可以用它来满足他的一些欲望。林毅夫认为，比较令人满意的一种分析方法是把国家决策看做是通过国家统治者的行为来完成的过程①。从我国国家决策的过程和性质看，更像是第一种情况，即国家成为一个有自我价值观、动机和目标的追求最大化效益的人格化主体，在其中的个人基本失去了自己的身份和特点。这样理解的基本理由是，我国政府提倡的目标是“为人民服务”，但具体到个人时往往就失去了实际意义，成为一个空泛的概念；另一方面，过去国家往往以“强国”而非“富民”为目标，追求国力最大化，没有充分考虑由千千万万个人组成的社会的福利需要。

上述观点就是我们进行制度变迁与人口发展关系分析的基点。

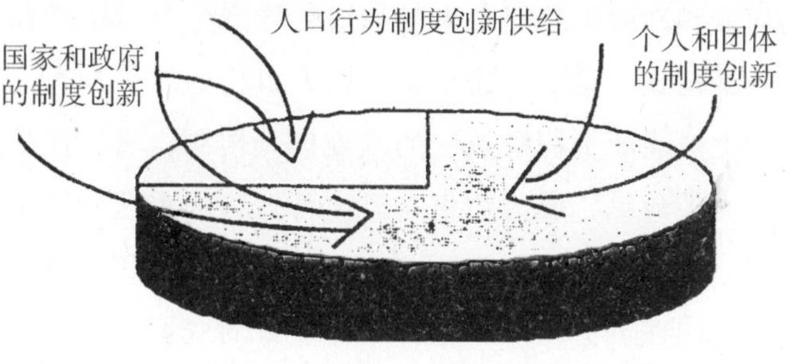

图 6－1　人口行为制度创新供给关系

第二节　制度变迁与人口增长

一、制度变迁与生育行为

人们的生育行为受两种制度变迁的影响和约束：一是新中国成立以后制定的各种有关恋爱、婚姻、生育的法律、规定和政策；一是传统生育观念和行为在新的社会条件下的流变。前者是约束生育行为的正式规则，它由新中

① 林毅夫：《关于制度变迁的经济学理论：诱致性制度变迁与强制性制度变迁》，载于 R. 科斯等《财产权利与制度变迁》，上海三联书店、上海人民出版社 1995 年版，第 395－396 页。

国政府强制引入，以法律强制推行；后者是约束生育行为的非正式规则，它在非强制性的社会环境中自发地产生和流行。国家和政府的制度创新和个人、团体的制度创新各有其作用的社会范围。因此，我们就必须分别对这两种制度创新的生育效应作出分析和解释。

在中国古代就产生了详尽的、全面的调整人口生育行为的法律，其主旨是推行早婚早育，抑制不婚不育，鼓励多生优育，禁止一切妨碍多生多育的行为。到近代，由于中国人口增长加快，清政府转而采取一些变相的鼓励或允许不婚少育的法令，甚至默认溺婴合法化①。新中国成立后，没有制定明确的控制人口生育的法律，但从政府的思想和理论的主导倾向来看，纵容了对马寅初等社会贤达控制人口思想的批判，变相地支持和鼓励了多育行为，限制人工流产。对一些育龄群众基于现代职业的特点产生的避孕节育的需求没有给予技术的保障和制度支持。中央最高层领导产生了零星的控制人口的思想，但未形成政策构想，偏激的反马尔萨斯人口论的思想和舆论左右着中国在人口生育问题上可能产生积极效应的制度创新体制，而且在实践中成为事实上的对生育行为的放纵，成为约束人口生育行为的规范和准则。现代社会所要求的规范的、稳定的人口行为，被空洞的政治目标和单纯的意识形态所左右，缺乏稳定的内在价值基础。这种制度设置的变形恐怕也是决策者始料不及的。

50年代到60年代我国政府在人口生育上的制度创新体制的失败，缘于政治和意识形态体制的强大社会控制力和不稳定性。在以阶级斗争为纲，动辄以敌我划线的社会背景下，政府推行与政治风向相左的控制人口政策的风险非常高，制度创新成本极大。1958年“大跃进”和“人民公社化”运动中，浮夸风及虚报风进一步掩盖了我国社会的尖锐的人口问题，国家领导人放弃了一星半点的人口控制思想，转而坚信“只要有了人，什么人间奇迹都可以创造出来”。在反右、批新马尔萨斯主义的政治高压下，控制生育和减少人口增长的思想销声匿迹，人口问题的讨论成为禁区。这一人口思想的转变过程主要发生在体现国家决策者的层面上。受其影响，国家政治、政策、意识形

---

① 杨遂全:《中国人口法律制度研究》，法律出版社1995年版，第61－70页。

态及舆论等方面关系的变化，尚不足以解释制约个人生育行为规范的变化过程。因为上述体现国家政策决策者意志的政治、政策及意识形态对社会中个人家庭的生育行为的控制力，并未具体到强制规定生育数量，实际上生育者具有不育、少育和多育三种选择。所以说，从50年代初开始，到70年代初，每一个育龄妇女都具有三种生育模式的选择：或保持多生多育的传统生育模式；或在生育行为上实现反传统的制度创新，控制生育，实现少生优育；甚至放弃生育的权利。三种生育模式的选择留给个人和家庭的生育制度创新的空间是客观存在的，实践的结果，绝大多数的个人和家庭都选择了多生多育的传统生育模式。这里必须解释的是为什么会形成这样高度一致的结果？

70年代初期以前，国家政策的决策人首先放弃了在宏观上控制人口规模和增长速度的制度创新的选择，虽然政府利用国家机器在执行社会控制功能时存在着鼓励多育的政治和舆论倾向，但是，其作用机制是间接的，没有形成强制执行的法律效率，对于生育实施正式规则的约束存在着20年的时间空缺。政府没有以强制性制度变迁引入控制生育的法规和法令，没有把政府的生育意志以直接或强制的方式进入个人制度创新领域。这一问题显然不可回避地必须回答，为什么个人制度创新机制没有选择少生优育的行为模式，而是在一种新的社会条件下仍然固守传统生育模式？新生的社会条件和社会关系又以什么制度上的创制支持着社会中个人的传统生育行为？

显然，解释这一问题不能在人口行为自身的关系中寻找，它的深层原因只能在第五章构架的新中国的经济、社会的制度关系和体制中寻找。

深层的原因存在于社会主义社会的制度关系中。社会主义公有制社会构架了全体公民平等参与生产和平等分配生产成果的制度体系，即在最大的程度上保证社会全体人员平等的生活权利。这种权利是在农村和城市两种不同制度安排下实现的。在农村只要获得某一农村集体成员的资格，基本的生活权利就在其组织范围内有了保证；在城市，某一城市户口就是最稳定的基本生活权利的保证。由于整个社会处于最低生存水平，公有制下的社会平等原则已经接近社会中每一个人可能达到的最大福利，因此对于家庭来说，减少生育意味着家庭在社会中得到的福利总量的减少。多育的家庭福利效应对于每一个家庭来说都具有无法替代的刚性。在不考虑少许的职业流动和教育投入的前提下，贝克尔和威利斯关于孩子质量与数量的替代原理①在我国公有制经济的条件下不能获得应有的效率。这是因为我国城市执行的是完全就业政策，农村实行完全劳动参与，不存在母亲就业与生育孩子数量的替代，因为劳动参与不是通过劳动力市场调节，生育孩子的多少不影响就业的机会。生育孩子的数量与市场商品也不具有替代性，因为我国长期以来一直处于短缺经济状态，消费品匮乏，维持生计的主要消费品都是靠定量供应，以家庭人口数平等配给的口粮、副食品、布料等具有替代刚性，户口本、购粮证、副食供应证及布票等的内在价值比货币更高，是非流通的“硬通货”。在这种社会制度环境中，家庭生育的理性选择必然是多育。每一个家庭愿意而且能够多生多育，因为大部分生育和养育的成本都外在化为社会成本。社会资源是共有的（城市和农村必须分而论之），最大化地占用社会资源成为每一个家庭多育行为的长期的稳定的体制激励。

到1971年，政府开始全面推行计划生育政策，除少数民族地区以外，国家运用行政手段强制性开展生育控制，人口规划被列入“四五”计划，层层下达生育指标，实行目标管理。在制度安排上，各级政府设立专职的计划生育管理机构以保证工作效率；在技术手段上，各级政府建立了计划生育技术服务机构，使控制生育的政策有了技术的保障。在我国，采用行政法的手段控制生育的确具有高效性，因为一切社会资源都控制在政府手里。在农村，政府依赖农村的中介组织同样可以进行有效的社会动员，贯彻政府的政令，并通过农村的基层组织控制农村社会资源，以作为推行计划生育的基本手段。无论是在城市还是在农村，计划生育的执行都是以行政指令下达并以行政强制手段推行，政府与个人和家庭生育合约的达成是一次性博弈，个人和家庭无退出的权利，而且违规的生育成本非常高。依赖于强有力的制度创新手段，我国人口控制取得了显著的成效，人口出生率迅速下降。

1978年，实行计划生育政策的内容被列入宪法，成为中国的基本国策。但在具体的计划生育实践中仍然以行政法实施，计划生育行政法的各种条文

① 参见加里·S. 贝克尔《生育率的经济分析》，载于《控制人口与发展经济》第二集，北京大学出版社1985年版，第170－177页；参见R. J. Willis，Economics Theory Fertility Behavior，Economics of the Family，T. W. Shultz，University of Chicago Press，1974.

更加细则化。80 年代以后，各地先后颁布了计划生育条例，80 年代中期以后又逐步修订为地方性计划生育法规。全国性的计划生育法规的修订工作也在进行。计划生育政策转变为计划生育法规，证明了国家长期坚持控制生育的信心。从新中国建立以来，控制生育的制度创新过程经历了漫长曲折的变化，从节制生育的思想，到节育的一般性号召，到计划生育政策，再到条例和法规，这是一条生育控制制度化的变迁过程。

今天的世界有 95% 以上的人民生活在明确支持计划生育的国度中①，我们是其中最富有成效的国度，这不能不归结于中国政府在生育控制制度创新上的不断努力。从生育控制制度创新机制的目标来说，我们取之于全面降低生育率和人口增长率对国家利益的有效性，基本没有考虑怎样激发个人控制自身生育行为的制度创新机制的形成。在具体的执行过程中免不了过多的行政干预和强制性行为。

90 年代以来，人们在市场经济的机制中似乎可以找到激发个人控制自身生育的制度创新机制的源泉，这就是在市场利益激励机制下，个人的生产努力受到激发，个人的逐利动机强烈，传统家庭中代际间的情感和经济依赖的重要性降低，这将有利于现代生育观念和生育行为的发育。应该肯定地说，这是正确的定位。从 70 年代初到现在的二十多年中，政府只求控制手段的高效率，由国家引入强制性制度创新，个人一直处于被动服从的地位。正是个人生育制度创新体制的缺损，使生育控制的行政力过于膨胀，不仅在很大程度上损害了个人的利益，伤害了群众的情感，而且还抑制了个人的制度创新能力。计划生育在市场经济的背景下运作，将有利于个人自身的制度创新体制的形成。贝克尔、威利斯等家庭经济学家的生育分析都是基于市场经济条件，认为在市场条件下会发生孩子质量对数量的替代。由于我国的市场发育程度还很低，在其运转中还存在着非市场因素的扭曲，因而孩子的“数量质量替代原理”还未能在中国的市场体制中得到充分的验证。但是，相关的实证研究已能够证明经济体制改革有利于建立对个人的生产努力的激励机制，以此为基础实现对生育的自主性控制。林毅夫指出：“经验事实也支持了中国

① 顾宝昌：《生殖健康与计划生育国际观点与动向》，中国人口出版社 1996 年版，第 143 页。

农业的制度变迁等于是一种增加劳动有效供给的创新的假说。……农业生产的增长主要是由家庭责任制所诱致的努力供给增加所致的。"[①] 曾毅和 T. P. 舒尔茨对农村家庭承包责任制的生育率效应作了实证分析，认为"农村家庭承包责任制改革在前期削弱了生育控制，在后期却有利于加强生育控制"。理由是，改革前期地方对生育的行政干预能力减弱，致使人们以多生孩子满足致富的愿望强烈。改革后期，集体经济下对多孩户的潜在补助被取消；市场机制有利于农民实现孩子质量对数量的替换；妇女参加经济活动的机会成本增加；二元格局的相关性政策障碍消除；地方行政能力得到加强[②]。可以推断，中国经济体制改革向更完善的市场经济的发展，将有利于个人自身的制度创新机制的形成，从而使生育的自我约束机制成为生育控制的主导力量。

二、制度变迁与人口死亡率

一种制度设置的失效，特别是涉及一个社会总体的制度体系的失效，往往会导致社会的混乱，并由此产生一些非正常人口死亡的增加。因此，如果制度变迁为社会带来了稳定和秩序，那这一社会制度的变迁首先会因为对社会产生稳定的作用而有利于减少非正常死亡。任何一个人的生命周期再长，他也必须直面死亡，这是人的生物性规律。然而，人们往往在并未到他自己的生物寿命限度之前就死亡了，这就是说导致死亡或死亡率的机制要更多地在社会文化因素中寻找。在人口死亡率变动原因的分析中，有学者强调社会变化、政治因素对死亡率的影响。例如，卡德威尔曾经从妇女地位、教育水平、开放的政治制度、社会等级制度及历史等方面研究死亡率。瑞士人口学家豪斯尔（Jurg A. Hauser）则在非常广泛的社会变动的范围内提出社会变化与死亡率的一般假设，并根据死亡率与社会文化变动的关系把社会变化划分为七个阶段[③]。但是，社会变动的各种关系纷乱繁杂，很难把握其中的主要线

---

① 林毅夫：《制度、技术与中国农业发展》，上海三联书店、上海人民出版社 1994 年版，第 62－69 页。

② 曾毅、T. P. 舒尔茨：《农村家庭承包责任制对生育率的影响》，载于《中国社会科学》，1998 年，第 1 期，第 129－144 页。

③ 李竞能、吴国存：《当代西方人口学说》，山西人民出版社 1993 年版，第 145－149 页。

索。我认为，制度关系和制度变迁是一条比较清楚的历史线索，对人口死亡率的变化有非常重要的影响，我将从这一角度研究我国当代社会中制度变迁与人口死亡率的关系。战争、社会动乱、大规模的饥荒及流行病等都是人口死亡率大幅度上升的社会动因。新中国建立以前的中国社会就处于这些社会因素的交织影响之中。没有完整的统计资料对中国 1949 年以前的人口死亡状况作出系统的描述，比较可信的数据是：婴儿死亡率高达 200‰，平均预期寿命 35 岁①。除此之外，影响中国人口死亡率的社会因素还有被李中清先生称为“正面性制衡”的溺婴现象。李中清认为，在清代，有些夫妇以溺婴的方式来控制后代的数量和性别，据此，他认为，“死亡率并不完全是清代人口系统的外因”。因为夫妇有按其意愿调节死亡率的能力。据他的估计，在对中国辽宁农村的一份研究中，“……约有四分之一的女婴成为选择性溺婴下的牺牲品”②。溺婴陋习在近代中国社会仍然十分普遍。著名社会学家陈达在 20 世纪 40 年代考察云南昆明环湖地区时也发现存在着溺婴现象，而且父母对婴儿的死因忌讳很深③。溺婴现象是传统社会中的普遍现象，在各个社会阶层中都普遍存在。从溺婴发生的社会条件上说，它主要反映了以下制度关系：第一，溺婴现象至少是在现象发生的社会范围内的规范性行为，至少得到社会的默认和认同，否则就不可能成为一种普遍现象；第二，发生得最多的是溺弃女婴，这是男尊女卑思想行为作祟，其本质上反映了传统社会中的家族财产继承制度及亲属关系；第三，选择死亡本身就是对人类生活方式的选择，这一层关系还可以推及现代社会中关于安乐死的道德定义问题。

新中国建立以后，我国的人口死亡率就开始大幅度下降。除了人口的正常死亡因为社会生活稳定、生活条件的改善、营养摄入的提高及现代医疗卫生的普及使人口死亡率大幅度下降外，非正常死亡的大幅度下降也是直接的原因。前者体现了社会主义制度的直接社会目标，即满足人民不断提高的生活需求；后者则是国家法律和道德要直接加以制止的（从实践来评价，并非

① 郑杭生：《从传统向现代快速转型过程中的中国社会》，中国人民大学出版社 1996 年版，第 99－100 页。

② 李中清、郭松义：《清代皇族人口行为和社会环境》，北京大学出版社 1994 年版，第 7 页。

③ 陈达：《现代中国人口》，天津人民出版社 1981 年版，第 51－53 页。

做得十分成功)。新中国人口死亡率的持续大幅度下降，得益于上述几个方面的综合作用，而且首要的是社会主义在制度创新上产生的巨大的人口效应。第一，“一大二公”的平等原则，使社会成员能够较为平等地占有社会资源，特别是保证社会基准生活的消费资料的平均分配，长期以来导致人口死亡的饥饿和营养不良现象被大范围地遏止了；第二，计划经济体制下，中央政府具有高强度和高效率的社会资源调控能力，在抵御局部性自然灾害上可以发挥积极的作用；第三，社会主义制度下，控制死亡的技术手段具有高效率的行政组织保障，虽然在二元社会结构下城市和农村的医疗保障体制存在差别，但在各自的范围之内都具有高效组织保障的、公有制下的制度安排，避免了医疗卫生技术创新上的外部性难题，从而使现代医疗卫生技术能够快速地在全社会推广。

新中国成立后，由于妇女地位的提高、家庭生活稳定及有了奉行平均主义的社会保障，大范围的溺婴现象的社会条件基本不复存在。对溺婴陋习已经形成了在道德上的谴责、依法定罪及利用行政力量进行干涉的社会约束力。特别是医疗卫生条件的改善，新接生法的推广导致婴儿死亡率的大幅度下降。婴儿死亡率1954年降为138.5‰，1963年降为84.27‰，1982年降为36.42‰，1990年为36.20‰，1995年为36.07‰。人口死亡率在1949年以后开始了大幅度的下降，从1949年的20.0‰下降为1964年的11.5‰、1981年的6.36‰、1990年的6.65‰和1995年的6.65‰。[①] 中国政府在降低人口死亡率上的成果是非常巨大的，特别是相对于我国人口死亡率大幅度降低时期（1970年以前）的经济状况而言，能在处于生存水平的基准上实现如此巨大的社会进步，是非常难得的。这里我们不能不把最主要的社会动力因素归结为制度创新的结果。试想，如果没有当时实行的平均分配，就无法保证在薄弱的经济基础上使人口死亡率下降，如果没有强有力的组织手段也不可能迅速地建立起遍及全国的三级医疗网。很显然，与生育控制上国家和政府制度创新反应迟钝恰恰相反，在降低人口死亡率上政府的目标十分明确，社会意义和作用无可

① 袁永熙：《中国人口·总论》，中国财政经济出版社1991年版，第148－150、169页。中国人口学会：《第23届国际人口科学大会·中国人口论坛文选》，第47－49页。

争辩，无论在决策层还是在社会的基层，不存在严重的制度障碍。

从大局上看，我国在控制人口死亡率上是成功的，但也不能回避某些严重的失误。例如，1959—1962 年我国人口死亡率发生了最大的一次回升，3 年的人口死亡率分别为 14.59‰、25.43‰和 14.24‰。据估计，这一数据比实际情况显然偏低。在这里，我们所要探究的是这一人口死亡率的变化与制度有什么关联？彭尼·凯恩认为饥荒是一种比单一的自然灾害后果更加错综复杂的因果关系"'把饥荒看成是经济灾难，而不只是食品危机'的权利方法以及在不同的饥荒中权利丧失的不同类型之间进行的比较，都对了解饥荒的准确起因，制订预测、救济和预防政策起重要作用"①。因此，一个大面积、全面性饥荒的发生，涉及人们的基本权利关系的丧失，涉及社会机制对付饥荒的组织上、体制上和政策上的反应。必然地，中国的大饥荒是在自然灾害下发生的一系列社会体制和关系的结果，不能仅仅把它认做是单纯粮食短缺问题，同样地，人口死亡率的大幅度上升也应从这一角度去理解。引起政府抗灾能力下降的一个原因是由于"大跃进旗帜下的政治混乱"而导致的国家粮食收购制度的崩溃②。降低了中央政府自身的社会组织和控制能力，更堵塞了反映真实信息的正常渠道，地方在"大跃进"中滋长起普遍的欺上瞒下之风，地方官员为表政绩而继续向上虚报和浮夸，这些都极大地降低了政府对饥荒的正确判断和反应。

与另一个发生在 1980—1981 年湖北的水灾和河北的旱灾相比，在救灾上，中国政府充分地利用了中央集权在调配社会资源上的高效性，这一成功的经验最终归结到"……制度特有的特征上"③。中央集权这一制度安排上的高效性在 1959—1962 年三年自然灾害时期同样存在，但并未发挥作用的重要原因之一是政治斗争导致的组织运作低效，信息渠道迟钝和被扭曲。所以，可以说，人口死亡率的变动特别是大的变动，反映了制度设置的效率程度。制度对人口死亡率的作用关系不言而喻，虽然它往往被隐藏在直接原因之后。

---

① ［美］彭尼·凯恩：《中国的大饥荒（1959—1961）》，中国社会科学出版社 1993 年版，第 12－14 页。

② 同上书，第 151 页。

③ 同上书，第 175－180 页。

实际上，在大丰收的1958年，人民公社体制上的弊端已经显露出危机的端倪，这就是处于维生经济条件下的“共产主义”式的消费主义。在公共食堂和“大锅饭”的分配和消费体制下，由于基本消费品成了公共资源，谁占有是谁的，不可遏止地产生消费品资源的极大浪费和大范围的“搭便车”行为，具有勤俭持家优良传统的国民在公有体制下扭曲为公共利益和社会资源的“搭便车”者。借用一位著名作家韩素音所引用的农民的话，“省什么呀？政府会供给我们的，这是共产主义嘛”①。体制的弊端使全国上至决策者，下至老百姓都缺乏危机感和对付危机的能力，大幅度的人口死亡率的上升就是不可避免的了。

三、制度变迁与人口增长效应

制度变迁对生育控制和人口死亡率的不同作用导致了强劲的人口高速增长效应。从图6-2可以看出，在1973年以前，除了少数几年（1949—1950年、1958—1961年）外，中国人口自然增长率都超过20‰，最高达到33.5‰。中国人口从1949年到1996年47年的变化大致可以分为两个阶段：第一个阶段，从1949年到1970年，中国人口自然增长率的变动主要受人口死亡率变动的支配，引起人口变动的主要原因是国家对人口死亡率控制的制度创新供给的增加和强制性引入。其中，在人口死亡控制的个人领域，由于社会稳定，职业保障，收入提高及文化知识和医疗卫生意识的增强，有助于降低死亡率的个人人口行为也在循序渐进中流变，充实着现代人口死亡率模式形成的社会基础。第二个阶段由1971年到现在，国家和政府仍然是制度创新的主创者，国家通过推行计划生育政策、条例及法规等制度化手段，强行引入控制生育的人口法令。在这一时期，中国人口自然增长率的变动受人口出生率变动的支配。由于国家人口政策和法令的引入强制性非常高，个人已经不具备自主制度创新的余地，个人的人口行为主要处于服从和社会压力下的磨合期。直到目前，人口生育控制的制度创新机制仍然处于以国家为主导

① ［美］彭尼·凯恩：《中国的大饥荒（1959—1961）》，中国社会科学出版社1993年版，第51-52页。

的模式中。由人口出生率牵动的人口自然增长率的变化以一种稳定的速率继续缓慢地下降。

第三节　制度变迁与人口素质

一、制度变迁与人口的身体素质

人口身体素质与人口死亡率通常被看做是反映人口总体生存质量的一个指标。虽然人们往往用人口死亡率特别是婴儿死亡率和人口的平均预期寿命来表示人口身体素质所处的状况，但两者所反映的人口事件是有差别的。人口身体素质指特定人口的生命生存状态和过程，因而，它是活的指标，具有流动性的指标。而人口死亡率和人口平均寿命反映的是在生命终结时的状态。前者关照人口的生存状态，后者留意人口的死亡模式。有学者已经著文探讨平均寿命的提高与健康的生存方式的关系问题。显然，现代医疗技术已经可以有效地延长人的寿命，但人的健康生存方式的社会关系和价值意义还没有准确定位。这是人的生命伦理问题，说到底也是人口行为的制度关系问题。

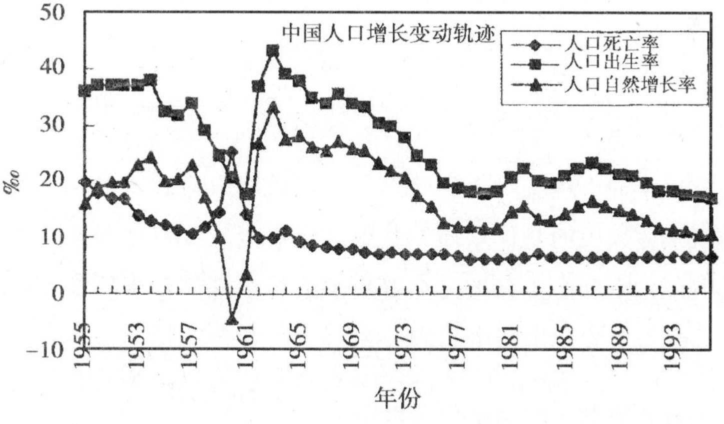

图 6－2　1949—1996 年中国人口增长变动曲线[①]

① 资料来源：国家统计局人口统计司、公安部三局编：《中华人民共和国人口统计资料汇编》(1949—1985)，中国财政经济出版社 1988 年版，第 2、268 页。国家统计局编：《中国统计年鉴》(1997)，中国统计出版社 1997 年版，第 69 页。

新中国建立以来，增强人民身体素质的政策定位是非常明确的，客观地说没有受到中国多变政治风向的严重干扰。政府推行的全民医疗保健制度、三级医疗网、初级保健制度、农村医疗合作制度等等，都被实践证明是十分有效的提高全民身体素质的制度安排。新中国成立之初的新政府，背负洗刷"东亚病夫"这一民族耻辱的历史使命，进行了一系列既符合现代医疗技术规范，又结合中国医疗卫生实际的制度创新。对一些影响国民身体素质的社会陋习，如吸食鸦片、卖淫及弃婴采取行政干预加以制止或取缔。对一些大范围的地方病（如血吸虫病）以广泛的社会动员方式治理。总之，高度集中的中央集权在调动全国卫生资源上是有成效的，国民的身体素质因此而得益。我们不妨用婴儿死亡率指标来直观地反映我国人口的身体素质的历年变动情况。

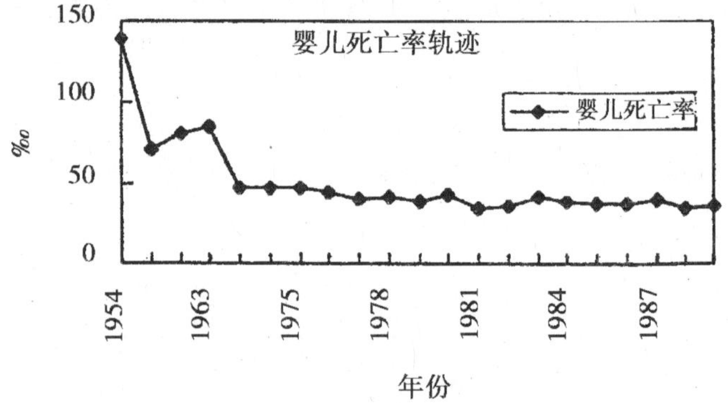

图 6－3　1954—1990 年中国婴儿死亡率变动曲线①

婴儿死亡率的下降实际上反映出新中国政府人口政策的基本倾向，即政府高度重视全体人民的身体素质，基础医疗卫生的普及程度及有效性是非常高的，婴儿死亡率和出生预期寿命等反映人口生理健康素质的指标，中国都居于发达国家与欠发达国家中间的水平。

二、制度变迁与人口的文化素质

我们知道，我国的现代教育体系是从 1905 年废除科举制度后开始建立起

① 跨世纪的中国人口（综合卷）编委会：《跨世纪的中国人口·综合卷》，中国统计出版社 1994 年版，第 187 页。袁永熙：《中国人口·总论》，中国财政经济出版社 1991 年版，第 169 页。

来的。现代教育制度迅速地建立起来，新学替代了旧学，为中国的现代化提供了现代知识积累和人才培养的社会基础。自此，人口文化素质的获取就主要以现代教育体系为制度载体。新中国教育事业的发展非常迅速，在一个人口如此庞大的国家，1995年人口的文盲率下降到16.48%，成绩斐然。1964年文盲半文盲占总人口的比例为38.11%，1982年降为23.67%，1990年降为22.21%。改革开放以来，各级教育都得到相当程度的发展。例如，大学文化程度人口数，1982—1987年年平均增长率是7.06%，1987—1990年为18.02%；每十万人口中大学文化程度的人口由1990年的1422人增加为1995年的2021人，5年共增长了42.14%，增幅非常大①。但尽管如此，我国的教育发展仍然不能适应社会发展的需要。在国际比较中，我国的教育发展处在发展中国家的落后水平。要理解制约我国教育发展的多种社会原因，首先必须弄清楚的是教育发展中的制度关系。

人口文化素质所体现的制度关系，首要的是教育权问题。现代教育制度与传统教育制度的最本质的区别就在于，前者以法律的形式明确界定了国家和政府、父母及子女在学校教育上的权利、责任和义务关系。国家和政府有义务实现法律规定的教育目标，如1993年中共中央和国务院印发的《中国教育改革和发展纲要》，其中提出90年代中国教育发展的主要目标之一是，在全国基本普及9年义务教育。在其中，作为家长的责任是保障其子女就学权利的实现，不能以任何理由剥夺其子女受教育的权利。每一个学龄儿童均具有受法律保护的受教育的权利。所以，传统教育向现代教育的转变，首先是教育权利的产权关系的转变过程，它以正式规则的形式界定了每一个社会成员的教育权利、责任和义务。如果传统教育中的权利关系是靠道德和习惯来约束，那现代教育就是靠国家法律制度来约束，道德力量的约束作用的重要性退居次席。

从性质上讲，在中国传统社会，教育系统是开放性的，虽然接受教育有一定的社会限制，但教育的权利分配不是垄断性的，依赖于带有某些现代特

① 中国人口学会：《第23届国际人口科学大会·中国人口论坛文选》，第51页。跨世纪的中国人口（综合卷）编委会：《跨世纪的中国人口·综合卷》，中国统计出版社1994年版，第123页。袁永熙：《中国人口·总论》，中国财政经济出版社1991年版，第505页。

点的传统教育体制，使我国前现代社会保持较高的国民识字率和重学风尚，这为我国发展现代教育制度提供了良好的社会条件。新中国成立后，政府推行义务教育制度，每一个学龄人口都具有平等的就学权利。国家教育法及社会上尊师重教的传统风尚形成了双重制度约束，基本保证了适龄儿童就学的需要。在20世纪八九十年代，我国适龄儿童入学率在95%以上。如果不考虑学童流失率，绝大部分人口的就学权利都有保障。

但是从另一方面来说，在几十年中，我们所达到的和理应达到的教育目标都与社会的需求和个人教育权利的满足并不相称。作为一个具有悠久文明历史的国家来说，我国教育的发展和进步是很难令人满意的。在我国传统社会，教育资源社会分配不平等的原因，一个源于经济地位的差异，另一个源于男女社会地位之别。女性人口受教育的权利在一个普遍的性别歧视社会道德观念中被剥夺了。新中国教育的发展，最大成果之一当数女性人口的就学权利得到了完整的平等的法律保证。然而，在社会实践中，女性受教育平等权利仍然受到多方面的障碍。以数据为证，1995年中国人口文盲率，男性为8.98%，女性高达24.05%①；1990年我国男性受教育年限平均为6.096年，女性平均为4.027年，相差2年多；男女受教育人数比值的差距随教育程度的提高而扩大，小学生性别比为104，初中146，高中224，大学高达280②。

受教育的性别差别延伸到人口文化素质的性别差别，说明发生在国家法律层面上的制度变迁还不足以保证其教育目标实现的完全有效性。在教育领域，个人制度创新的进程迟缓，以女性歧视为中心的传统道德观念仍然约束着人们的行为。

在教育体制上的个人制度创新激励不足是我国教育发展的最大障碍。个人教育行为的规范没有在体现人力资本理论的价值基础上展开。在非常大的程度上，我国的教育既失去了传统意义上的追求功名的价值，又不能满足现代重视实用性的社会需求。在这两方面都丧失了鼓励上学的动力机制。源于我国长期以来教育方针和目标设计上的政治化、意识形态化，社会主义的教

① 国家统计局：《1995年全国1%人口抽样调查资料》，中国统计出版社1997年版。
② 邬沧萍等：《转变中的中国人口发展总报告》，高等教育出版社1996年版，第45页。

育方针是培养社会主义的"新人"，而"新人"的最终标准是思想和政治信仰，偏离了现代教育的专业知识、职业技能的培养方向。个人的教育投资回报率非常低，这源于不重视学历、知识和能力的平均主义工资结构，排斥知识分子的阶级分层，个人通过教育通往社会精英阶层的通道被堵塞。个人教育的利益机制被扭曲，而在扭曲的个人利益关系中不可能建立恒久的充分的激励机制和个人制度创新冲动。

因此，现代教育制度创新应该对人口教育行为产生三个方面的作用：它应约束社会中的每一个成员的行为，把其规范在教育制度的规则之中，强制和非强制地引导他们执行各自相应的职责、义务及行使权利的行为；它应提供更大的空间满足人们求知求学的需求，增加人们教育行为的选择集；它应提供新的利益激励，增加社会的教育总收益。现代教育制度的目标应是社会公平和效率，前者以教育的法律权利和社会道德为保证，后者以实用性为基本内容和实现手段。

以上述观点考察我国教育体制的成就，结论是否定的。

在过去的一段时期内，我国国民教育制度的强制性执行无力，在决策层，国家领导人对教育目标随意变动，缺乏国家法律的严肃性和稳定性。在大众教育和英才教育上都因政治运动、对知识分子的不公正待遇、平均主义及社会结构缺乏流动性而丧失了可激发人力资本投资的机制。教育作为满足就业需要的工具和手段①，人们是抱着特定的功利目的来求学的。有的人为学知识、长技术而求学，目的是为将来能找到更好的职业或增加就业机会；也有的人是通过受教育的途径来谋取功名和社会地位。无论个人的目的和动机如何，现代社会个人求学的需求、动机是多元的，具有丰富的个性特征的。如果教育体制的设置不能激发个人的求学努力，不能满足个人求学的多样化需求，那么这一教育体制必然是低效率的。

在中国的现代化进程中，教育发展上的一些经验教训尤为值得吸取。在封建社会，科举制度是个人成就取向的主要阶梯，它激励社会成员在苦学中

① 就学的目的，除掌握更多的生活本领以外，它还具有直接生活消费的意义，即把学习和求知本身作为生活的目的，并赋予其终极价值意义。但是，教育首要的作用是它对社会实践的有用性，即作为满足社会生活需求的高度有效性，换句话说，工具和手段性质是现代教育的本质上的特点。

追求功名，并由此形成具有高度社会流动性的科层制和精英制。1905年，废除科举制度以后，现代教育制度迅速地建立起来，新学替代了旧学，为中国的现代化提供了现代知识积累和人才培养的社会基础。现代教育理应成为千千万万莘莘学子获取科学技术、文化知识和伦理道德修养等的基本途径，理应成为我国社会精英阶层的摇篮。但在我国过去的现代化实践中，现代教育的作用曾经被严重歪曲。很多年中，知识分子、学术权威、科技人员成为政治斗争的对象，受到社会政治的冲击，社会地位一贬再贬。在以阶级成分定社会政治身份的环境中，知识分子的阶级属性是依附性的，社会地位由此飘忽不定。现代科技、知识被打上阶级烙印，有着丰富内涵和表现形式的现代精神素质被单一的政治信仰所取代，掌握现代科学技术知识的人成为社会改造的对象。在现代社会关系的多方面，特别是在政治上，通过现代教育手段实现个人成就取向的道路被堵塞了。

改革开放以后，重新通畅的实现个人成就取向的现代教育之路，既由于教育体系的金字塔结构而难以满足社会的需求，也因人力资本的教育投入与产出的关系未能正确和充分地表达（甚至是扭曲的，如收入上的“脑体倒挂”）而泯灭了最有效的经济激励机制。从这一角度理解，教育的失误是我国现代化实践的最大的失误。这也是人口现代化滞后于整个社会现代化进程的根本性原因。现代化是每一个社会成员现代生活方式取向并付之于行动的结果，因此，它依赖于受现代因素高度激活的每一个社会成员的创造力和能动性。而实现这一点，不能不从现代教育中汲取养分。

与教育相通的个人成就取向必须要具有三个社会条件的支持，一是与受教育程度一致的收入回报；二是学以致用，专业知识的职业预期的实现具有相应的社会保障；三是与知识和能力相应的成就取向和通畅的社会流动渠道。

三、制度变迁与人口的思想道德素质

新中国的成立，使中国人口思想道德素质的发育可以立足于全新的社会制度基础之上。社会主义制度是由社会领域多方面的制度关系构架的：在经济上，起决定作用的是生产资料公有制制度，它是决定其他经济关系的基础，而实现生产资料公有制有效运转的是计划经济体制。在公有制和计划体制的

基础上，必然需要发育以国家为利益主体的国家整体主义。因此，社会主义社会的思想基础是集体主义，提倡大公无私的为人民服务的思想。人口的道德规范和道德评价的最根本的标准是看其是否符合国家利益和集体利益。在改革开放以前，我国官方规划的人口思想道德素质发展目标的实现依赖于强制性政治和意识形态灌输和管制方式，在价值观念上只允许政府倡导的单元发展模式。人口思想道德素质可以有先进与落后之分，不能有旁门左道。但国家政策的决策者也十分清楚思想道德和意识形态上进行社会改造的艰巨性。因此，以阶级斗争为纲的思想路线指导下的政治运动，思想改造和“文化革命”就成为经常的、大规模的，也是灾难性的社会常态。思想的压抑和束缚成为社会发展的阻力，思想解放、观念更新就必然是新的社会发展的先导。在改革开放的社会发展新时期，思想禁锢被部分地打破了，经济体制、社会结构和文化模式的多元化发展使人口思想道德素质的提高获得了新的制度基础和保障。人们有了在新的价值标准上认识和探索人口思想道德素质所应具备的现代特征和社会意义的条件。国家制度供给的最大变化是，在政治上否定了无产阶级专政下继续革命的政治路线和它的法律体现，在经济上引入市场机制和自由竞争，在学术上倡导百家争鸣，在文化艺术上推崇百花齐放；在个人制度创新供给上，追求思想上的个性解放和多元化成为社会风尚的潮流。在主要方面，这一时期社会价值观念的变化的特征是反传统。反传统（包括封建传统和传统社会主义体制中的传统）的思想之源既来自社会思想自身改造的正本清源，又来自对西方文化特别是西方价值观念的大量引入。社会变迁构架的人口思想道德素质发展的制度基础，在今天已经基本走出了它的被政治和意识形态扭曲的传统社会主义之路，而且已经在它的现代化道路上迈开了坚实的步伐，但它的制度构架仍然是不完整的。

现代人口的思想道德素质的发展目标和发展内容，应该充分体现现代社会国民素质的精神本质，即追求人的精神的全面发展。如果没有完善的现代政治民主的体制、自由竞争的市场经济体制、平等公正的社会秩序等现代制度环境的保障，人的精神素质的全面发展就不可能实现，人口思想道德素质的现代化也将是不可能的。

现代人口思想道德素质的内容是多方面的，现代人格是多元的，但具有将其统一在一个精神框架中的基本内容。在社会生活中，现代精神应该体现为个性的解放和全面的发展，自主自立的能力和精神；从经济角度讲，人口素质的精神因素主要指人们在经济活动中的敬业精神、创造冲动、竞争意识、平等观念和市场适应能力等思想的、心理的及观念的因素。总之，人口思想道德素质的发展目标应当充分体现作为主体的人的精神需求。

社会主义市场经济的实践提供了我国人口思想道德素质发展的新的制度基础。市场经济机制的建立及运行，有助于唤醒人们的个体意识，摆脱传统社会和集体经济下的依赖思想，充分认识自我存在价值和自我能力，在自我选择、自我设计下使自己准确定位在社会中，并为之奋斗。对于我国长期否定个人的主体利益和意识的现实来说，基于公平自由竞争原则的市场是最好的清醒针和兴奋剂。市场经济体制下，有利于发育个人的求利意识，这是现代经济中精于盘算的经济理性的必然要求。在此社会背景下，人们才可能从务虚、不讲究实效的精神状态转变为讲究实效的务实精神。在社会主义市场经济下，社会民主与法制的建设，有助于提高人们的法制观念。长期以来，我国社会整合的基础和正常运转的机制依赖于“人治”，人们的法制观念非常淡薄，国家决策者的政策制订无常规可循，普通老百姓的自身权利和利益没有法律的保证。因此，现代法制观念和以法唯上的精神应该是人的现代品质实现的主要渠道。

现代国民精神素质构造的主体来源于现代西方的价值观念，对西方价值观念的引入会产生正负两个方面的效应，但不能因噎废食。正确的做法是，正视其负面影响，积极引导和克服；另一方面，积极发扬传统优秀文化，并使它在有利于现代人格的塑造中得到进一步的发展。

第四节　制度变迁与人口社会结构

一、制度变迁与人口的迁移流动

本书对人口迁移流动现象的分析，主要从它对社会结构影响而不是从地域变动的角度来考察，所依据的理由是：人们的定居格局主要反映一种社会结构的关系，定居格局的变化是受社会关系结构变化的牵动发生的，虽然这一切都是通过地域变动关系实现的[①]。

中国当代社会的人口迁移流动的特点主要有三个：一是“二元”社会结构壁垒森严，现代化中必然发生的城乡关联与人口几乎无涉；二是数次发生逆城镇化事件，成为非常独特的人口迁移现象；三是改革开放以来城乡人口迁移模式多样化。

几种人口迁移的特点都与当代中国社会的制度变迁有直接的关系，或者说是制度变迁的人口迁移效应。

“重本抑末”是中国传统社会保持专制统治和社会稳定的根本政策。农民以固守土地为本，经营它业为末，封建统治者经常采用强制手段把农民固守在土地上，从事农业。如公元前178年汉文帝时，贾谊主张“驱民归之农”[②]。在中国传统社会，“重本抑末”不仅仅是统治者的一种产业选择，更重要的是保持朝廷政权稳定之术。在前现代社会的中国，城镇化和非农化水平经历了长期的历史过程而未能获得实质的发展，是一个非常难以解释的问题。从城镇化和非农化所需的商品自由流通市场和人身自由两个必要条件来说，中国理应获得城镇化和非农化水平的高度的发展，但事实上直到近代，城市发展才在条约制度的刺激下获得新的生机。不过，依赖于条约制度推动的中国城市的发展仅仅能在少数的口岸城市具有效力，它一直未成为，也不可能成为覆盖全国的现代城市发展的契机。新中国成立以后，中国城镇化和非农化的进程在新的社会条件下又陷入寂静。

在第五章中，我们已经指出了50年代初以后中国“二元”社会结构的基本性质在于它的制度构架也是“二元”的。而我国“二元”制度结构的功能目标非常明确地定位在限制乡—城人口迁移上，以求控制城市人口增长，降低城市消费和服务需求压力。

国家控制城市人口增长的制度创新只限于控制人口迁入，对城市人口自

---

① 段纪宪先生认为：“社会流动包括劳动者对工作种类、职业品位和工作地点所进行的选择而引起的行业职业和就业地点的变动。”参阅段纪宪《中国历代人口社会与文化发展》，中国科学技术出版社1995年版，第247页。

② 同上书，第244页。

然增长控制的努力初试后随即就被迫放弃。国家控制城镇化和非农化进度的基本制度手段是：设立户口制度，实行户口登记，建立个人档案，使人口迁移和定居关系非人格化①。在城乡之间，城市户口和农村户口分为两个被人为分割开的社会阶层，即城市人口和农村人口。

严格的社会控制手段（从1958年实行户口登记制度到改革开放前）阻断了农村人口自发性向城市的迁移，乡—城人口迁移完全纳入国家的计划轨道，成为国民经济计划体制的一个部分。对这一时期我国大规模人口迁移的考察可得出如下的判断：我国的乡—城人口迁移是国家政策性迁移，或者说是计划性迁移，带有制度上的强制性，而且在逆城镇化的人口迁移政策上表现得特别突出；城镇化或逆城镇化过程都带有强烈的政治倾向，并主要依靠行政手段实行，特别是在逆城镇化过程中的被行政指令强行迁出城镇的人口，往往是政治运动的结果，或者出于某种政治动机和考虑。另外，此时我国的城镇化和非农化的发展已经不具备所必需的商品经济的市场条件，城市的发展，包括设镇和立市都不是经过市场优化资源配置的结果，而是政府采用计划和指令性调配，不考虑城市对区域经济的连带作用和良性循环，形成城市的孤立发展。尤其国家重点发展的“三线”建设项目，新建的城市和工厂由于不能带动区域经济的发展而成为“经济孤岛”。国家政策上，工业化与城镇化不关联。工业化目标是重工业发展战略，投资大，生产集中，有机构成高。这种产业连带单一的工业化道路不可能大范围带动城市的发展。在工业化进程中，有利于吸引农业过剩劳动力，促进农村发展的政策没有加以考虑。工业化所需的资金是以隐性方式积累，通过工农业产品的价格“剪刀差”，国家把农业生产剩余投入到城市中去，在总量上非常大的这一农业积累（参见第五章第一节），由于城市人口的福利需求庞大而被大量占用，工业化得不到充足的资金，预想中对农业现代化支持更是力不从心，使农业人口迟迟不能实现转移，在工业实现了较快速度增长的同时，不能带动相应的农村劳动力的转移，仍然把农业劳动力大量地滞留在农业内部。与中国的工业化进程相比，

① 人口迁移和定居关系的非人格化，指人在某城定居和向某城迁移的合法身份的判定，完全不在人本身是否实现或完成了这一事件，而在于表明其身份合法性的个人档案和证明是否齐全和到位。反过来说，一个人的身份证明、户口、个人档案人格化为人本身，表示着一个人的真实社会存在。

我国的城镇化速度进展非常缓慢，其40余年的变化如表6－1所示：

表6－1　1949—1990年中国城镇化率变动情况

（%）

年份	城镇化率	年份	城镇化率	年份	城镇化率	年份	城镇化率
1949	10.64	1960	19.75	1971	17.26	1982	21.13
1950	11.18	1961	19.29	1972	17.13	1983	2162
1951	11.78	1962	17.33	1973	17.20	1984	23.01
1952	12.46	1963	16.84	1974	17.16	1985	23.71
1953	13.31	1964	18.37	1975	17.34	1986	24.52
1954	13.69	1965	17.98	1976	17.44	1987	25.32
1955	13.48	1966	17.86	1977	17.55	1988	25.81
1956	14.62	1967	17.74	1978	17.92	1989	26.21
1957	15.39	1968	17.62	1979	18.96	1990	26.41
1958	16.25	1969	17.50	1980	19.39		
1959	18.41	1970	17.38	1981	20.16		

资料来源：国家统计局：《中国统计年鉴》（1991），中国统计出版社1992年版。

1949年到1990年的42年间，中国的城镇化率仅仅上升了15.77个百分点。远远不能满足现代化发展的需要。其中的1960年到1979年20年中，城镇化过程中断甚至略有下降。是改革的形势才又把我国的城镇化发展推向新的发展阶段。

在过去的几十年中特别是在改革开放以前，中国的乡—城净迁出率一直处于反复性的波折之中。在1955年至1978年的25年中，共有8个年份的净迁出是负数，这种情况到了改革开放以后才消除。如表6－2所示，在1978年以前的大部分时期，我国的乡—城迁移的变动情况都处于不正常的状态。乡—城人口迁移的变动基本上受国家政策所左右，由工业化牵动的城镇化只是在第一个五年计划期间才显示出它的强劲的势头，但在乡—城净迁出增长最快的1958年，城镇化的真正动力已经不是经济的牵引力，而是凭借政治热情而产生的人口迁移冲动。数次大规模的逆城镇化，即使根源于经济问题，也是通过全社会的政治动员，采取强制性行政的手段加以推行。它的最大特点是总伴随着同一批人滞后的、反向的人口迁移。在政治的严重干预下，现代化进程中社会无法发育起正常的现代人口迁移的市场机制，人们习惯于用政治的观点、习惯于在既定的社会身份的社会分层中认识和理解所发生的人口迁移事件，并以此作为自己的人口行为的选择依据。它的消极面至今仍然不能全部被消除。

实现乡—城转移的个人制度创新空间被挤在一个非常狭小的范围。在壁垒森严的城乡“二元”制度结构下，农村人口也是一个自我封闭的系统。非法离开所属的集体单位就丧失了由土地支撑的基本生活保障，因为每一个农村人口的生存权利均被界定在生产队一级，超出这一范围就游离出有效产权的边界。因此，在农村的各独立核算单位内部，成员对资源和利益共享才是现实的，也是唯一的。对个人来说，超出这一产权边界的迁移只剩下一条狭窄而拥挤的通道。这就是通过参军、入学、招工招干或者婚姻直接或间接实现目标。

表 6－2　1955—1985 年中国乡—城人口净迁出率的变动

（‰）

年份	乡—城净迁出率	年份	乡—城净迁出率	年份	乡—城净迁出率	年份	乡—城净迁出率
1955	4.60	1963	9.11	1971	－2.04	1979	9.29
1956	8.42	1964	18.11	1972	0.70	1980	8.04
1957	13.28	1965	0.31	1973	0.45	1981	9.48
1958	20.55	1966	－2.63	1974	－0.94	1982	7.84
1959	2.56	1967	1.09	1975	－0.19	1983	12.30
1960	6.45	1968	0.56	1976	－0.85	1984	16.44
1961	7.88	1969	－1.38	1977	0.39	1985	11.94
1962	－11.58	1970	－2.52	1978	7.83		

资料来源：辜胜阻：《非农化及城镇化理论与实践》，武汉大学出版社 1993 年版第 175 页。

在城乡“二元”社会结构下，可以认定由农村迁往城市会给迁移者带来自身利益的增加，对有限的迁移机会的追逐就是必然的。由于参军、入学、招工招干或者婚姻权利的认定大部分是清楚的，参军是宪法规定的适龄青年应尽的义务，入学是适龄人口的权利，婚姻也是公民的合法权利，招工招干在一定程度上也具有机会平等的性质，在一定意义上都可以把这些迁移机会认作是“公共资源”。迁移机会作为一种公共资源，在它的使用和分配上，产生了利用政治权力“寻租”① 的激励。在农村，这些为数稀少的迁移机会被具有政治背景的优势者通过“非生产性”手段，如走后门、拉关系、贿赂等等攫取，而普通百姓的正当“生产”努力，如学生积极学习，社员努力工作等并得不到相应的报答。在这一条件下，农村人口的自发性个人制度创新在迁移行为上的收益预期非常低，迁移资源被政治权力者的“寻租”行为所垄断，对普通老百姓只能产生消极和懒惰的激励。

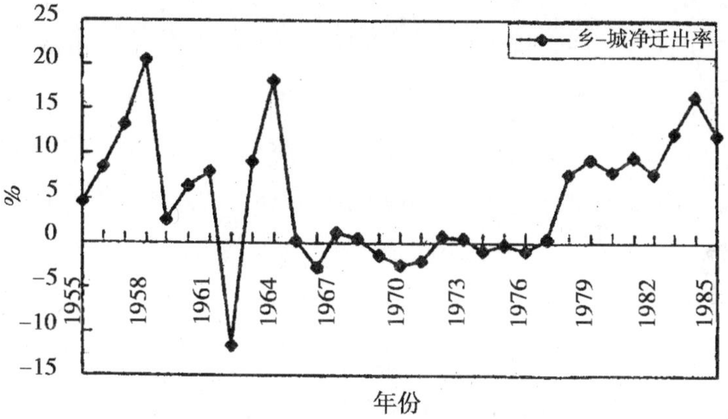

图6-4　中国乡—城人口净迁出率变动曲线②

在我国，“二元”社会结构和制度结构对社会成员产生的最大的消极作用是，城市人口不付出努力也能获得比农村人口多得多的额外收益，而农村人口付出努力与预期的回报总是不相称的，特别是非农就业与个人成就预期渺茫。因此，制度本身就构架了对两者的懒惰的激励。由于政治权利可以带来

① 寻租（rentseeking）指一种追逐非生产性赢利的活动。社会成员可以采取寻租方式获得非生产性利益，但并非每一个社会成员都处于同样的寻租地位。在我国，由于政治被赋予了至高无上的地位，因此利用政治权力寻租成为占有社会资源的有效手段。在本文分析的内容上具有同样的意义。参见约翰·伊斯特尔等《新帕尔格雷夫经济学大词典》（第4卷），经济科学出版社，第157－159页。

② 根据表6－2数据绘制。

更多的“租金”，追逐权力回报率很高，对人们的行为产生了更强的刺激或者产生一种消极的生活态度，最终在扭曲的行为方式中给社会发展造成损失。长期以来，社会结构流动是以户籍定社会身份，由此限定可选择就业和居住地的范围。农村与城市的二元格局形成的原因、内涵及关系，严格地讲，并非是刘易斯二元模型所能解释的。从根本性质上探究，它属于户籍管制制度的产物，是“身份”社会结构的象征。这种社会制度机制对人口现代化的负面影响是很明显的。

改革以来，城乡关系的森严壁垒被部分地打破，乡—城人口迁移骤然增多。据一项研究得到的结论，1994 年全国人口的总迁移率是 3%，大致 3600 万，其中 1800 万为户口移民，1800 万为流动人口中在居住地超过一年者[①]。农村人口获得了寻求“它业”的就业权和“它地”的流动及定居权，但至今为止，获得上述权利的农村人口在一定程度上也仅归属于城市的“边际人”的性质，他们未能获得与有城市户口的居民完全平等的社会地位和相应的权利。

乡—城迁移率的提高无疑是改革开放的形势下行政控制弱化的直接结果。城镇经济发展引起的对劳动力需求的剧增，成为吸纳农村过剩劳动力的主要动力。但真正实现有效的长久的农村劳动力转移，必须依赖于两种制度创新：第一，土地制度对农民的束缚的解脱；第二，城市对农村人口的开放程度。前者的制度变迁发生得非常快，也完成得较为彻底，农村家庭联产承包责任制改革下农村过剩劳动力显性化，并获得向城市迁移的权利；后者制度变迁过程却是一个缓慢的过程，制度性障碍的裂口是一点一点地被挤开，，城市管理部门不断地更改管理规则适应需求，城市人的心态也从普遍的不接受、歧视转变为习以为常，当然至今也并未完全磨合。总之，乡—城人口迁移的必然是一种人口行为的复杂的变化，中国由国家控制转变为个人主导行为的变化，是符合现代人口迁移规律的。但国家在人口迁移制度的供给上滞后于社会发展需要，至今也未能完全撤除“二元”制度结构的篱笆，如城市户口登

① 陈金永、杨云彦：《中国人口迁移的规模及二元特征》，载于中国人口学会《第 23 届国际人口科学大会·中国人口论坛文选》，第 166 页。

记等制度，城乡仍然不能形成完整的劳动力市场，对中国的现代化发展是极为不利的。

二、制度变迁与人口的社会流动

人口社会流动的产权含义最基本的关系之一，即社会结构对于每一个人来说都是开放的。就是说社会结构中的阶层划分（无论按照职业、社会地位或社会组织划分）没有生而既定的、垄断的权力，社会成员可以通过自我努力实现在社会结构中的自由流动。因此，一个称之为现代的社会，必须具备完善的制度设置来保证其社会成员自由的社会流动。从这一角度理解，我国的现代化历程就经历了相当时期的曲折过程。

在人口学的研究领域，人口的社会结构是一个非常宽泛的概念，它包括人口的产业结构、职业结构、家庭结构、民族结构及宗教结构等等，本文将只对其中的几个主要关系进行分析。

作一些历史的引证对于理解本节要阐述的问题是有益的。

吉尔伯特·罗兹曼认为传统中国是一个阶级开放的社会，此结论是指："……没有什么法律障碍去堵死人们向上或向下流人任何一个主要社会阶层的途径。"① 社会的精英阶层通过科举实现不断地新陈代谢，以此来保持社会的活力。这种社会结构的开放性与今天我国所要推行的现代社会的开放性和流动性，当然不能完全相提并论，但仍然不能否认它的某些相通性。但这一历史的连续性随着封建统治的崩溃而中断了。1949 年前的年代里，社会结构的变动总是与一种无序化相伴，难以奢望可以理清它的一定指规。社会结构在中央政权频繁更替、地方群雄四起，国家四分五裂的局面下不可能获得正常的发展。

新中国的成立使人口社会结构的变动具备了新的社会基础。新政权引入了以社会主义理想为价值目标的制度变迁，强制性地对社会资源进行重新分配，由此导致社会阶级和阶层结构的本质上的变化。对应于生产资料所有制关系的性质，社会成员可以被分别归入全民所有制和集体所有制；依据在社会中的角色和性质，社会成员可以被细划为"工农商学兵"；而对我国人口社

① ［美］吉尔伯特·罗兹曼：《中国的现代化》，江苏人民出版社 1995 年版，第 195 页。

会结构影响最深，最为长久的是“二元”社会壁垒下的社会身份的结构分层，即城市人和农村人，或农业人口和非农业人口。两种类别在非常高的程度上无法相互转换，相互难以通融。

国家以强制性的制度安排把人口分割成两个部分，使社会结构的开放性顿时失去全社会的通用性。在各自的内部，社会结构的变化失去了产业和职业上的系统性关联。特别是在农村，社会结构的变化已经基本丧失了它在产业和职业上的意义，农村经济成为单一的农业产业，农村集体单位甚至没有在“大农业”范围内进行“农林牧副渔”自主选择的权利，“大农业”萎缩成种植业，很自然地，农民也大都成了粮农。在这种情况，我们很难苟同农村的人口社会结构具有现代化意义。与中国传统社会的农村比较，甚至还明显地倒退了。因为过去的农村还兼营手工业，有颇具规模的农村商品市场①，而这些，集体化的中国农村经常性地被明令禁止，生产行为受“以粮为纲，纲举目张”政策的管制。农村内内外外的产业转移都受国家的法令、政策和行政管理的严格监控，人口社会结构被封冻了，完全失去了变动的活力。

在城市，也在演化着单一化的人口社会结构的过程。至少在两个方面降低了人口社会结构的层级：一是否认知识分子作为独立的社会阶层的存在，他们所处的飘浮不定的政治地位和社会地位使社会中最具有现代性的这一人口因素长时期得不到独立意志和利益的社会表达。社会精英阶层的形成落后于时代要求，代表现代社会发展主导力量的知识阶层非但不能成为社会的主导阶层，反而屡屡受到政治冲击和迫害，社会地位一贬再贬。社会不断地在强化和灌输它的反现代导向：“知识反动，知识越多越反动”。在这一社会背景下，读书岂止是无用，读书就成为社会的反动。知识阶层在它的内部动力机制和外部社会条件上都丧失了独立的可能。二是代表官方意志的社会舆论否定商业服务业的社会价值，特别是服务业被认为必然会滋生资产阶级的腐化思想，因此产业的发展被压到了最低的限度，现代产业和人口产业结构的发展方向被人为地阻断了。从这一角度理解，产业政策失误的根源在于经济

① 参见第五章第二节第二点。从市场机会、物质流通及就业收入上，中国传统农村都具有较传统城市更好的定居可取性。

生活政治化，意识形态上阶级斗争的观点主宰了经济政策所依据的价值判断。我国第三产业的萎缩极大地降低了城市就业的容纳能力，也加重了第一和第二产业的就业负担。不愿意侍候人和不愿意被人侍候的观念和行为模式从两个极端构筑了第三产业发展的制度屏障。在当时的社会政治背景下，从根本上突破由国家政治和意识形态导向、政策方针、社会舆论及人们的观念和行为模式构成的制度屏障是不可能的。

体现为现代职业正常变动的通道被堵死、被扭曲，社会中政治攀附之风盛行，在阶级地位上攀高、提升自己成了最强的努力激励，个人社会行为的制度创新激励都集中在不断调适自己的政治行为规范、准则，以符合变化无定的政治风向，而对于现代知识和科学技术的学习、生产的改进、职业技能的提高等制度创新的激励几乎降到了冰点。

我国就业人口的行业结构的传统性就是上述社会流动制度性障碍的一个非常明显的人口效应。从1949年到1982年的33年中，我国工业化的推进未能带动人口产业结构的相应发展，就业人口长期滞留在第一产业，第二、第三产业就业人口所占的比例非常小。从1982年到1995年，13年中我国人口产业结构发生的变化提示我们，过去的单一工业化的发展显然不利于社会结构的现代转变。1995年第二产业的比例降为15%，证明它在过去的发展中积弊太多，仍然需要继续加以调适。第一产业就业人口比例的减少依赖于第三产业就业容量的扩大。

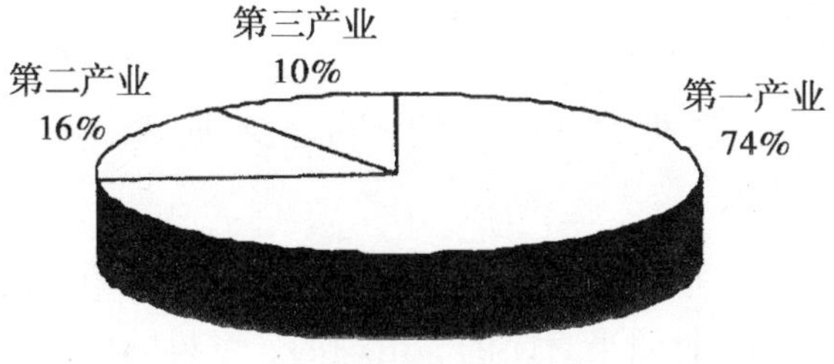

图6－5　1982年中国就业人口的产业结构[①]

① 中国人口学会：《第23届国际人口科学大会·中国人口论坛文选》，第54页。

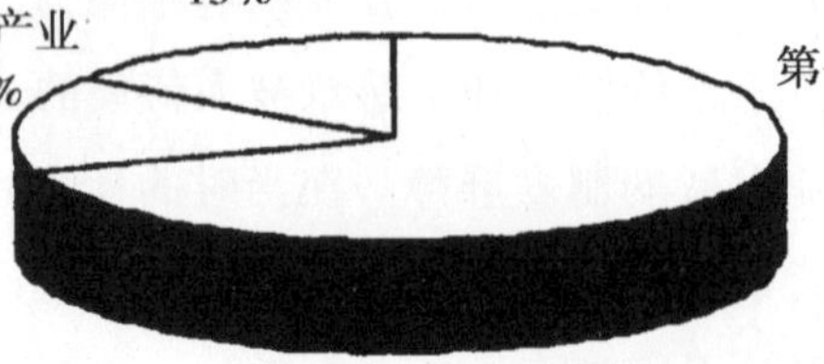

图6－6　1995年中国就业人口的产业结构①

不可否认，过去经济决策政治化导致的严重后果已经不是一种比例关系变化所能完全加以解释的，过去时期观念形态、隐性制度约束仍然影响着人们的行为方式，继续压抑着个人的制度创新激励。一些人总把改革以来的社会问题归因于外生因素的侵蚀，而不屑于在我国社会内部寻找更为深刻的原因，实际上社会内在的痼疾才更为可怕。

肯定不能说我们今天已经在思想上解决了对现代化本质关系的认识。一个十分关键的问题是：我们迫切需要对全体国民进行人文启蒙来实现对传统糟粕的彻底批判。依据现代人文精神对我国现代化重新定位的动力基础既来源于“国家兴亡，匹夫有责”的民族精神，又根基于个性的自由和全面发展。没有在国家制度创新体制上为实现真正的个人主义提供制度保障和利益激励，现代化目标就不可能实现，至少不是高效的、全面的现代化之路。这就是个人主义与集体主义的本质关系，集体主义绝对不是对个性的压抑，而是对个性主动性和创造性的扩张和释放。

第五节　制度创新：一种制度预期下的人口发展

我们处在一个社会转型期，一方面需要从传统社会结构向现代社会结构转变，包括从农业的、封闭半封闭的、伦理的、乡村的传统社会结构向工业的、开放的、法制的、城镇的现代社会结构的转变；另一方面我们要实现经济体制的转轨，由高度集中的计划经济体制向市场经济体制的转变。社会结

① 中国人口学会：《第23届国际人口科学大会·中国人口论坛文选》，第54页。

构的转变是一个漫长的过程，它所要实现的目标和内容并非是上述内容能涵盖的，社会结构的转变应该是一个社会各种关系的全面性变化。经济体制转轨的本意之一是效率的转变，即由计划经济的低效率转变为市场经济下的高效率，并由此实现社会结构现代转变的目标。社会结构的转变必须以相应的制度支持。这种制度支持来自两个方面的创新努力。一是国家提供的创新努力激励，例如，经济体制改革就是由国家自上而下推动的；二是来自个人的创新努力，这就是通常所说的习惯的改变，这是一个自发的过程。

改革只能从原有的制度边际开始，因为制度变迁无论其创新主体是谁，他都处于一个既定的制度背景下。

制度创新本质上是实践问题。制度变迁的过程在诺思看来是从既定制度的边际开始，通过社会中非正式约束的演变直到发生质变，才形成正式的规则。熊彼特的理论中，社会创新机制的动力是利润，利润来源于大自然本性中的不确定性，创新主体是企业家①。在特定的社会背景下，保证制度创新者能够获得预期中的那一份“利润”是创新激励的关键。这也是本书所关注的人口行为制度创新的关键，只是在人口行为的制度创新上，这是一种泛指意义上的利益激励。

过去我国在社会的经济生活和日常生活中，人口制度创新供给的最大弊端是：国家引入的一些强制性制度变迁利益导向错误，无节制地侵犯到个人的生活范围，颠倒了自下而上的制度化过程，从而抑制了“自生自发秩序”生成的个人制度创新的基础，过去我们所奉行的恰恰是哈耶克所批判的“制度是‘谨慎思考之设计的产物’的观念”，而且这一观念进一步具体化为全面的社会控制手段。在政治的、意识形态的和行政的社会控制高压下，社会无从产生“自生自发秩序”，个人制度创新机制无从有效运转，个人利益激励降到了最低点。过去我国社会发展上的最大失败就是以空泛的政治目标泯灭了千千万万个人的创造性，整个社会的命运都维系在体现某一“超凡”个人的

① 熊彼特的创新理论从一种抽象的静态经济开始分析，认为“周而复始的经济”不存在不确定性，人们都事先知道将发生的事情，在这种经济中不存在着利润，而当不确定性产生时，创新就成为必要，并由此实现利润。参见汪丁丁《经济发展与制度创新》，上海人民出版社 1995 年版，第 16 - 17 页。

意志上，成功和失败的选择都是单一的，整个国家一块过“独木桥”，试错的代价之高自不待说。我国社会主义的过去的实践证实了哈耶克对旧的个人主义与集权主义的必然联系的论断，即在旧的个人主义看来，每一个个人都可以完全理性地预期他的未来，实现他的目标，而且这一理性也可以推及治理国家的个人权威上，一种“超凡”的个人权威能为所有的人设计满足需要的统一的目标。实际上没有任何一个人具有这种能力，可以取代由千千万万个人创新活动实现的“自生自发秩序”①。

社会精英能够为社会做的仅仅是“……由道德传统引导的法制，以保护产权为中心内容的宪法和法制之下的政府”②。最充分展示个人创造力的社会机制，这就是社会发展的根本动力。舍此其谁？

改革以来中国经济成功的根本无非就是充分地调动了个人的积极性和创造力，国家经济体制改革的主旨无非就是顺从民意，改革的基本导向就是“松绑”、构架经济主体自由平等竞争的宽松有序的社会环境。

因此，人口制度创新的基本导向也必须符合这一社会发展的需求，或者说人口现代化之源只能是现代类型的“自生自发秩序”，而且非常重要的是，对于我国的具体社会条件来说，它必须得到国家制度的全力保障和支持。

每一个社会都存在着两种制度供给（国家强制引入和个人诱致产生）的相互调配问题。一种理想的状态是，“……一些人对另一些人所施以的强制（coercion），在社会中被减至最小可能之限度”③。这一理想状态的实现条件在哈耶克看来是，“传统和惯例”已经使得人们的行为在很大程度上成为可预期的④。今天我们的社会未能提供个人行为上完全的理性预期⑤，这为国家强制

---

① 邓正来在解释哈耶克的“自生自发的秩序”时说，自发社会秩序指一个群体的所有成员行动结构中的这种类型，它乃是经由参与其间的个人遵循一般性规则，并进行个人调适而展现出来的一种结果的状态，而且这些行为规则系统早已存在并有效一段时间了。参见 F. A. 冯·哈耶克《自由秩序原理》，生活·读书·新知三联书店 1997 年版，第 28－29 页。

② 汪丁丁：《经济发展与制度创新》，上海人民出版社 1995 年版，第 101 页。

③ ［英］F. A. 冯·哈耶克：《自由秩序原理》，生活·读书·新知三联书店 1997 年版，第 3 页。

④ ［英］F. A. 冯·哈耶克：《个人主义与经济秩序》，北京经济学院出版社 1989 年版，第 23 页。

⑤ 由于社会中不存在完全理性，个人行为无法克服不确定性，完全的行为预期只是一种高度抽象的理想状态，因此社会强制是永远都无法避免的。但是，不同社会强制的强度、范围、运行方式、目标及社会后果却是完全不同的。

制度变迁提供了空间，但是国家补足个人制度创新不足并非是要国家为全体国民设计一个“精密的计划”，而是要提供更有利于调动个人创造性的制度环境，使社会在千千万万人的自发性创造活动中，在无数的选择中找到社会发展之路。

这一理论的社会实践方式在发达国家的人口现代化过程中也体现得很清楚。它是在西方现代化进程中自发产生的，是现代社会中特别是在市场经济中个人努力被充分地激发出来的结果。对于这样一个全面的人口发展目标，可以肯定地说，任何人为的干预和强制，任何社会的预先设计、精密计划和制度安排都不可能做得比这更好。

国家与个人制度创新供给下的人口发展目标就应该是这种国家法律制约、保护和激励下的个人能动性、创造性能够最大地体现和发展的结果。这就是我们所能预期的人口现代化途径的正道。

人口现代化只能在通畅的个人成就取向的现代途径中实现，对此目标政府不可能一包到底。政府的作用应当着力于建构有利于个人成就取向实现的社会环境，以法律保护个人努力的成果不被侵害（侵害可能来自他人、团体）。人口现代化是置身于现代社会中的人的行为方式转变的历史积累，人口行为发生转变的动机的价值基础都取决于个人对现代生活方式的不断追求。无论人口再生产类型的转变、人口素质的提高，还是人口社会结构的变化，都是在现代社会中，人类在新的利益刺激下，被高度激活了的社会自组织利益及个人成就取向追求的结果。只有如此，社会才能形成可持续的发展能力。因此，激发每一个社会成员、组织的社会财富创造力和成就进取精神，保护努力及努力的成果，扩展社会活动的空间和机会，才是具有持续发展潜力的人口现代化之路。

的确，在社会转型期，“摸着石头过河”可谓至理名言，不过，这应该成为千百万人自主的社会实践。

后　　记

博士毕业后，我的博士论文在中国社会科学出版社出版，至今已经过去了十余年，如今又有幸被列入云南省“当代云南社会科学百人百部优秀学术著作丛书”得以再版，缘起于重写后记，原来已经渐渐淡化的很多记忆一一又清晰地浮现出来：

我属于被“文化大革命”“毁了”的那一代人。记得北京正在热火朝天地批判“三家村”时，时年十岁读四年级的我，正随父母颠簸在由滇东北赶往滇西北的山路上，这年是我接受“正规教育”的休止符，以后虽然在丽江师范附小、丽江地区中学读完小学、初中和高中，但是都是在“复课”是为了“闹革命”和“学工学农学军”中完成的。在“知识反动，知识越多越反动”的高压下度过的岁月，与知识分子这个“臭老九”划清界限是我们那一代青年坚定不移的“信念”，读大学博取所谓“功名”是无论如何也不敢奢望的。

但是，我内心对大学的向往是极其强烈的。“文化大革命”中的我们那一代人，对大学教育基本一无所知，只是到了“文化大革命”后期，稍微宽松点的环境才使我们有了点这方面的知识，也萌发了上大学的念想，而我对大学的向往更多来自于家庭的启蒙。早年的父亲就读于西南联大文学系，师从闻一多先生，毕业后曾在多所中学任教，参加革命后虽数度个人政治命运岌岌可危，但一待环境尚可，子女稍晓时事，父亲总喜欢追忆他们那一辈的大学时代，对西南联大的往事如数家珍，情至深时，父亲还会忘情地吟唱起西南联大校歌：“万里长征，辞却了五朝宫阙，暂驻足衡山湘水，又成离别……”那份陶醉，仿佛置身于“世外桃源”，远离了“文化大革命”的政治风云，这情景深深激起我对大学生活的倾慕。只是这种倾慕往往被严酷的现实所击碎：我们那一代所能投身的只是“上山下乡”，应该接受的是“贫下中农的再教育”，最大的奢望是回城做一名“工人阶级”，即便对于变了味的“工农兵大学”，那也只能在影片《春苗》中品味，而对“马尾巴的功能”之类的所谓反动学术权威的批判与丑化，全无颇感快意的尾随，但确实百思不得其解。

再以后，有幸乘上了改革开放的快车，上了大学，还考上南开大学的博士，成为我国著名高校的学生，欣喜至极。在南开大学，名校的学术氛围，导师的高深修养，师长的学识学养，学友的炽热情怀，使我进人了一个极佳的学习环境，也释放出我对学术的自由思考。“制度变迁与人口发展”博士论文的选题与论文通过答辩，使我真真切切体会到了南开大学学风的历史厚度、包容性与开放性。记得论文开题时，文中晦涩的制度概念，特别是偏好西式修辞的文体诟病，被我的导师李竞能先生一一严厉指出并批评，使我羞愧难当。博士论文答辩后，当知道同门师姐也曾选择大致相同的题目，因受到批评而最终放弃时，方知导师对我的厚爱与宽容——一个来自边远地区，冒失得没有取得导师同意就报名赴考，引得先生不竟喊出：“哪里来的吕昭河!”怯生生的后生，是在那海纳百川气度的包容中，才得以以他的莽撞与执著轻轻地敲开了南开的大门。“南开”不难开!

对我来说，学术挑战是面对正襟危坐的答辩专家之时，实情实景至今仍然历历在目。摊在我面前的是掷地有声的三十几个提问，于此我颇为自信，一一回答，但答辩结束后才知道漏答了一个提问，时至今日我仍然对此耿耿于怀！唉！这圈画得不够圆。

论文出版后，得到的评价超出了我的期待，先生多有褒扬！被评为云南省科优秀成果一等奖，更是颇为意外的结果。学界的抬举，但也让我忐忑复惶惶，因为文中的很多错误与瑕疵是经不住推敲的。

制度分析如今已经是影响颇广的学术时尚。1998 年成稿，我颇为在意的“人口变化的制度分析”所涉及的制度研究，已经淹没在铺天盖地的制度主义的出版物中，不过在人口研究领域此类专著至今仍然“硕果”仅存，对我而言并没有“高处不胜寒”引起的颤栗，此书没有如此的“高度”，也没有“独木难支”担忧，此文难堪支柱之用，而是焦虑成“众矢之的”，忐忑于“堆出于岸，流必湍之”。此次拙著再版，有更胜于初版时“抛砖引玉”的初衷，寄期于隐身在“玉”的光彩下。

我坚信，社会发展的根本动力在于千百万大众的实践与创造。记得先生逐章批阅完论文后评论说：“你就是要搞自由主义”，一语命中“要害”。我十分明了先生之意，他意指我不是要“无政府”的“自由主义”，而是要“好政府”的“自由主义”，如此，自由之花才能绽放出人性的光彩。

著　者

2011 年 6 月